Jakob Böhme · Von der Gnadenwahl

Gnaden Wahl.
WILLE
VEHE
FIAT
A
Von Einer Krafft
Bosheit
Verstockung
Aus einem Safft
Kommet her zum Gnaden-Stuhl
Gehet hin zum Feuer-pfuhl.

JAKOB BÖHME

Von der Gnadenwahl

HERAUSGEGEBEN VON
ROLAND PIETSCH

PHILIPP RECLAM JUN. STUTTGART

Universal-Bibliothek Nr. 8481 [4]

Gesamtherstellung: Reclam, Ditzingen. Printed in Germany 1988
RECLAM und UNIVERSAL-BIBLIOTHEK sind eingetragene
Warenzeichen der Philipp Reclam jun. GmbH & Co., Stuttgart
ISBN 3-15-008481-4

Von der Gnaden wahl.
oder.
Vom willen Gottes über die Menschen
Das ist.
Wie die Sprüche der Schrifft zu verstehen seint /
welche vom gefalnen verterbten Adam / vnd
den von der Neuen widergeburth aus
Christo Handeln.

Eine kurtze erklerung vnd Einführung des höchsten
Grundes / wie der Mensch zu götlicher erkent
nis gelangen möge.

Vor Rede an den Lehser.

1 Wen die Eusere vnerleuchte vernunfft höret von Gott reden / was der sey nach seinem wesen vnd willen / So bildet sie ihr Ein / als sey Gott edwas fernes vnd frembdes / welcher auser dem ortte diser welt hoch über dem gestirne wohne / vnd regire also nur mit seinem Geiste mit einer alkegenwerttigen krafft im Loco diser welt / seine Maiestet aber in dreyfaltigkeit / da Gott in sonderheit offenbar sey / wohne im himel auser dem Locus diser welt /
2 Vnd dahehr feldt sie auch in einen Creaturlichen wahn / Als ob Gott was frembdes sey / vnd habe für zeitten der schepffung der Creation vnd diser welt / Einen Rahtschlag in sich selber in seiner dreyheit durch die weisheit gehalten / was Er machen wolte / vnd wo zu alles wesen solle / vnd habe ihm also einen vorsatz in sich selber geschepfft / wohin Er ein Jedes ding ordnen wolte / 3 Aus welchem der streittige wahn endstanden ist / vom Raht schlage über die Menschen / Als hette Gott aus seinem vor satze Einen theil der Menschen zu seiner Gnaden zum himelreich in seine heilige wonne erkohren / vnd das ander theil zur ewigen verdamnis / in dehnen Er wolle seinen zorn offenbaren / vnd hinkegen in den andern auserwelten seine gnade / vnd habe ihme also aus seinem vorsatze einen vntterscheidt gemacht / seine macht in liebe vnd zorn sehen zu lassen / Dero wegen müsten alle dinge Notwendig also geschehen / vnd werde das theil des zornes aus Gottes vorsatz also ver stockt / vnd verworffen / das keine müglikeit mehr zur hulde gottes sey / vnd hinkegen in den andern keine müglikeit zur verdamnis.
4 Vnd ob wol die heilige schrifft hin vnd wider mit der fast gleichen sprüchen redet / auch die Creaturliche vernunft mitte einstimmet / welche nicht verstehet / was Gott ist / So redet sie doch auch hinkegen / viel mehr das Contrarium / das Gott nichts Böses wolle / oder aus seinem götlichen vorsatze gemacht habe.

Dise Beide Contrarij / wie das in seinem grunde eigentlich zu verstehen sey / wollen wir dem Christlichen vnparteiischen des grundes vnd der warheit suchern vnd liebhabern / sie zu Einigen / vnd den wahren ver stant zu gründen / Eine kurtze andeutung geben / nach zu Sinnen / vnd vnser empfangene Gaben / wie das ergriffen worden in gnaden des höchsten guttes / ihme zu er wegen wolmeinende dar stellen / Nicht der meinung Imanden dadurch an zu greiffen oder zu verachten / wegen seiner ergriffenen Meinung / Sondern zu Christlicher vnd Brüderlicher ver einigung vnserer Gaben die wir vntter einander haben aus götlicher Gaben / **5** Gleich wie die Este vnd zweige Eines Baumes einander nicht aller dinge gleiche in der form sehen / vnd doch in einem stamme stehen / vnd einer dem Andern Ens vnd krafft gibt vnd ein führet / vnd sich in einem stamme alle erfreuen / Bluen vnd frucht tragen / vnd keine misgunst wegen der stercke vnd vngleicheit ist / vnd ein Jeder Ast zu seiner frucht vnd Erntte arbeitet / Also auch mag es mit vnsern vngleichen Gaben auch wol geschehen / So wir nur vnser begürde in die rechte wahre Mutter / als in vnserm stam Einführen / vnd Je ein ast des Baumes dem andern seine krafft in guttem willen gibt / vnd vns nicht in eine selbheit vnd eigen lust eigner liebe / als in hoffardt / im willens über vnser Mutter in dehr wir stehen / vnd über alle ihre kinder aus zu fahren / vnd wollen ein eigner Baum sein / Einführen / vnd Nehmen des teuffels Gifft der eigenheit / vnd falschen magnetischen impression in vns / daraus streit vnd wider willen / auch spaltungen vnd trennungen endstehen / das sich Je ein zweig des Menschlichen Baumes vom Andern abe trennet / vnd ihme seinen Ens vnd krafft nicht gönnet / auch für abdrinig vnd falsch aus ruffet / sich aber auch nur selber als einen ab drinigen zweig seiner Brüder im falschen glantze darstellet / vnd erkant wirt / Daraus die viele der streitte vntter den Menschen endstanden seint /

6 Dehnen allen wollen wir an deuten / was des streittes vrsprung sey / vnd woraus meinungen vnd spaltungen

Naturlich vrstenden / Auch an deuten / was der wahre grunt der Einigen religion sey / daraus so viel meinungen vnd spaltungen endstanden sint / vnd wohehr das Contrarium von der welt hehr sey endstanden / zu mehrem verstant des götlichen willens nach liebe vnd zorn / wie das alles Grüntlich zu verstehen sey / 7 Vnd vermahnen den liebhabenden lehser sich in götliche demut in Gott vnd seine Mit Este oder Brüder zu ersencken / So mag Er vnsern empfangenen tieffen Sinn vnd begriff wol ergreiffen / vnd von allen irrungen in die wahre Ruhe da alle dinge im wortte vnd krafft Gottes Inne ruhen / Eine gekehret werden. vnd empfehlen ihn der würckende liebe im Ens Christj / vnd vnser wolgemeinten willen vnd begürde in seine. Amen /

Das 1 Capittel
Von dem Einigen willen Gottes / vnd von Ein führung seines wesens / seiner offenbarung.
Was der Einige Gott Sey.

1 Gott spricht in Mose in einer offenbartten stime zu dem volcke Israel / vntter welchem Er sich aus seiner verborgenheit in einen offenbaren schal auff formliche Creaturliche ardt Ein führte vnd horen liß / auff das ihn die Creatur mechte fassen / Ich der Herr dein Gott / Bin ein Einiger Gott / du solst keine ander Götter Neben mihr Ehren.[1] Item. Saget Moses / der Herr vnser Gott ist ein zorniger Eifferiger gott / vnd ein verzehrent feuer.[2]
Item am andern ordt. Gott ist ein Barmhertziger Gott[3] / Item / sein Geist ist eine flamme der liebe.
2 Dises alles scheinet ein Contrarium sein / in dehme Er sich einen zornigen Gott / vnd ein verzehrent feuer Nennet / vnd

1 Vgl. Ex 20,2 f. und Dt 6,4.
2 Vgl. Dtn 4,24.
3 Vgl. Dtn 4,31.

den auch eine flamme der liebe /welcher nichts als alleine gut sein kan / Sonst wehre Er nicht Gott /als das Einige gutte / **3** Den man kan nicht von gott sagen / das Er dis oder das sey / Böse oder gutt / das Er in sich selber vntterscheide habe / den Er ist in sich selber Natur loß / So wol Affect vnd Creatur loß / Er hat keine Neigligkeit zu edwas / den es ist nichts für ihme / dar zu Er sich köntte Neigen / weder Böses noch guttes / Er ist in sich der vngrunt / ohne einichen willen / kegen der Natur vnd Creatur / als ein ewig nichts / es ist keine qual in ihme / noch edwas das sich zu ihme / oder von ihme köntte Neigen / Er ist das einige wesen / vnd ist nichts vor ihme / oder nach ihme / daran / oder darine Er ihme köntte einichen willen schepffen oder fassen / Er hat auch nichts das ihn gebühret oder gibt. Er ist das Nichts / vnd das alles / vnd ist ein Einiger wille / in dehme die welt vnd die gantze Creation ligt / in ihme ist alles gleiche ewig / ohne anfang / in gleichem gewichte / masse vnd ziel / Er ist weder licht noch fünsternis / weder liebe noch zorn / sondern das ewige Eine / darumb sagt Moses / der Herr ist ein Einiger Gott[4] /

4 Der selbe vngrüntliche vnfasliche / vn naturliche vnd vn Creaturliche wille / welcher nur Einer ist / vnd nichts für ihme / noch hintter ihme hat / welcher in sich selber nur Eines ist / welcher als ein Nichtes / vnd doch alles ist / der heisset / vnd ist der einige Gott / welcher sich in sich selber fasset vnd findet / vnd Gott aus Gott gebühret / **5** Als der Erste vnanfengliche einige wille / welcher weder Böse noch gut ist / gebühret in sich das Einige ewige gutte / als einen faslichen willen / welcher des vngrüntlichen willens Sohn ist / vnd doch in dem vnanfenglichen willen gleiche ewig / vnd derselbe ander wille ist des Ersten willens ewige empfindligkeit vnd findligkeit / da sich das nichts in sich selber in edwas findet / Vnd das vnfintliche / als der vngrüntliche wille / gehet durch sein ewig gefundenes aus / vnd führet sich in eine ewige beschauligkeit / seiner selber.

4 Vgl. Dtn 6,4.

6 Also heisset der vngrüntliche wille ewiger vater. Vnd der gefundene gefassete geborne wille des vngrundes / heisset sein geborner / oder Eingeborner Sohn / den Er ist des vngrundes Ens / darinen sich der vngrunt in grunt fasset. Vnd der ausgang des vngrintlichen willens durch den gefasten Ens / oder Sohn / heisset Geist / den Er führet den gefasten Ens aus sich aus / in ein weben / oder leben des willens / als ein leben des vaters vnd Sohnes / Vnd das aus gegangene ist die lust / als das gefundene des ewigen Nichts / da sich der vater / Sohn vnd Geist Inne Sihet vnd findet / vnd heisset Gottes weisheit / oder beschawligkeit.
7 Dises dreyfeltige wesen in seiner geburth in seiner selbst beschawligkeit der weisheit ist von ewigkeit Je gewesen / vnd besitzt in sich selber keinen andern grunt noch stette / als Nur sich selber / Es ist ein einig leben / vnd ein einiger wille ohne begürde / vnd ist weder dickes noch dinnes / weder hoch noch tieff / es ist kein raum / zeit noch stette / besitzt auch in sich weder dickes noch dinnes / weder höhe noch tieffe / weder raum oder zeit / sondern ist durch alles / in allem / vnd dem allem doch als ein vnfaslich nichts /
8 gleich wie der Sonnen Glantz in der gantzen welt in allem / vnd durch alles würcket / vnd das selbe alles kan doch der Sonnen nichts Nehmen / Sondern mus sie leiden / vnd mit der Sonnen krafft würcken /
Auff solche weise wirt Gott betrachtet / was Er auser der Natur vnd Creatur in sich selber in einem selb faslichen Caos auser grunt zeit vnd stette Sey / da sich das ewige Nichts in ein auge oder ewig sehen fasset / zu seiner selbst beschawligkeit / empfintligkeit / vnd fintligkeit / da man nicht sagen kan / Gott hat zwene willen / einen zum Bösen / vnd den andern zum gutten. 9 Den in der vn Naturlichen vn Creaturlichen Gottheit ist nicht mehr als ein Einiger wille / welcher auch der einige Gott heisset / der wil in sich selber auch nichts mehr / als nur sich selber finden vnd fassen / vnd sich aus sich selber aus gehen / vnd mit dem aus gehen in eine beschawligkeit Einführen / darinen Man die dreyheit der

Gottheit / Sampt dem spigel seiner weisheit / als dem auge seines sehens verstehet / darinnen alle kreffte farben / wunder vnd wesen in der Einigen weisheit / in gleichem gewichte vnd masse / ohne eigentschaften verstanden werden / Als ein Einiger gruntt des wesens aller wesen / Eine in sich selber gefundene lust zum edwas / Eine lust zur offenbarung oder findung der eigentschafften / Welche götliche lust oder weisheit in sich selber im Ersten Grunde / doch gantz ohne eigentschaften ist / den wehren Eigentschafften / so muste auch edwas sein / das die eigentschaften gebe / vnd vrsachete / Nun aber ist keine vrsache zu den götlichen krefften / vnd zu der götlichen lust / oder weisheit / Als Nur Bloß der Einige wille / als der Einige Gott / welcher sich in Eine dreyheit selber Einführet / als in eine fasligkeit seiner selber / welche fasligkeit das Centrum / als das ewige gefaste Eine ist / vnd wirt das Hertze / oder der Sitz des ewigen willens Gottes geheissen / da sich der vngrunt in einem Grunde besitzt / welchs die Einige stette Gottes ist / vnd doch in keiner theiligkeit / oder schiedligkeit / auch gantz vn meslich / ohne Einige form / oder Gleicheit / den es ist nichts dafür / damitte es möchte gegleichet werden /

10 Dises Hertze / oder Centrum des vngrundes / ist das ewige gemütte / als des wollens / vnd hat doch nichts für ihme das es wollen kan / als Nur den einigen willen / der sich in diß Centrum Einfasset / So hat der Erste wille zum Centrj auch nichts / das Er wollen köntte / als nur dise Einige stette seiner selbst fintligkeit /

Also ist der Erste wille des vngrundes der vater seines Hertzens / oder der stette seines findens / vnd ein besitzer des gefundenes / als seines Eingebornen willens / oder Sohnes / 11 Der vngrüntliche wille welcher vater / vnd alles wesens anfang ist / gebühret in sich / sich selber zu einer stette der fasligkeit / vnd besitzt die stette / vnd die stette ist der grunt vnd ewige anfang aller wesen / vnd besitzt hin wider den vngrüntlichen willen der vater des anfanges zum grunde ist / 12 Also ist der vater vnd sein Sohn / als die stette zu einer selbheit / Ein Einiger gott / Eines Einigen willens / welcher Einige wille in der gefasten stette des grundes aus sich selber aus der fassung aus gehet / Alda Er mit dem aus gehen ein Geist genant wirt / Vnd scheidet sich der Einige wille des vngrundes / mit der ersten ewigen vnanfenglichen fassung in dreyerley würckung / vnd bleibt doch nur Ein wille / Als der Erste wille so vater heisset / der würcket in sich den Sohn / als die stette der Gottheit / Vnd die stette der Gottheit / welche des vaters Sohn ist / würcket in sich in der fintligkeit / (als) die krafft der weisheit / welche kreffte alle in dem Sohne vrstenden / vnd sint alhie alle kreffte doch nur Eine Einige krafft / vnd die ist die empfintliche fintliche Gottheit / in sich selber / in einem Einigen willen vnd wesen / in keiner vntter schiedligkeit /

13 Dise gefundene / geborne / vnd gewürckte kreffte / als das Centrum aller wesen anfenge / hauchet der Erste wille / welcher vater heisset / in der empfintligkeit seiner selber / aus der Einigen krafft / welche sein sitz / oder Sohn ist / aus sich auß / auff ardt / gleich wie der Sonnen stralen aus dem magischen feuer der Sonnen aus sich aus schissen / vnd der Sonnen krafft offenbaren / Also ist der selbe ausgang ein stral der krafft Gottes / als ein bewegende leben der Gottheit / da sich der vngrüntliche wille hat in einen grunt Eingeführet / als in eine wollende krafft / die selbe hauchet der wille zur krafft / aus der krafft auß / (vnd) Vnd der ausgang heisset der Geist Gottes / vnd macht die dritte würckung / als ein leben oder weben in der krafft /

14 Die 4te würckung geschihet Nun in der ausgehauchten krafft / als in der götlichen beschauligkeit oder weisheit / da der Geist Gottes welcher aus der krafft vrstendet / mit den aus gehauchten krefften / als mit Einer Einigen krafft mit sich selber spilet / da Er sich in der krafft / in formungen in der götlichen lust Einführet / gleich als wolte Er ein Bilde diser gebärung der dreyheit in einen besondern willen vnd leben einführen / als eine für Modlung der einigen dreyheit / Vnd das selbe Ein gemodelte Bilde ist die lust der götlichen

beschauligkeit / vnd do man doch nicht sol ein faslich Creaturlich Bilde / einer umbschribenheit verstehen / sondern die götliche Imagination / Als den Ersten gruntt der Magia daraus die Creation seinen anfang vnd vrstant genommen hat / **15** Auch wirt in der selben in modlung oder magischen fassung der kreffte in der weisheit / das Englische / vnd Seelische wahre Bilde Gottes verstanden / da Moses saget[5] / Gott schuff den Menschen in seinem Bilde / das ist / in dem Bilde diser götlichen Einmodlung nach dem Geiste / vnd zum Bilde Gottes schuff Er ihn Nach der Creatur / der geschaffenen leiblichen Bildligkeit / Also auch mit den Engeln nach dem götlichen wesen / aus götlicher weisheit / zu verstehen ist / Aber der Creaturliche grunt sol hernach angedeutet werden / darinen die eigentschaften ligen.

16 In diser ob gemelten Erzehlung verstehen wir Nun kurtz Summarisch / was Gott auser Natur vnd Creatur Sey / da Er in Mose Saget / Ich der Herr dein Gott / bin ein Einiger Gott / Dessen Nahme heisset in der sensualischen zungen / da sich dise götliche gebärung in den krefften der einigen weisheit in eine fassung der Bildnis seiner selber Einführet / J e h o u a / als eine in gefaste lust des Nichts in edwas / oder das ewige Eine / welchs edwan mechte auff eine ardt endworffen werden mit einer solchen (Bildung / vnd do es doch kein ap ge) ... [Dreieck mit kurzem senkrechtem Strich in der Mitte] Bildung / vnd do es doch kein Meslich oder apteilich Bilde oder wesen ist / sondern dem gemütte nach zu sinnen / **17** Den dise in sich selber in bildung ist weder gros noch klein / vnd hat nirgent keinen anfang noch Ende / als Nur wo sich die götliche lust in ein wesen seiner beschauligkeit Ein führet / als in der Creation. In sich selber aber ist die Bildung vn endlich / vnd die formunge vn umbschriben / gleich wie die ein modlung des Menschen gemüttes vn meslich / in einer Immer werenden form stehet / da sich vn zehlich viel Sinnen mögen in dem Einigen gemütte Modeln

5 Vgl. Gen 1,27.

vnd fassen / welche in der irdischen Creatur doch meisten theil aus der (phanst) fantasey des sternen gemüttes vr stenden / vnd nicht aus den krefften des Innern Grundes der götlichen weisheit.
18 Alhie wollen wir Nun den lehser ver Innern / wie das Gott in sich selber / so viel Er Gott auser der Natur vnd Creatur heisset / nicht mehr als Nur einen Einigen willen habe / der ist / das Er sich selber gibt vnd gebühret / Der Gott Jehoua gebühret nichts als Gott / das ist / es gebühret sich nur Ein vater / Sohn / Heilig Geist in die Einige Götliche krafft vnd weisheit / 19 Gleich wie die Sonne nur einen Einigen willen hat / der ist / das sie sich selber gibt / vnd mit ihrer begürde in allen dingen aus dringet vnd wechset / vnd allem leben krafft / vnd sich selber Ein er gibt / Also auch in gleichem / ist Gott auser Natur vnd Creatur / das Einige gutte / das nichts als Gott / oder das gutte geben kan noch wil / 20 Er ist auser der Natur die gröste Sanftmut vnd demut / darinnen weder ein willen zu gutter noch böser Neigligkeit gespüret wirt / den es ist weder Böses noch guttes für Ihme / Er ist selber das ewige Einige gutte / vnd ein anfang alles gutten wesens vnd willens / ist auch nicht müglich / das sich edwas Böses in ihn / so viel Er das selbige einige gutte ist / könne ein dringen / den Er ist allen dingen was nach ihme ist / Ein Nichtes / Er ist eine in sich selber würckliche wesentliche Geistliche krafft / die aller höchste Einfeltigeste demut vnd wol thuen / als liebe fühlen / liebe vnd wol schmecken / Im sensus der süssen gebärunge wol vnd gerne hören / 21 den alle sensus qualificiren in gleicher Concordirung vnd ist nichts / als nur ein lieblich wallen des heiligen Geistes in der Einigen weisheit / Da kan man nicht sagen ein zorniger Gott / auch sagen ein Barmhertziger gott / den hirinen ist keine vrsache zum zorne / auch keine vrsache edwas zu lieben / den Er ist die einige liebe selber / der sich in eitel liebe in dreyfaltigkeit Ein führet vnd gebühret / 22 Den der Erste wille so vater heisset / Liebet seinen Sohn als sein Hertze seiner selber offenbarung darumb / das Er seine

fintligkeit vnd krafft ist / Gleich wie die Seel den leib liebet / Also auch in gleichem / ist der gefaste wille des vaters seine krafft vnd Geistlicher leib / als das Centrum der Gottheit / oder des götlichen edwas / darinnen der Erste wille edwas ist /

23 Vnd der Sohn ist des Ersten willens / als des vaters demut / vnd begehret hin wider also mechtig des vaters wille / den Er wehre ohne den vater ein Nichtes / vnd wirt recht des vaters lust / oder begürde zur offenbarung der kreffte genantt / als des vaters geschmack / geruch / gehör / sein fühlen vnd richen / Vnd do man doch nicht alhie sol vntterscheide verstehen / den alle dise sensus ligen in gleichem gewichte in der einigen gottheit / Allein dencket man / das dise sensus welche im grunde der Natur vrstenden / in dehme der vater diese kreffte aus sich aus spricht in eine schiedligkeit / vrstenden / 24 Vnd der Heilige Geist wirt darumb heilig / vnd eine flame der liebe genant / das Er die aus gehende krafft aus dem vater vnd Sohne ist / als das bewegende leben im Ersten willen des vaters / vnd im andern willen des Sohnes in seiner krafft / vnd das Er ein formirer / würcker vnd führer in der aus gegangenen lust des vaters vnd Sohnes / als in der weisheit ist.

25 Also ihr lieben Brüder / ihr armen von Babel verwürreten Menschen / welche euch durch des Satans Neidt verwürret hatt / Mercket dises / Wen man euch saget von drey persohnen der Gottheit / vnd vom Götlichen willen / So wisset / das der Herr vnser Gott / ein Einiger Gott ist / welcher nichts Böses wollen kan / noch wil / den wolte Er edwas Böses / vnd den auch edwas guttes in sich selber / So wehre eine trenung in ihme / Auch so muste edwas sein / das eine vrsache eines Contrariums wehre / 26 so den nichts für Gott ist / so mag ihn auch nichts zu edwas bewegen / den so ihn edwas bewegte / so wehre das selbe Ehrer vnd mehr als Er selber / vnd derffte geschehen / das Gott in sich selber vn einig vnd zertrant wehre / auch so muste das selbe bewegliche von einem anfange sein / die weil sichs bewegte /

27 Wir Aber sagen euch / in der sage des Einen / das gottes wesen so viel das der einige Gott heisset / auser gruntt stette vnd zeit in sich selber wohnende / verstanden werde / vnd an keinem ortte sonderlich betrachtet werde mit einer sonderlichen wonne / Wilstu aber wissen / wo Gott wohnet / so Nim weg Natur vnd Creatur / als denne so ist Gott alles / Nim weg das aus gesprochene geformbte wortt / So sihestu das ewig sprechende wortt / das der vater im Sohne aus spricht / vnd Sihest die ver borgene weisheit Gottes.

28 Sprichstu Aber / Ich kan nicht die Natur vnd Creatur von mir weg Nehmen / den so das geschehe / so wehre ich ein Nichtes / darumb so mus ich mir die Gottheit durch Bilde ein Modlen / die weil ich sehe / das in mir Böses vnd guttes ist / so wol in der gantzen Creation also verstanden wirtt.

29 Höre mein Bruder / Gott sprach in Mose / Du solst dir kein Bildnis Einiges Gottes Machen / weder im himel / auff Erden / noch im wasser / oder in edwas. An zu deuten / das Er kein Bilde sey / Auch keine stette zu seinem Sitz bedürffe / vnd man ihn Nirgent an einem ortte suchen Solle / als Nur in seinem geformbten aus gesprochenen wortte / als im Bilde Gottes / im Menschen selber / wie geschriben stehet / das wortt ist dir Nahe / als Nemlich in deinem Munde vnd hertzen.[6] Vnd ist das der Neheste weg zu Gott / das das Bilde Gottes in sich selber allen ein gemodelten Bilden Er sincke / vnd alle Bilde / disputat vnd streitte in sich verlasse / vnd an eignem wollen / begehren / vnd meinen verzage / vnd sich bloß alleine in das ewige Eine / als in die lauter einige liebe Gottes ersencke vnd vertrawe / welche Er nach des Menschen valle hat in Christo in die Menscheit wider Ein geführet.

30 Dises habe ich darumb edwas weitleuffig für gebildet / das der lehser den Ersten grunt lerne verstehen / was Gott sey vnd wolle / das Er nicht einen Bösen vnd gutten willen in dem Einigen vn Naturlichen vn Creaturlichen Gotte suche /

6 Vgl. Röm 10,8.

das Er aus den Bilden von der Creatur aus gehe / wen Er wil Gott / seinen willen vnd sein ewig sprechendes wortt betrachten / Vnd wen Er wil betrachten / wo von Böses vnd guttes vrstende / dauon sich gott einen zornigen Eifferigen Gott Nennet / das Er sich zur ewigen Natur / als zum aus gesprochenen Compactirten geformbten wortte / vnd den zur Creatur wende / als zur anfenglichen zeitlichen Natur / darinen die Creation diser welt ligt.

31 So wollen wir Nun den lehser ferner von Gottes wortt / das Er aus seinen krefften aus spricht / berichten / vnd ihme an deuten die scheidung / als den vrstant der eigentschafften / daraus ein Gutter vnd böser wille vrstende / vnd zu was Ende solches vn vermeidlich sein müsse / vnd wie alle dinge in der vn uermeidligkeit stehen / vnd wie die bosheit in der Creatur vrstende.

Das 2 Capittel
Vom vrstent Gottes ewig sprechendes worttes. Vnd von der offenbarung der götlichen krafft. Als von Natur vnd eigentschafft.

1 Die Creaturliche vernunft stehet in dem geformbten gefasten aus gesprochenen wortte / darumb ist sie ein Bildlich wesen / vnd denckt Imerdar / Gott sey auch ein Bildlich wesen / der sich möge er zürnen / vnd in eigentschafften zu bösem oder guttem ein führen / In massen sie ihr den von disem hohen Artickel Götliches willens hat Eingebildete Gott habe ihme von ewigkeit einen vorsatz vnd wahl gemacht / was Er mit seinem geschepffe thun wolte / vnd habe sich also in eine Rache eingeführet / auff das Er seine liebe vnd Barmhertzigkeit / an seinen aus Er welten könne vnd möge offenbaren / vnd müsse also sein grim eine vrsache sein / das seine Barmhertzigkeit erkant werde / welchs alles im grunde also ist / das Gottes zorn seine Maiestet mus

offenbaren / gleich wie das feuer das licht / **2** Aber von dem willen gottes / so wol von der schiedligkeit des formenden worttes / vnd der Creatur / hat sie keinen rechten begriff / Den hette Gott Imals einen Raht in sich gehalten / sich also zu offenbaren / so wehre seine offenbarung nicht von ewigkeit / auser Gruntt vnd stette / Auch so muste der selbe Raht Imals haben einen anfang genommen / vnd muste eine vrsache in der Gottheit sein gewesen / umb welcher willen sich Gott in seiner dreyheit hette berahtschlaget / auch so musten gedancken in Gott sein / welcher ihme also in gesteltnis ein modelte / wie Er wolte einem dinge begegnen / **3** Nun aber ist Er selber das Einige / vnd der grunt aller dinge / vnd das auge aller wesen / vnd die vrsache aller Essentz / aus seiner eigenkrafft endstehet Natur vnd Creatur / was wolte Er den mit sich selber rahtschlagen / so kein feindt für ihme / noch hintter ihme ist / vnd Er alleine selber alles ist / das wollen / können / vnd vermögen.

4 Darumb sollen wir / so wir wollen von gottes vn wandelbaren wesen einig alleine reden / was Er wolle / oder was Er gewolt habe / vnd Immer wil / nicht von einem rahtschlage sagen / den es ist kein Rahtschlag in ihme / Er ist das Auge alles sehens / vnd der grunt aller wesen / Er wil vnd thut in sich selber nur Imerdar Ein ding / Als Er gebüret sich in vater / Sohn Heilig Geist in die weisheit seiner offenbarung / Sonst wil der einige vngrüntliche Gott in sich selber nichts / hat auch in sich selber umb mehres keinen rahtschlag / den wolte Er in sich ein Mehres / so muste Er dem selben wollen / solchs zu verbringen / nicht gnug almechtig sein / Auch so kan Er in sich selber nichts mehr wollen / als nur sich selber wollen / den was Er Je von ewigkeit gewolt hat / das ist Er selber / so ist Er alleine Eines / vnd nicht mehr / Auch so kan ein Einig ding / mit ihme nicht streittig werden / dauon ein rahtschlag endstinde / die streitte zu scheiden /
5 Also auch von dehnen dingen zu dencken ist / welche aus dem ewigen vnanfenglichen grunde hehr rühren / das ein Jedes ding / das aus dem ewigen grunde ist / ein ding in

seiner selbheit sey / vnd ein eigner wille / der nichts für ihme hat / das ihn mag zer brechen / Er führe sich den selber in eine frembde fassung Ein / welche dem Ersten grunde daraus Er ist endstanden / nicht Enlich Sihet / So ists eine abtrenung vom gantzen / als vns den vom gefalnen teuffel vnd Seelen des Menschen zu ver stehen ist / das sich die Creatur hat vom gantzen willen abe gebrochen / vnd in eine eigenheit anderer fassung / der götlichen einigen gebärung zu wider ein geführet /

Dises Aber zu ver stehen / mussen wir auff die haubt vrsache sehen / wie das hat mögen geschehen / **6** Den hetten sich nicht die kreffte der einigen götlichen eigentschafft in schidligkeit Eingeführet / so hette das nicht sein mögen / vnd wehre weder Engel noch ander Creatur worden / Auch wehre keine Natur noch eigentschafft / vnd wehre ihme der vnsichtbare Gott alleine in der stillen würckenden weisheit in sich selber offenbar / vnd wehren alle wesen ein einig wesen / do man doch nicht köntte von wesen sagen / sondern von einer in sich selber würckenden lust / welche zwar in dem einigen Gotte nur also ist. vnd nichts mehres.

7 Wen wir aber betrachten die götliche offenbarung in der gantzen Creation in allen dingen / vnd sehen an der heiligen geschrifft / (Als Joh. 1 stehet) / so sehen / finden vnd begreiffen wir den wahren Grunth / den Johan. 1[1] stehet geschriben / Im anfang war das wortt / vnd das wortt war bey Gott / vnd Gott war das wortt / das selbe war im anfang bey Gott / Alle ding seint durch das selbige gemacht / vnd ohne das selbe ist nichts gemacht / was gemacht ist.

8 In diser kurtzen beschreibung ligt der gantze grunt götlicher vnd Naturlicher offenbarung im wesen aller wesen. Den Im anfang heisset alhie der ewige anfang im willen des vngrundes zum grunde / als zur götlichen fassung / da sich der wille ins Centrum zu einem grunde fasset / als zum wesen Gottes / vnd sich einführet in krafft / vnd aus der

1 Joh 1,1 ff.

krafft aus gehet in Geist / vnd im Geiste sich modelt in empfintligkeit der kreffte / So seint die selbigen kreffte / welche alle in einer krafft ligen / der vr stant des worttes / Den der Ewige wille fasset sich in der einigen krafft / da alle verborgenheit Inne liget / vnd hauchet sich durch die krafft aus in die beschauligkeit / vnd die selbe weisheit oder beschawligkeit ist der anfang des ewigen gemüttes / als die umb blickung seiner selber / Das heisset Nun / das wortt im anfange bey Gott / vnd war Gott selber / **9** den der wille ist der anfang / der heisset Gott vater / der fasset sich in krafft / der heisset Gott Sohn / vnd der Ens der krafft ist die Szientz vnd vrsache des sprechens / als der Essentz oder schiedligkeit der einigen krafft / als der aus theilung des gemüttes / welchs der Geist mit seinem aus gehen aus der krafft schidlich macht / **10** Nun mechte Aber kein aus sprechen oder schallen geschehen / den die kreffte stehen alle in einer Einigen / in grosser stille / wen sich nicht die selbige Einige lust in der krafft in eine begürde / als in eine Szientz oder in zihen fassete / das ist / Die freye lust fasset sich in eine Szientz seiner selber / zu einer formunge der kreffte / auff das die kreffte in eine Compaction / zu einem lautbaren Hall eingehen / dauon die sensualische zunge der 5 sensus endstehen / als eine Innigliche beschawung / fühlung / hörung / richung / vnd schmeckung / welchs doch alhie nicht Creaturlich / sondern nur auff ardt der Ersten empfintligkeit vnd findligkeit / sensualischer ardt / sol ver standen werden / **11** So heissets als den alhie / das wortt / als die geformbte krafft / war im anfang bey Gott / den alhie werden nun zwey wesen verstanden / als die vngeformbt krafft / das ist In / vnd die geformbte krafft / die heisset bey / den sie ist in das edwas zur bewegligkeit getretten / Das In / ist stille / aber das bey ist gefasset / Vnd aus diser fassung vnd Szientz vrstendet Natur vnd Creatur samt allem wesen / **12** Vnd sollen alhie vnser augen des verstandes weit auff thun / auff das wir wissen zwischen gott vnd der Natur zu vntter scheiden / Nicht nur sagen Gott wil / Gott schuff / es ist nicht gnug / das man mit dem heiligen Geiste kaugelt / vnd heisset ihn einen teuffel / wie die gefangne vernunfft thut / welche saget / Gott wil das Böse / Den aller Böse willen ist ein teuffel / als ein selb gefaster wille zur eigenheit / ein aptrinniger vom Gantzen wesen / vnd eine fantasey / 13 Darumb ich den leser hoch vermahne / vnsern Sin zu ergreiffen / vnd von der fantasey der schluß reden ohne den wahren Inniglichen grunt / sich zu meiden / wir wollen ihme alhie den wahren gruntt darstellen.

14 Verstehet / die kreffte zum wortte seint Gott / vnd die Szientz als das magnetische zihen ist der anfang der Natur / Nun mechten die kreffte nicht offenbar werden / ohne dise begürde des zihens / Gottes magestet in würcklicher krafft zur freude vnd herligkeit würde nicht offenbar ohne das an zihen der begürde / Vnd wehre auch kein licht in götlicher krafft / wen sich nicht die begürde ein zöhe / vnd überschattete / darinen der grunt der fünsternis verstanden wirt / welcher sich den führet bis zu des feuers anzindung / alda sich Gott einen zornigen Gott / vnd ein ver zehrend feuer Nennet / da die grosse schiedligkeit / Auch der tott vnd sterben / vnd dene das grosse lautbare Creaturliche leben vrstendet / vnd verstanden wirtt / 15 Wie ihr dis ein gleichnis an einer brennenden kertzen habet / da das feuer die kertze in sich zeucht vnd ver zehret / alda das wesen erstirbet / das ist / in dem sterben der fünsterüs / sich im feuer in einen Geist / vnd in eine ander qual / als im lichte verstanden wirt / transmutiret / Da man in der kertzen kein recht fühlich leben verstehet / Aber mit des feuers anzindung sich der Ens der kertzen in der verzehrung in ein peinlich fühlich weben vnd leben einführet / aus welchem peinlichen fühlenden leben das Nichts / als das Eine / in einem grossen gemache scheinlich vnd lichte wirtt / 16 Also ist vns auch von Gott zu sinnen / das Er seinen willen darumb in eine Szientz zur Natur einführet / das seine krafft in licht vnd maiestet offenbar / vnd eine freudenreich werde / den wen in dem ewigen Einen keine Natur endstünde / so wehre alles

stille / Aber die Natur führet sich in peinligkeit / empfintligkeit vnd fintligkeit Ein / auff das die ewige stille beweglich werde / vnd die kreffte zum wortte lautbar werden / Nicht das darumb das ewige (eine) peinlich werde / so wenig als das licht vom feuer peinlich wirt / sondern das die feurente eigentschaft in der peinligkeit die stille lust bewege / 17 Die Natur ist der stillen ewigkeit werckzeug / damitte sie formire / Mache vnd scheide / vnd sich selber darinen in eine freudenreich fasse / den der ewige wille offenbaret sein wortt durch die Natur / Das wortt nimpt in der Szientz Natur an sich / Aber das ewige Eine / als der Gott Jehoua Nimpt keine Natur an sich / sondern wohnet durch die Natur / gleich wie die Sonne in den Elementten / oder wie das Nichts im lichte des feuers / den des feuers glantz macht das Nichts scheinlich / vnd man doch nicht sagen sol / ein nichts / den das nichts ist gott / vnd alles. Alleine wir reden also / ob wir dem lehser köntten vnsern Sin vnd begriff geben.

18 Die Natur mit ihrem Vrstande in der Szientz / als in der anzihenden begürde wirt verstanden / wie folget.

Ich wil ein gleichnis für stellen / vom feuer vnd lichte / damitte sich der leser mechte in den wahren Sihn vnd verstant / in bey stant götlicher krafft / Einführen.

19 Sihe an eine angezintte kertze / so sihestu ein gleichnis Beides des Götlichen / vnd auch des Naturlichen wesens / In der kertze ligt alles vnttereinander in Einem wesen / in gleichem gewichte / ohne vntterscheidt / Als das fette / Item das feuer / das licht / die lufft / das wasser / die Erde / Item der schwefel / der marcurius / das Saltz vnd das öle / aus welchem das feuer / licht / lufft vnd wasser vrstendet / Da kan man in der kertzen keinen vntterscheidt halten / vnd sagen / das ist feuer / das ist licht / das ist lufft / das ist irdisch / Man Sihet keine vrsache des schwefels / Saltzes noch öles / man saget / es ist ein fettes / vnd ist auch war. Aber alle dise eigentschafften ligen darinnen / Aber in keinem vntter scheide der erkentnis / den sie stehen alle in gleichem gewichte / in der Temperatur /

20 Also auch in gleichem ist vns zu erkennen / von dem ewigen Einen / als von dem verborgenen vnoffenbaren Gott / auser der ewigen Szientz / das ist / auser seiner krefftigen offenbarung seines worttes / Es ligen alle kreffte vnd eigentschafften in dem vnanfenglichen gott Jehoua in der Temperatur / Aber in dehme der ewige wille / welcher vater aller wesen / vnd alles vrstandes ist / sich in der weisheit in einen Gruntt zu seinem selbst Sitz / vnd zur krafft in fasset / vnd das selbe in fassen aushauchet / so fasset sich sein wille in dem aus hauchen seiner krafft in der Temperatur / in dem aus gehen seiner selber in eine Szientz zur scheidligkeit / vnd zur offenbarung der kreffte / das in dem Einen / eine vnentliche vielheit der kreffte / als eine ewiger Blick erscheine / auff das das Ewige Eine schiedlich / empfintlich / sichtlich / fühlich vnd wesentlich sey / 21 Vnd in der selben Szientz oder in zihenden begürde / wie man das edwan zum verstande geben köntte / anfenget sich die ewige Natur / vnd im der Natur das wesen / verstehet ein Geistlich wesen / als Misterium magnum / als der offenbare Gott / oder wie man setzen Mechte / die götliche offenbarung / da die heilige schrifft von Gott von vntter scheiden redet / Als Gott ist gutt / Item Gott ist zornig vnd eiffrig / Item Gott kan nicht Böses wollen / Item Gott verstockt ihr hertze das sie nicht Glauben vnd selig werden / Item / es ist / oder geschieht kein übels in der Statt das der Herr nicht thut / Item / darumb habe ich dich er weckt / das Ich meines zornes macht an dir er zeigete / Item die gantze wahl des gutten vnd Bösen / alles dessen / dauon die schrifft redet / Auch des grossen vntter scheides des Bösen vnd gutten in der schepffung / als da sint Böse vnd gutte Creaturen / Item / in Metallen / Erden steinen kreuttern / Beumen vnd Elementen also zu sehen / hat alles seinen anfang vnd vrstent dohehr / 22 Vnd ist in der Natur Immer Eines wider das ander gesetzt / das eines des andern feint sey / vnd doch nicht zu dehm Ende / das sichs feinde / sondern das eines das ander im streitte bewege vnd in sich offenbare / Auff das Misterium

magnum in schiedligkeit Ein gehe / vnd in dem ewigen Einen eine erhebligkeit vnd freuden reich sey / auff das das nichts In / vnd mit edwas zu würcken vnd zu spilen habe / Als der ewige Geist Gottes / welcher sich durch die weisheit hat von ewigkeit in ein solch Geistlich Misterium Ein geführet / zu seiner selbst beschawligkeit / Welch Misterium Er auch in einen anfang zur Creation vnd zur zeit ein geführet / vnd in ein wesen vnd weben der 4 Elemente gefasset / vnd das vnsichtbare Geistliche mit / vnd in der zeit sichtbar gemacht.
23 Vnd zeigen euch dessen ein wahres Bilde an der welt / als an der Sonnen sternen vnd Elementen / vnd des Misterij daraus die 4 Elemente vrstenden / Wir sehen das die Sonne in der tiffe der welt leuchtet / vnd ihre stralen zinden den Ens der erden ahn / daraus alles wechset / Auch verstehen wir / das sie den Ens im Misterium magnum / als im spiritu Mundy / als in Sulphurj marcurj vnd Sale ahn zindet / darinen das magische feuer eröffnet wirt / aus welchem die lufft / das wasser / vnd die irdigkeit seinen vrstent Nimpt / Das ist / das Einige Element im misterio magno der eusern welt / scheidet sich da durch in 4 Elemente / welche wol zu vorhin im Misterio ligen / Aber (st) sie stehen in der (z) Szientz in der magnetischen impression in einander / im grossen Misterio verborgen / vnd ligen in einem wesen.
24 Nun gleich wie der Sonnen krafft vnd stral das Misterium der eusern welt auff schleust / das Creaturen vnd gewechse daraus gehen / Also auch hin kegen ist das Misterium der eusern welt eine vrsache / darinen sich der Sonnen Stral auff schlissen vnd an zinden / Wen nicht das grosse Misterium in Sulphur marcurio vnd Sale Geistlicher ardt vnd eigentschafft in spiritu Mundy lege / als in der Szientz der sternen eigentschafften / welche eine quinta Essentz über die 4 Elemente ist / So mechten der Sonnen stral nicht offenbar werden / Weil aber die Sonne edler vnd einen gradt tiffer in der Natur ist / als das Misterium der eusern welt / als der spiritus mundus in Sulphurj marcurj vnd Sale vnd der quinta

Essentz der sternen / So ein drenget sie sich in das eusere Misterium / vnd zindet das ahn / vnd sich hie mitte auch selber / das ihre stral feurig werden / den sonst wehren sie nicht feurig / ohne die Szientz im Misterio der welt /
25 Vnd wie Nun die Sone ihre begürde hefftig in die Szientz / ins Misterium / als in die drey Ersten / als Sulphur marcurj vnd Sal Einführete sich in ihnen anzu zinden vnd zu offenbaren / Also auch führet die Szientz ihre begürde aus der quinta Essentz der sternen durch die drey Ersten / als Sulphur marcurius vnd Sal also hefftig kegen der Sonnen / als ihrem Natur Gott / welche eine Seel des Misterij magnj in der eusern Elementischen welt ist / als ein gleichnis des Innern verborgenen Gottes / **26** Auch Sihet man / wie die sternen also gierrig vnd hungrig nach der Sonnen krafft Sint / das sie ihre Szientz vnd begürde magnetischer ardt in spiritu mundj in die drey Ersten Ein führen / vnd der Sonnen krafft in sich zihen / hinkegen sich die Sonne auch Mechtig in sie ein drenget / ihre Scientz zu empfahen / dero wegen sie aus der Sonnen krafft ihren schein haben / vnd hin wider ihre angezintte krafft als eine frucht in die 4 Elemente ein werffen / vnd also in einander qualificiren / vnd Je eines des andern offenbarung / Auch krafft vnd leben ist / so wol auch des Andern zerbrechung / Auff das nicht eine eigentschafft über die andern alle auff steiget / **27** So hat es der höchste also in ein gleichnis nach seinem eigen wesen / aus seinem ewig sprechenden wortte / aus dem ewigen grossen Misterj welchs gantz Geistlich ist / in eine zeit gesprochen / vnd das ewige in einer zeit mit einer figur dar gestellet / in welchem alles Creaturliche leben (/ welchs) vrstendet / auch darinen sein regiment führet / aus genommen die Engel vnd ewigen Geister / So wol die rechte Inre Seel des waren Menschen / dise haben ihren vrstent aus der ewigen vnanfenglichen Scientz oder Natur / wie Hernach sol gemeldet werden.
28 Nun verstehet dis angezogene gleichnis / Gott ist die ewige Sonne / als das ewige einige gutte / wehre aber auser der ewigen Scientz als der ewigen Natur mit seiner Sonnen

krafft / als der Maiestet nicht offenbar ohne die ewige geistliche Natur / Den es wehre nichts auser der Natur / darinen Gott in seiner krafft köntte offenbar sein / den Er ist der anfang der Natur / vnd führet sich doch nicht darumb aus dem ewigen Einen in einen ewigen anfang zur Natur / das Er wil edwas Böses sein / Sondern das seine krafft möge in Maiestet / als in schiedligkeit vnd empfintligkeit kommen / vnd das ein bewegen vnd spiel in ihme Sey / da die kreffte mit einander spilen / vnd sich in ihrem liebe spiel vnd ringen also selber offenbaren / finden vnd empfinden / dauon das grosse vn mesliche liebe feuer im Bande / vnd in der geburth der heiligen drey faltigkeit / würckende sey /

29 Dessen geben wir euch noch mehr gleichnis am feuer vnd lichte / Das feuer deutet vns ahn in seiner peinligkeit / die Natur in der Szientz / vnd das licht deutet vns ahn das götliche liebe feuer / Den das licht ist auch ein feuer / aber ein gebende feuer / den es gibt sich selber in alle dinge / vnd in seinem geben ist leben vnd wesen / als lufft / vnd ein geistlich wasser / in welchem ölischen wasser das liebe feuer des lichtes / sein leben führet / den es ist des lichtes speise / sonst / so das licht solte ein gesperret werden / vnd sich nicht das geistliche wasser mechte von der feurenden art scheiden / vnd sich in sich resoluiren mit dem nichts / als mit dem vngrunde / so er lesche das licht / In dehme sichs aber mit dem vngrunde darinen doch der ewige grunt liget / resoluiret / als mit der Temperatur / da die kreffte alle in einer ligen / so zeucht das licht oder liebe feuer das selbe geistliche wasser / welchs viel mehr in der resoluirung ein öl / oder eine Tinctur wirt / als eine krafft vom feuer vnd lichtes glantz / wider in sich zu seiner speise. **30** Vnd alhie ligt das Höchste arcanum geistlich zu essen lieben Söhne / ob ihr das wisset / So hettet ihr den grunt aller heimligkeit / des wesens aller wesen / vnd von disen sagte vns Christus / Er wolte vns wasser des ewigen lebens geben / das würde vns in einen quelbrun des ewigen lebens quellen[2] / Nicht das eusere vom

2 Vgl. Joh 4,14.

eusern licht feuer einer kertzen / sondern das Innere von götlichem licht feuer erbohren / dessen das eusere ein Bilde ist.

31 Also auch wisset / vnd verstehet dis gleichnis / Das ewige einige Gutte / als das wortt der heiligen mentalischen zungen / welchs der aller heiligste Gott Jchoua aus der Temperatur seines einigen wesens in die Scientz zur Natur spricht / das spricht Er Nur darumb in eine Scientz der schiedligkeit / als in eine widerwerttigkeit / das seine heilige kreffte schiedlich / vnd in glantz der magestet kommen / den sie mussen durch die feurinde Natur offenbar werden / als der ewige wille / welcher vater heisset / führet sein Hertze oder Sohn / als seine krafft durch das feuer aus / in einen grossen triumpff der freuden reich / 32 Im feuer ist der tott / als das ewige Nichts erstirbet im feuer / vnd aus dem sterben kompt das heilige leben / Nicht das (das) es ein sterben sey / sondern also vrstendet das liebe leben aus der peinligkeit / Das nichts nimpt also ein ewig leben in sich / das es fühlich sey / vnd gehet aber wider aus dem feuer aus als ein Nichts / wie wir sehen / das das licht vom feuer aus scheinet / vnd doch als ein nichts ist / als nur eine liebliche gebende würckende krafft.

33 Also verstehet in der scheidung der Szientz / da sich feuer vnd licht scheidet / mit dem feuer die ewige Natur / Darinen spricht Gott / Er sey ein zorniger eifferiger Gott / vnd ein ver zehrent feuer / welchs nicht der heilige Gott genant wirt / sondern sein Eiffer / als eine ver zehrligkeit / dessen / was die begürde in der schiedligkeit in der Scientz in sich fasset / 34 als da sich eine schiedligkeit in der Scientz in einen eignen willen über die Temperatur aus zu fahren sich erhebet sich in fasset vnd sich vom gantzen willen abe bricht / vnd in die fantasey Ein führet / als Herr Lucifer vnd die Seel Adams getahn haben / vnd noch heute in der Menschlichen Scientz in der Seelischen eigentschafft geschihet / daraus ein distel kint falscher Scientz teufflischer ardt gebohren wirt / welche

der geist Gottes kennet / von welchen Christus sagte / sie wehren nicht seine schaffe[3] / Item / das dehr alleine gottes kint sey / dessen Seel nicht vom fleische noch Blutte / noch vom willen eines Mannes / sondern von Gott / das ist / aus rechter götlicher Scientz aus der Temperatur / als aus der wurtzel des liebe feuers endsprussen sey[4] / In welche verterbte Adamische Scientz / gott sein liebe feuer in Christo wider ein geführet / vnd wider in des lichtes Temperatur / als in des lichtes Scientz ein gewurtzelt hatt. Dauon hernach sol gehandelt werden.

35 Vnd wie wir Nun in der feuers anzindung zwey wesen verstehen / als eines im feuer / vnd das ander im lichte / als zwey principia / Also ist vns auch (auch) von Gott zu verstehen / Er heisset alleine Gott nach dem lichte / als in den krefften des lichtes / da gleich auch die Scientz Inne offenbar ist / vnd auch in vnendlicher schiedligkeit / Aber alle im liebe feuer / da alle eigentschafften der kreffte ihren willen in Einen / als in die götliche Temperatur geben / da in allen eigentschafften nur ein Einiger Geist vnd wille regiret / vnd sich die eigentschafften alle in eine grosse liebe kegen einander / vnd in einander begeben / da Je (eine) eine eigentschafft die ander in gröster feurischer liebe begehret zu schmecken vnd alles nur eine gantz liebliche in einander inqualirende krafft ist / vnd sich aber durch die schiedligkeit der Szientz in mancherley kreffte farben vnd tugenden ein führen / zur offenbarung der vnendlichen götlichen weisheit / 36 Wie wir dessen ein exempel an der Blüenden Erden haben / an den kreuttern / da aus der Szientz der temperatur aus dem gutten theil schöne liebliche frichte wachsen / vnd darkegen aus der Szientz der feurischen Natur / mit in fassung des fluches der Erden / in dehme sie der Herr wegen des Menschen vnd teuffels valles halben ver fluchet / vnd zum abtreiben auff seinem teste behalten hat / Eitel böse

3 Vgl. Joh 10,26.
4 Vgl. Joh 1,13.

stachlichte / distlichte früchte wachsen / welche doch noch ein guttes in sich haben / wegen ihres vrstandes / da in der quinta Essentz noch die Temperatur Inne liget / vnd am Ende sol geschiden werden.

37 Vnd sollen an disem ortte recht verstehen / das in der götlichen krafft / so viel Er Gott heisset / als im wortte der götlichen eigentschafft / kein wille zum Bösen sein könne / auch keine wissentschafft vom Bösen Inne sey / sondern nur blos in dehme ist die erkentnis guttes vnd Böses / da sich der vngrüntliche wille in die feurische Szientz scheidet / da der Naturliche vnd Creaturliche gruntt Inne liget / 38 Den aus der götlichen liebe Scientz mag keine Creatur einig alleine gebohren werden / sie mus den feurischen triangel der feurischen Scientz nach der peinligkeit in sich haben / als einen eigen willen / welcher ein particular / als ein aus gehauchte Scientz / als ein stral vom gantzen willen aus der Temperatur des Ersten vngrüntlichen willens aus gehet / da sich das wortt der kreffte in feuer scheidet / vnd aus dem feuer wider ins licht / 39 Alda vrstenden die Engel vnd Seele des Menschen / als aus der feurischen Scientz des anfanges der ewigen Natur / da sich der selbe stral der feurischen Scientz wider sol in die lichtes temperatur ein eignen / als ins gantze / so isset sie von der heiligen Tinctur des feuers vnd lichts / aus dem geistlichen wasser / So wirt das feuer eine freudereich / 40 Den das geistwasser ist seine tägliche ertöttung der feurischen Szientz / da durch die feurische Szientz mit dem liebe feuer eine Temperatur wirt / So ist als dene auch nur ein Einiger wille darinen / als / alles das zu lieben / das in diser wurtzel stehet / wie solches von den Engeln Gottes verstanden werden sol / auch von der Seligen Seelen welche alle sampt ihren vrstant aus des feuers Scientz haben / in welcher Scientz das licht gottes scheinet / das sie einen stetten hunger nach götlicher krafft vnd liebe haben / vnd ihrem feuer die heilige liebe zu einer speise ein führen / dadurch der feurische driangel in eitel heiligkeit vnd liebe in grosse freude ver wandelt wirt / Den Nichts ist / oder

bestehet ewig / es habe den seinen vrstant aus dem ewigen vnanfenglichen willen / aus der feurischen Szientz des worttes gottes / Wie hernach sol gemeldet werden.

Das Dritte Capittel
Von der Einführung der feurischen Szientz in ge steltnisse zur Natur / vnd zu wesen / wie sich die Szientz in feuer ein führe / was das Sey. Vnd wie die vielfeltigung endstehe. Die portten des Grossen Mistery aller heimligkeitten.

1 Als der teure Moses die schepffung der welt beschreibet so spricht Er / Gott habe gesprochen. es werde[1] / so sey es worden / vnd den spricht Er / Am anfang schuff Gott Himmel vnd Erden.[2] Vnd Johan 1[3] stehet / Gott habe alle dinge aus seinem wortte gemacht. 2 In disem ligt (ligt) Nun der gruntt vnd tieffe verstant / den von ewigkeit ist nichts als Nur Gott in seiner dreyfaltigkeit wie forne gemeldet / in seiner weisheit gewesen / vnd darinen die Szientz / als das sprechen / als aus sich aus hauchen / fassen / formen / vnd in eigentschafften führen / Das fassen ist das schuff / vnd die Scientz als begürde ist der anfang aus der Temperatur zur vntterschiedligkeit / den der gantze gruntt ligt in dehme / da gesaget wirtt / Gott schuff durchs wortt / Das wortt bleibt in Gott / vnd gehet mit der Scientz / als mit der begürde aus sich aus / in eine theilung / Die ist also zu verstehen.

Die Szientz ist ewig im wortte / den sie vrstendet im willen / im wortte ist sie Gott / vnd in der theilung / als in der fassung ist sie der anfang der Natur.

1 Vgl. Gen 1,3.
2 Gen 1,1.
3 Vgl. Joh 1,3.

3 1 Ihre Erste gestalt ist herbe / als die fasligkeit seiner selber / ihre gesteltnis so in ihrer infassung end stehen / seint dise / Als Erstlich fünsternis / den die fassung überschattet den freyen willen in der Szientz / Zum andern ist es die vrsache der herttigkeit / den das angezogne ist hartte vnd raw / vnd sol doch im ewigen nur Geist verstanden werden. Zum dritten ists eine vrsache der scherffe / Zum 4ten eine vrsache der kelte / als der kalt feurinden eigentschafft / Zum 5ten eine vrsache aller wesenheit / oder begreiffligkeit / vnd ist im Misterio magno die Mutter aller Saltze / vnd eine wurtzel der Natur / vnd wirt im Misterio mit einem wortte Sal genant / als eine Geistliche scherffe / der vrstant gotts zornes / auch der vrstant der freudenreich /

4 2 Die Ander gestalt in der Scientz ist der stachel der empfintligkeit / als das zihen selber / dauon das fühlen vnd die empfintligkeit vrstendet / den Je mehr sich die herbigkeit impressert / Je grosser wirt diser stachel. als ein witter tober vnd zerbrecher / seine aus theilung in gesteltnis seint dise / als Bitter / wehe / pein / rügen / anfang des widerwillens in der Temperatur / eine vrsache des geistlebens / auch eine vr sache des quallens / Ein vater / oder wurtzel des marcurialischen lebens / in den lebhaften vnd wachsenden / eine vrsache der fligenden sinnen / auch eine vr sache der er heblichen freuden im lichte / vnd eine vrsache der feintlichen widerwerttigkeit in der strengen impression der herttigkeit / daraus der streitt vnd wider willen enstehet /

5 3 Die Dritte gestalt in der Szientz ist die Angst / welche in der widerwerttigkeit der herbigkeit / vnd stachlichten Bitterkeit entstehet / als ein Ens des fühlens / der Anfang der Essentz vnd des gemüttes / eine wurtzel des feuers vnd aller peinligkeit / ein hunger vnd dürst nach der freyheit / als nach dem vngrunde / Eine offenbarung des ewigen vngrüntlichen willens in der Szientz / da sich der wille in geistliche gesteltnisse Einführet / auch eine vr sache des sterbens / als die geburth des todes / da doch nicht tott / sondern der anfang des Natur lebens entstehet / vnd ist eben

die wurtzel / da Gott vnd Natur vntterschiden wirt / Nicht als eine aptrenung / sondern wegen der Temperatur in der Gottheit / das alhie das lautbare sensualische leben endstehet / daraus die Creation seinen vrstent genommen hat.

6 Dise drey ob gemelte gestelte / als Herbe / Bitterstachel. vnd Angst / seint die drey Ersten in der Szientz des einigen willens / welcher vater aller wesen heisset / vnd Nehmen ihren Grunt vnd vrstent in der Szientz aus der dreyheit der Gottheit / 7 nicht zu verstehen / das sie Gott seint / sondern seine offenbarung in seinem wortte der krafft / Als Herbe welches der anfang zur stercke vnd macht als ein grunt daraus alles kompt / vrstendet aus des vaters eigentschafft im wortte /

8 Vnd Bitter stachel / als des lebens anfang / hat seinen vrstant aus des Sohnes eigentschafft aus dem wortte / den es ist eine vrsache aller kreffte vnd schiedligkeit / auch des redens / verstandes vnd der 5 sensus.

9 Vnd Angst vrstendet aus des H. Geistes eigentschaft im wortt / den es ist die vrsache Beider feuer / als des lichtes liebe feuer / vnd des peinlichen feuers der ver zehrligkeit / vnd der wahre vrstent des gefundenen Creaturlichen lebens / auch des sterbens / zu freude vnd leidt / die wurtzel alles lebens aus der Szientz des einigen ewigen willens /

10 Dise drey Ersten werden in der Creation im Natur leben (genant) nach der Compaction in der schepffung Sulphur marcurius vnd Sal genant / da sich das Geist leben hat in eine sichtliche begreiffliche Materia eingeführet / welche Materia in allen dingen ist / in den lebendigen im fleische / vnd in den wachsenden der Erden / Beides spiritualisch / vnd Corporalisch / nichts aus genommen / alle wesen diser welt stehen darinen / wie solches für augen / (ist) vnd dehn er fahrnen bekant ist / 11 Den also hat sich das vnsichtliche / als die Geistliche welt mit ihren drey Ersten in ein sichtbar Geifflich wesen eingeführet / nach den Geistern Geistlich / vnd nach den Cörpern Greifflich. Auch vrstendet die gantze Erde mit allen Materien darauß / so wol das gestirne mit den

Elementen / Je doch mus man weiter sehen vnd durch alle Siben gestelte gehen / wen man die Sone / sternen vnd Elemente an deuten wil / wie ferner folget.

12 4 Die 4te gestalt in der Szientz aus dem einigen willen ist des feuer anzindung / da sich licht vnd fünsternis scheiden / ein Jedes in ein principium / den alhie ist des lichtes vrstant / so wol des rechten lebens in der empfintligkeit der drey Ersten / auch der rechten scheidung zwischen der angst vnd freuden / vnd dises geschicht also. 13 Der Erste wille in drey faltigkeit / welcher Gott auser Natur vnd Creatur heisset / fasset sich in sich selber zu seinem eignen Sitz in der gebärung der dreyheit / mit der Scientz / vnd führet sich in krafft / vnd in der krafft in das gebärende wortt / als in einen Essentialischen schal zur offenbarunge der kreffte / vnd weiter in eine begürde zur empfintligkeit vnd fintligkeit der kreffte / als in die drey Ersten zur Natur / wie oben gemeldet worden / 14 Als Er sich aber in die Angst geführet / als in vrstant des spiritualischen lebens / so fasset Er sich wider in sich mit der lust der freyheit von der angst frey zu sein / das ist / Er fasset den vngrunt / als die Temperatur der götlichen lust vnd weisheit in sich / welche also lieblich sanfte vnd stille ist / Vnd in diser in fassung geschicht in der angst der grosse schrack / da die pein für der grossen sanftmut erschrickt / vnd in sich ersincket / als ein zittern / dauon das Gifft leben in der Natur seinen Grunt vnd anfang hat / Den im schracke ist der tott / vnd im schracke fasset sich die herbigkeit in wesen / als in ein marcurialisch Geist wasser / aus welchem in der impression im anfange der schepffung der Erden / steine / vnd Metalle vnd (ist) das marcurialische Sulphurische wasser erbohren worden / daraus Metalle vnd steine Iren vr stant haben.

15 Diser schrack macht in den drey Ersten / als in herbe / Bitter vnd Angst nach der fünstern impression in sich das feintliche schreckliche leben des Grimes / oder zornes Gottes / des fressens vnd ver zehrens / Den es ist des feuers anzindung / als die Essentz der peinligkeit / oder ver zehrlig-

keit des feuers / vnd wirt nach der fünstern impression die helle / oder höhle genant / als ein eigen in sich selber in fassende peinlich leben / das nur in sich selber empfintlich vnd offenbar ist / vnd kegen dem gantzen vngrunde Billich eine verborgene höhle genant wirt / welche im lichte nicht offenbar ist / vnd doch eine vrsache des lichtes anzindung ist / auff ardt zu verstehen / wie die Nacht im tage wohnet / vnd keines das ander ist.

16 So verstehet nun des feuers an zindung recht. es geschicht durch eine Coniunction der drey Ersten in ihrer infassung in grim / vnd am andern theil von der lieblichen freyheit des Entes in der Temperatur / da liebe vnd zorn in einander gehen / als gleich so man wasser in feuer geust / so ists ein schrack / Also auch / wen liebe in zorn eingehet / so geschicht auch ein schrack / in der liebe ist der schrack ein anfang des plitzes oder glastes / da sich die einige liebe empfintlich macht / als magestetisch oder scheinende / als der anfang der freudenreich / auff ardt / wie das licht im feuer scheinende wirtt / auch ists in der liebe der anfang der schiedligkeit der kreffte / das die kreffte im schracke aus dringende werden / dauon der Ruch vnd geschmack der vntter schiede endstehet / Vnd in den drey Ersten wirt die peinliche Natur des feuers verstanden / 17 den Herbe impresset vnd frisset / vnd Bitter ist der stachel des wehes / vnd Angst ist nun der tott vnd auch das Neue feuer leben / den es ist die Mutter des schwefels / Vnd der liebe Ens gibt der angst als der schwefel Mutter eine erquickung zum Neuen leben / aus welchem der glantz des feuers vrstendet / den wir sehen / das das licht sanfte ist / vnd das feuer peinlich / So verstehen wir das des lichtes grunt aus der Temperatur / als aus der einigung / aus dem vngrunde der einigen liebe / welche Gott heisset vrstendet / vnd das feuer aus dem führenden willen im wortte / aus der Szientz / durch die impression / vnd ein führung in die drey Ersten. 18 Im lichte wirt nun das Reich Gottes verstanden / als das reich der liebe / vnd im feuer wirt Gottes stercke vnd almacht verstanden / als das Geistliche Creatur le-

ben / vnd in der fünsternis in der einschlissung wirt der tott / helle / zorn Gottes / vnd das angstliche Gifft leben verstanden / wie solches an Erde steinen Metallen vnd Creaturen der eusern geschaffenen welt zu verstehen ist / 19 Vnd vermahne den lehser / nur den hohen über Naturlichen Sin / da ich von Gott vnd der gebärung des misterj mangnj rede / Nicht irdisch zu verstehen / den ich deute daruntter nur ahn / woraus das irdische worden sey / so mus ich offter reden / das es der leser ver stehet / vnd ihme nach sinet / vnd sich in Innern gruntt schwinget / den ich mus dem himlischen offter Irdische Nahmen geben / umb des willen / das das irdisch dauon ist aus gesprochen worden.

20 In des feuers anzindung ligt der gantze Grunt aller heimligkeit / den der schrack der anzindung heisset in der Natur / Salnitry / als eine wurtzel aller Saltze der kreffte / eine schiedligkeit der Natur / da sich die Szientz in vnendlich scheidet / vnd doch Imerdar im schracke / als ein schrack der scheidung im wesen also bleibet.

In des feuers anzindung nach dem Innern magischen feuer verstanden / macht sich der Geist Gottes webende / auff ardt / wie sich lufft aus feuer vr stendet / Den alda vr stendet das einige Element / welchs in der eusern welt in 4 Elementen sich aus gewickelt hat / Das verstehet Also.

21 Im Blicke des feuers vnd lichtes ist die scheidung / der Geist scheidet sich über sich / ver stehet die feurische Szientz der kreffte / den Er gehet aus dem feuerschracke aus / als ein Neu leben / vnd ist doch kein Neues / sondern Er hat nur also Natur angenommen / Vnd der Ens der liebe Bleibt in Mitten als ein Centrum des Geistes stehen / vnd gibt aus sich ein öhl / ver stehets geistlich / in welchem das licht lebet / den es ist der Ens der feurischen liebe /

Aus disem feurischen Ens der liebe gehet mit dem Geiste über sich (in die höhe) aus / die Tinctur / als das geist wesserlin / die krafft vom feuer vnd lichte / welchs Nahme heisset Jungfraw S o p h i a / 22 ihr lieben weisen ob ihr sie kennet / gut wehre es euch / Das selbe wesserlin ist die ware demut welche sich also Balde mit der Temperatur transmutiret / vnd vom lichte wider in gezogen wirt / den es ist des lichtes Seel nach der liebe / vnd das feuer ist der Man / als des vaters eigentschafft / als die feuer Seel / Vnd hirinen ligen die beiden Tincturen / als man vnd weib / die zwo lieben / welche in der Temperatur götlich sint / welche in Adam gescheiden worden / als sich die Imagination aus der Temperatur aus wendete / vnd in Christo wider geeiniget worden ist. **23** O ihr lieben weisen ver stehet disen Sin / den es ligt alhier das perlen der gantzen welt / den vnsern gnug verstanden / vnd sollen es nicht den thiren geben.

24 Die dritte scheidung aus dem feuer kompt aus der ertöttung des feuers / als aus dem wesen der drey Ersten / aus dem spiritu Sulphuris marcurius vnd Salis / vnd gehet als ein stum vnfühlende leben vntter sich / vnd ist der wasser Geist / aus welchem das Materialische wasser der eusern welt seinen anfang hat / darinen die drey Ersten mit ihrer würckung haben Metalle / steine vnd Erde aus den eigentschafften des Salnitrj erbohren / darinen man doch auch des obern wesens / aus der impression des liebe Entes verstehen sol / als in den edlen metallen vnd steinen / Diser Salnitrische Gruntt / wirt durch die Sonne auff geschlossen / das Er ein wachsende leben hat. Den vnsern alhie gnug verstanden / den Er ist mit dem fluche bedackt vnd ligt in der schwertze / wir lassen vns billich an dehme gnügen / das vns ewig erfreuet / vnd wollen dem thier nicht einen freude affen ein Jagen. Vnd doch hernach an deuten was vns Nützet.

25 Die 4te scheidung gehet in die fünsternis / da auch alle wesen Inne ligen vnd webende seint / wie in der lichts welt / vnd in der eusern Elementischen welt / Aber es gehet alles in die fantasey / nach der qualitet eigentschafft / Dauon wir alhie weiter nichts melden wollen / wegen des falschen lichtes so darinen verstanden wirt / vnd der Menschen verwegenheit halben. Je doch wirt dem phariseer hie mitte angedeutet / das Er keinen wahren verstant von der hellen / vnd der fantasey habe / was ihre qualitet / vnd fürhaben

sey / vnd wo zu das sey / sintemal auser Gott nichts ist / vnd doch auser Gott ist / Aber nur ein ander qual / vnd ein ander leben / auch ein ander Natur licht / den magis bewust.
26 5 Die fünffte gestalt in der Szientz ist Nun das wahre liebe feuer / das sich in dem lichte aus dem peinlichen feuer scheidet / darinen Nun die götliche liebe in wesen verstanden wirt / Den die kreffte scheiden sich im feuer schracke / vnd werden in sich begürig / da man den alle ardt der drey Ersten auch darinnen verstehet / Aber nun nicht mehr in peinligkeit / sondern in freudenreich / Vnd in Ihrem hunger / oder begürde / wie mans setzen möchte / als in der Szientz / zihen sie sich selber in wesen / sie zihen die Tinctur vom feuer vnd lichte / als Jungfraw (Sophien) Sophia in sich / die ist ihre speise / als die grosse Sanffte / das wol thuen / wol schmecken / Das fasset sich in der begürde der drey Ersten in wesen / welchs das Corpus der Tinctur heisset / als götliche wesenheit / Christj himlische leibligkeit. **27** lieben Söhne / wo ihrs verstehet / da Er Johan. 3[4] sagte / Er wehre vom himel kommen / vnd wehre im himel / Dise Tinctur ist die krafft des sprechens im wortte / vnd das wesen ist seine In fassung / da das wortt wesentlich wirt / Das wesen ist das Geist wasser / dauon Christus sagte / Er wolle vns das zu trincken geben / das würde vns in einen quelbrun des ewigen lebens quellen / Die Tinctur wandelts in Geistlich Blutt / den sie ist ihre Seel. Es ist vater vnd Sohn / aus welchen der Geist / als die krafft aus gehet / **28** O ihr lieben Söhne / so ihr dises verstehet / so lasset Eurem Geiste nicht zu / sich darinnen in freude zu erheben / Sondern beuget ihn in die aller gröste demut für Gott / vnd zeiget ihme seine noch vn würdigkeit / das Er nicht darmitte in eigne liebe vnd willen fahre / wie Adam vnd Lucifer theten / welche das perlen in die fantasey ein führten / vnd sich vom gantzen abe brachen. bedenckt wol / in welcher schweren herberge die Seel gefangen ligt / demut / vnd nichts wollen / als nur gottes Erbarmen / ist deh-

4 Vgl. Joh 3,13.

nen welche Jungfraw Sophiam erkant haben / das beste / vnd Nitzte / das sie in übung Nehmen sollen / es ist ein hohes / das euch Gott offenbaret / sehet wol zu was ihr thut / macht nicht einen fligenden Lucifer darauß / oder es wirt euch ewig Reuen.

29 Dise 5te gestalt hat alle kreffte der götlichen weisheit in sich / vnd ist das Centrum / darinen sich Gott der vater in seinem Sohne durchs sprechende wortt offenbaret / es ist der stock des gewechses des ewigen lebens der geistlichen Creaturen / die speise der feurischen Seel / So wol der Engel / vnd das man nicht aus sprechen kan / Den es ist die ewige Immerwerende offenbarung der drey einigen Gottheit / da alle eigentschafften der heiligen weisheit in sensualischer ardt Inne qualificiren als ein geschmack / Ruch / vnd in einander Inne qualificirendes leben des liebe feuers / vnd heisset die krafft der herligkeit Gottes / welche sich mitte (der) in der Creation in alle geschaffene dinge hat aus gegossen / vnd ligt in Jedem dinge / nach des dinges eigentschafft in seinem Centro verborgen / als eine Tinctur in dem lebendigen Corpus / aus welcher Szientz alle dinge wachsen vnd Blüen / vnd ihre frucht geben / welche krafft in der quinta Essentz Inne liget / vnd eine Cuhr der kranckheitten ist / 30 so die 4 Elemente mögen in die Temperatur gesetzt werden / so ist das herliche perlen in seiner würckung offenbar / Aber der fluch des zornes gottes helt es wegen der Menschen vn würdigkeit in sich gefangen. Den medici wol verstanden /

31 6 Die 6te gestalt in der Szientz ist in der götlichen krafft / das sprechen / als der götliche Mundt / der schal der kreffte / da sich der Heilige Geist in der liebe in fassung lautbarlich aus der ingefasten krafft aus führet / als vns am Bilde Gottes am Menschen in seinem reden zu verstehen ist / also ist auch ein sensualisch würckende sprechen in der götlichen krafft in der Temperatur / welchs würckende sprechen in den 5 sensus recht verstanden wirtt / als ein Geistlich sehen / Hören / Richen / schmecken vnd fühlen /

da die offenbarung der kreffte in einander würcken / welch gewürcke der Geist in einen lautbaren hal aus spricht / wie am Menschen zu verstehen ist / So wol an dem aus gesprochenen wortte / in den geschaffenen Creaturen den lebhaften / auch in den stummen wachsenden der gleichen / 32 Den alda wirt ver standen / wie sich die Geistliche welt / als der geistliche Hall hatt mitte in die schepffung ein gegeben / davon der schall aller wesen vrstendet / welcher in den materien / eine Marcurialische krafft / aus der feurischen Hertte genant wirtt / darein die andern kreffte ihre mitwürckung geben / das es ein klang oder sang wirtt / wie an den lebhaften zu erkennen ist / in den stumen aber ein klang ist / Vnd wie man an einem Seitenspiel Sihet / wie alle Melodeyen in einander in einem Einigen wercke ligen / welche der verstant kan herfür bringen.

33 Mehr ist vns in der 6ten gestalt der wahre verstant der sensus zu ver stehen / Den wen sich der Geist aus den eigentschafften hat aus geführet / so ist Er wider in der Temperatur / vnd hat alle eigentschafften in ihme / Was das Corpus eine wesentliche krafft ist / das ist der Geist eine fligende krafft / als eine Sinliche / in welcher das gemütte verstanden wirtt / daraus die Sinnen vrstenden / Den die sinnen vrstenden aus der viele der vnentlichen eigentschafften / aus dem feuer schrack / darumb haben sie Beide Centra / als gottes liebe vnd zorn in sich / Weil sie in der Temperatur stehen / so seint sie gerecht / so balde sie aber aus der Temperatur aus gehen / vnd sich in eigen proba ihrer selber schwingen / sich selber in eigentschafften zu finden / vnd selber zu erkennen / so ist die lügen gebohren / das sie von eigen willen reden / vnd die andern eigentschafften für falsch halten vnd verachten / vnd führen sich auch als balde in eigen lust / In welchem vns der schwere vall Adams vnd Lucifers zu betrachten / vnd zu erkennen ist / 34 Den Adam war in die Temperatur mit den eigentschafften gesetzt / Aber seine Szientz führete sich in die zertheilung in falsche lust / durch des teuffels Inficiren / vnd Ein hallen / oder ein reden / in

welchem Ein reden sich die lust in der Temperatur erhub / vnd in die viele der eigentschafften einfürtte / als eine Jede eigentschafft in eine selbheit / **35** Den die Seel wolte schmecken / wie es schmeckte / wen die Temperatur aus einander ginge / als wie die hitze vnd kelte / darzu Trucken vnd Naß / hartte vnd weich / herbe / süsse / Bitter vnd Sawer / vnd also fordt alle eigentschafften schmeckten in der vntter schiedligkeit / welchs Ihme doch Gott verbott / Nicht zu essen von dem gewechse / das ist von der offenbarung der erkentnis Böses vnd guttes / In welchem schmack Erst der feurige hunger entstunt / das die lebens gesteltnis das Manna / als gottes Brott aus der liebe wesen verlohren / vnd nicht mehr schmecken kontten / wie es in der Temperatur in einem Einigen willen wehre / Dauon sich die lebens gesteltnis also Balde in einen so grossen hunger in fasseten / vnd die viele der eigentschafften sich impresseten / da durch die grobheit des fleisches entstunt vnd die vieische begürde / in der vielheit der Szientz der eigentschafften der kreffte in ihme offenbar worden / vnd auch zu handt die zertheilten eigentschafften in spiritu Mundy in ihn Ein drang / als hitze vnd kelte / auch das Bitter stachlichte wehe ihn rührete / welchs in der Temperatur alles nicht hette sein mögen / Dauon ihme auch zu handt kranckheitten im fleische endstunden / den die eigentschaften wahren in streitt vnd widerwillen kommen / **36** so balde sich nun ietzo eine über die ander erhebet / oder durch edwas angezindet wirt / das sie sich in die höhe schwinget in der qualificirung / so ists den andern ein feintlich wider wille / Dauon endstehet wehe vnd kranckheit / den der streit führet sich als Balde in die drey Ersten Ein / da sich als den die Turba erbühret / vnd des todes kammer auff wecket / das die Gifft qual das regiment bekompt. Vnd das ist eben der schwere vall Adams. (vnd auch Lucifers) /

37 7 Die Siebende gestalt in der Szientz / ist in der götlichen krafft das in gefaste wesen aller kreffte / da sich der schal / als das sprechende wortt in der Szientz in wesen

fasset / als ein wesen / darinen sich der schal zur lautbarkeit fasset / Die 5te infassung mit der liebe / als in der fünften gestalt / ist gantz Geistlich / als die aller lauterste wesenheit / Dise Aber ist eine Infassung aller eigentschafften / vnd heisset Billich die gantze Natur / oder das geformbte wortt / das aus gesprochene wortt / als der Inner götliche himmel / welcher vngeschaffen ist / sondern mitte in der götlichen würcklichen geburtt der Temperatur Inne stehet / vnd heisset für Nemlich das paradeis / als ein grünende wesen / der gefasten würcklichen götlichen krafft / da man die wachsende Seel Inne verstehet / auff ardt wie die Szientz sich aus der erden / durch der Sonnen begürde (sich) in ein gewechse des holtzes / kreutter vnd grases zeucht / den die Szientz der erden hat auch ihren vrstant dahehr / **38** als Gott die Geistliche welt nach allen eigentschaften in ein euserlich wesen Ein führte / so bleib das Inner im eusern / das euser als ein geschepff / das Inner aber als ein gebärendes wesen. Vnd dero wegen sehen wir die welt nur halb / den das paradis als die Inner welt / welche in Adams vnschult durch die euser erde mitte aus grünete / haben wir verlohren.

39 Mehres ist vns zu verstehen / das die Siben tage mit ihren Nahmen aus disen Siben gestelten vrstenden / als alle Siben aus einem Einigen / welcher war der anfang der bewegung des Misterij mangnj / vnd der Sibende ist der Ruhe tag / darinen das würckende leben der 6 eigentschaften Inne ruhet / vnd ist eben die Temperatur im wesen / da das würckende leben der götlichen kreffte Inne Ruhen / Darumb befahl ihn Gott zu Ruhen / den es ist das wahre Bilde Gottes / da sich Gott hatt darine in ein ewig wesen von ewigkeit Immerdar gebildet / Vnd so wir doch sehen wolten / es ist Christus der rechte in Adam geschaffene Mensch / welcher fihl / vnd sich in den 6 tage wercken mit der Szientz in vnruh ein führte / vnd die fünster welt erweckte vnd empor führte / welche gott mit seiner höchsten liebe Tinctur in dem Nahmen Jesus in dem Menschen wider Tingirte / vnd wider in den ewigen Sabat der Ruhe ein führte.

40 Dises seint also die 7 eigentschaften der ewigen vnd zeitlichen Natur / Nach der ewigkeit Geistlich / vnd in heller durch scheinender Christallinischer wesenheit / also zu gleichen / vnd nach der eusern geschaffenen welt / in Böse vnd gutt vntter einander im streitte / zu dehm Ende also worden / das sich die Innern Geistlichen kreffte durch die streittende Szientz in Creaturliche formunge vnd geburtten ein führten / das die götliche weisheit in wundern der formugen in mancherley leben offenbar würde / Den in der Temperatur mag keine Creatur gebohren werden / den sie ist der einige Gott / Aber im aus gang der Szientz des einigen willes / in dehme Er sich in partikular scheidet / so mag eine Creatur / als ein Bilde des geformbten worttes / vr stenden /

Das 4te Capittel
Vom Vrstent der Creation.

1 Günstiger lehser / Ich vermahne dich / sey ein Mensch / vnd nicht ein vn vernunfftig thier / vnd las dich der Sophisten geschwetz / nicht irren / mit ihrem kelber ver stande / die da nicht wissen was sie schwetzen / welche nur zancken vnd beissen / vnd wissen noch verstehen nicht / was sie geilen / vnd haben keinen grunt im sensus. 2 las dich auch nicht irren dise feder / oder handt der feder / der höchste hat sie also geschnitzet / vnd seinen Athem darein geblasen / des halben wir ein solches wol sehen vnd erkennen / vnd nicht aus wahn von ander handt solches wissen / oder durch Astralische ein felle solches wissen / als wir beschuldiget werden / Vns ist eine porten In ternarium Sanctum auff getahn / zu sehen vnd wissen / was der Herr zu diser zeit in den Menschen wissen wil. auff das der streitt ein Ende Nehme / das man nicht mehr umb Gott zancke / so offenbaret Er sich selber / Vnd das sol vns kein wunder sein / sondern wir selber sollen das selbe wunder sein / das Er mit erfüllung der zeit hat gebohren. so wir vns erkennen was wir

seint / vnd vom streitte aus gehen in die Temperatur des einigen willens / vnd vns vnttereinander lieben.
3 Die gantze Creation / beides der ewigen / vnd auch der zeitlichen Creaturen vnd wesen / stehen in dem wortte götlicher krafft / 4 Die ewigen vrstenden aus der Szientz des sprechens / als aus dem einigen willen des vngrundes / welcher sich mit dem wortte des sprechens mit der Szientz hat in partikular ein geführet / 5 Vnd die zeitlichen vr stenden in dem aus gesprochenen wortte / als in einer Bildligkeit des ewigen / da sich das aus gesprochene wortt in seiner supstantz hat wider in einen euserlichen spigel zu seiner beschauligkeit Ein geführet /
6 Der Szientz aus theilung aus dem vngrunde in grunt / mit der einführung des sprechenden worttes / in ein wider aus sprechen des wesens aller wesen / zu / vnd in Bösen vnd gutten / stehet Also.
Es gebären sich drey principia in dem wesen aller wesen / da Je eines des anderen vrsache ist / darinnen man auch dreyerley leben verstehet / als drey vntterschiede götlicher offenbarung.
7 Die wahre Gottheit in sich selber in dreyfaltigkeit / in der Szientz des vngrundes im Einigen willen / da gott / Gott gebühret / als der einige wille / der sich in die dreyheit einführet / ist kein principium / den es ist nicht für ihme / darumb so kan Er auch keinen anfang von edwas haben / sondern ist selber sein anfang / das nichts / vnd sein edwas /
8 Aber im wortte der einigen götlichen krafft / da sich die einige Szientz der gebärung der dreyheit aus sich selber aus hauchet / Alda vrstendet der anfang des ersten principij / Vnd doch nicht im grunde des sprechens / als in der dreyheit / sondern in der fassung der vntter schiedligkeit / da sich die vntter schiedligkeit in Natur in fasset zur empfintligkeit vnd bewegligkeit / da sich die empfintligkeit in zwey wesen scheidet / als in grim nach der impression in der fünsternis / in ein kalt peinliches feuer / darinen die hitze vrstendet / Da verstehet man das 1 principium in der feuer wurtzel / welche

ist das Centrum der Natur / 9 Vnd das ander principium verstehet man in der scheidung des feuers / da sich die götliche Szientz im feuer ins licht scheidet / alda sie sich hat in Natur vnd wesen Eingeführet / zur offenbarung der götlichen freudenreich. Da das wortt der kreffte in einer würcklichen gebärung Inne stehet / da das mens ein Ens würcket / alda ist die scheidung zwischen zweyen principien / da sich Gott nach dem Ersten einen zornigen Eiferigen Gott vnd ein verzehrent feuer Nennet / vnd nach dem andern einen lieben Barmhertzigen Gott / der nicht das böse wil / oder wollen kan.

10 Das dritte principium wirt in den 7 tagewercken verstanden / Als da sich die 7 eigentschafften der Natur haben in der Sibenden in ein wesen zur fasligkeit eingeführet / welch wesen in sich selber heilig rein vnd gutt ist / vnd der ewige vngeschaffene himmel heisset / als die stette Gottes / oder das Reich Gottes / Item paradis / Rein Element / götlicher Ens / oder wie mans nach seiner eigentschafft edwan Nennen Mechte / 11 Dasselbige einige wesen des götlichen gewürckes / welchs von ewigkeit Je gewesen ist / hat Gott mit der Szientz seines vngrüntlichen willens gefasset / vnd beweget / vnd ins wortt seines sprechens in gefasset / vnd aus dem Ersten principij der peinlichen finstern feuer welt / vnd aus der heiligen licht flammenden liebe welt aus gesprochen / als eine für modlung der Innern Geistlichen welte / 12 Vnd das ist Nun die euser sichtbare welt mit sternen vnd Elementen / Nicht zu verstehen / das es vorhin sey in einem greifflichen wesen in vntter scheide gewesen / es ist das Misterium magnum gewesen / da alle ding in der weisheit in geistlicher form in der Szientz des feuers vnd lichtes in einem ringenden liebe spiel gestanden ist / nicht in Creaturlichen Geistern / sondern in der Szientz solcher in modlung / da die weisheit also mit sich in der krafft gespilet hatt / Die selbe in Modlung hatt der einige wille ins wortt gefasset / vnd die Szientz aus dem einigen willen frey gehen lassen / das sich eine Jede krafft in der scheidung in eignen willen in der frey

gelassenen Szientz in eine form ein führe / nach seiner eigentschaft / 13 solches hat das götliche schuff / als die begürde der ewigen Natur / welche das fiat der kreffte heisset / in gefasset / Als in eine Compaction der eigentschafften / So spricht nun Moses / Gott habe im anfang / als in der selben in fassung des Misterij mangnj / himel vnd Erden geschaffen / vnd gesaget / Es sollen allerley Creaturen herfürgehen / ein Jedes nach seiner eigentschafft / 14 Das ist vns Nun zu verstehen / das in dem verbo fiat ist das misterium magnum gefasset worden in ein wesen / als aus dem Innern geistlichen wesen in ein greiffliches / Vnd in der begreiffligkeit ist die Szientz des lebens gelegen / vnd solches in zwo eigentschafften / als in einer mentalischen vnd Entalischen / das ist / in einer recht lebendigen / aus dem grunde der ewigkeit / welche stehet in der weisheit des worttes / vnd in einer aus grünender aus des wesens selb eigner in sich erborner Szientz / welche das wachsthum ist / darinen das wachsende leben stehet / als das stume leben /

15 Aus disem Misterio ist anfenglich die quinta Essentz / als der Ens des worttes offenbar vnd wesentlich worden / An welchem Nun alle drey principia gehangen / da sich den das wesen hat geschieden / das Geistliche in geistlich wesen / vnd das stume in stum wesen / als da seint Erde / steine / Metalle vnd das materialsche wasser / 16 Die drey Ersten haben sich Erstlich gefasset in ein geistlich wesen / als in himel / feuer vnd lufft / den Moses saget / im anfang schuff Gott himel vnd Erden / Das wortt himel begreifft das Geistliche Element / als die geistliche ober welt / mit der würckung der 4 Elemente da sich das einige Element hat aus gewickelt mit der eigentschafft der drey Ersten / darinen die Natur in ihren Siben gestalten Inne liget / Das selbe Geistliche hat von sich aus gestossen das grobe gefaste stume wesen / als die Materia der Erden / vnd was darinen begriffen ist / nach / vnd aus eigentschaft der 7 gestelte der Natur / vnd Irer aus theilung / da sich den eine Jede gestalt mit ihrer aus theilung / oder vielfeltigung hat in wesen eingeführet / wie

man das an dem wachsenden Geiste sihet / welcher aus dem Salnitrischen Sude der beiden feuer die Szientz ieder eigentschaft aus sich in die höhe aus führet / in die begürde des obern Geistlebens / von welchem den auch die Erde krafft empfehet / in welcher obern vnd vnttern krafft sich der erden Szientz in ein gewechse Einführet / welch gewechse die Sonne mit ihrem licht feuer anzindet / das frucht daraus wechset / auff ardt / wie die Inner magische Sonne des lichts Gottes die Inner Natur anzindet / darinen das paradiß wachsen vnd grünen stehet / verstehet in der Temperatur des einigen Elements / welchs dem irdischen verborgen ist /

In einer Suma wollen wirs dem leser an deuten / was das wesen aller wesen sey / 17 Die Inner Geistliche heilige welt ist das aus sprechende wortt Gottes / welchs sich in wesen vnd würckung Einführet / nach liebe vnd zorn / da man in der impression der finsternis das Böse verstehet / vnd ist doch in Gott nicht böse / sondern in seiner eigen fassung der selbheit / als in einer Creatur / vnd da es doch auch gut ist / so ferne nur die Creatur in der Temperatur Inne stehet / 18 Vnd in der fassung des lichts verstehet man das Reich / als den offenbaren Gott / mit seiner würcklichen krafft / welche sich in der feurinden Natur in ein lautbar wortt fasset zur götlichen offenbarung im heiligen Geiste.

Das selbe würckende wortt aus allen krefften / aus gutten vnd Bösen / als aus dem licht vnd liebe feuer / vnd den aus dem peinlichen / vnd finstern Natur feuer / welchs in der ewigkeit in einen würcklichen wesen in zweyen principien / als in licht vnd finsternis gestanden / hat sich aus gesprochen in eine zeit / vnd geführet in ein wesen eines anfanges vnd Endes / vnd gebildet in die Creation zu seiner selbst offenbarung / 19 Das ist die euser welt mit ihren heeren / vnd allem dehme was darinen webet vnd lebet / das ist geschlossen in eine zeit eines vrwercks / das lauffet von seinem anfange Immerdar wider zum Ende / als wider in das Erste / daraus es ist gegangen / Vnd das ist zu dem Ende also offenbar worden / auff das das ewige wortt in seiner würcklichen krafft Creaturlich vnd Bildtlich sey / das gleich wie sichs hat von ewigkeit in der weisheit geformiret vnd gebildet / das also auch in einem particularischen leben gebildet sey / zur herligkeit vnd freude des heiligen Geistes im wortte des lebens in Ihme selber / **20** Vnd darumb hatt gott in der ewigen Szientz des ewigen vngrintlichen willens Engel geschaffen / aus Beiden feuern / als aus dem feuer der Natur / vnd aus dem feuer der liebe / wie wol das liebe feuer keine Creatur geben mag / sondern wohnet in der Creatur / vnd erfüllet sie / wie die Sonne die welt / oder die Natur in der zeit der welt / auff das der heilige Geist also ein freudenspiel in sich selber habe. / **21** Vnd sollet vns von den Engeln recht vnd wol ver stehen / den alhie ligt der gruntt / darumb die frage wegen der gnaden wahl gehandelt wirt / darinen die vernunfft Irre lauffet.

22 Die H. Schrifft Nennet die Engel feuer vnd licht flamen[1] / vnd dinstbare Geister[2] / dehme ist also / vnd ob sie wol ihre hoch fürstliche Regimente haben / so seint sie doch alle sampt nur ein zu gerichts Instrument des Ewigen Geistes Gottes / in seiner freude / welche Er in ihnen offenbaret / als Er offenbaret sich selber durch sie / **23** Ire Supstantz vnd wesen so viel sie ein eigenthumb seint / vnd Creaturen genant werden / ist eine Infassung der ewigen Natur / welche ohne anfang in götlicher würckung zu seiner selbst offenbarung in der ewigen gebirerin stehet / Verstehet / nach der Creatur seint sie der ewigen Natur aller 7 gestelte / in grosser vntter schiedligkeit der kreffte / auff ardt wie sich die drey Ersten in der Natur in vnentliche vntter schiede ein führen vnd formen / Also ist auch ihre Creatur in vielen eigentschafften zu verstehen / ein Jeder in seiner eigentschaft / **24** Vnd seint vns für Nemlich Siben hoch fürstliche Regiment / in dreyen Ierarchien darinen zu verstehen / nach dem quel Brune der Siben eigentschaften der Natur / da sich den

1 Vgl. Ps 104,4.
2 Vgl. Hebr 1,7.

eine Jede gestalt der ewigen Natur in einen trohn gefasset / als zu einem Regiment / darinen die vntterscheide verstanden werden / auch der wille des gehorsams kegen dem trohn fürsten / (vnd die drey Ierarchien) **25** Dises haben sie in verwaltung als Creaturen götlicher gaben / da Inen Gott das wesen / dessen sie in Bilden seint / hat zum besitz gegeben / darinen sie wohnen / welchs ist die heilige Geistliche krafft welt / der Temperatur.

Ir aller Innerlichster Gruntt / welcher aus götlicher eigentschaft von ewigkeit vr stendet / ist der Ewige wille des vngrundes in grunt / so vrstenden sie nach dem anfange zur Natur aus der Szientz des freyen willens / aus welchem / vnd in welchem freyen willen Gott sein wortt gebühret / Der selbe freye wille hat sich in der Natur geburth / als im ersten principio des feuers anzindung in schiedligkeit Ein geführet / vnd aus der selben schiedligkeit im vrstant des feuers / seint die Engel in freyem willen / als ein particular des vngrüntlichen freyen willens / Ein geführet worden / sich mit dem freyen willen ins Erste oder ander principium ein zu wenden / vnd zu offenbaren / **26** Gleich wie gott selber in dem selben willen frey / vnd alles ist / vnd sich im selben freyen willen in der Natur in feuer / licht / vnd fünsternis / in pein vnd qual / so wol in liebe vnd freude Ein führet / Also auch hat das particular aus dem gantzen / freyen willen / sich in Creaturliche eigentschaft ein zu führen in den dreyen Ierarchien / oder principien wie sie wollen / als die Szientz mag sich in den dreyen Ierarchien fassen vnd offenbaren worinen sie gewalt hat / gleich wie sich die götliche Szientz in wesen vnd würckung hat Ein geführet / als ein theil in feurischem nach der kelte / das ander theil in feurischem nach der hitze / das dritte in feurischem nach dem lichte / das vierde in die fantasey / als in ein spiel der Natur selbheit / da sie mit sich selber in der vngleichheit der eigentschaften spilet.

27 D i e d r e y I e r a r c h i e n s e i n t v n s i n d r e y e n p r i n c i p i e n zu verstehen / Als in dreyerley Naturlichte.

Die Erste Ierarchia stehet im wesen des ewigen vaters eigen-

schaft Nach dem feuer der stercke / als in der feuers Tinctur im wesen der Natur.
Die Ander Ierarchia stehet in der licht feuers Tinctur / nach des Sohnes eigentschafft in der ewigen Natur / vnd die ist die heiligste /
Die Dritte Ierarchia stehet in der Natur selbheit / als da sie in den eigentschaften kegen einander spilet / wie die 4 Elemente in der sternen krafft spilen / Vnd die selbe ist nach dem Centro der finsternis offenbar / vnd die hat auch ein Natur licht in sich / als den kalten vnd hitzigen feuer plitz / oder Blick / darinen die verwandlung ver standen wirt / als da sich die Creatur mag balde in dis / oder in Ander form verwandeln / vnd wirt in der Natur die falsche magia genant / In welche Ierarchia sich fürste Lucifer gewandelt hatt / vnd sich aus der Temperatur mit der Szientz aus gegeben / vnd das licht nicht mehr er reichen mag / welchs Reich eine höhle / oder helle genant wirt / darumb / das es in sich selber in der finsternis wohnet / vnd ein falsch licht hat / das nicht mitte in der Temperatur Inne stehet / Sondern führet eine lust vnd begürde der fantasey / des Bauens vnd zerbrechens / da ietzt eine gesteltnis formiret / vnd gar balde nach den ringenden gesteltnis der Natur wider zerbrochen / vnd in ein anders gewandelt wirtt / Welch Reich mitte im Locus diser welt im geschepffe im regiment stehet / zwar nicht nach den 4 Elementen vnd dem gestirne / Aber doch darinen verborgen / vnd sich mitte in die geschepffe ein drengende / darinen die teuffel / vnd die Geister der fantasey in den 4 Elementen wohnen / **28** Wen die Sonne vnd das wasser solten auff hören / so wehre das selbe reich offenbar / es Bildet sich mitte in edliche gewechse / Item in Metalle welche nicht fix sint / vnd im feuer bestehen / Item in kreutter / Beume vnd Creaturen / darinnen die falsche magia der zauberey verstanden wirtt / vnd darinen Christus den teuffel einen fürsten diser welt Nennet / **29** Da Er aus dem lichte verstossen wart / so fihl Er in das Reich der fantasey / ins Centrum der Natur / auser der Temperatur in die finsternis / da Er ihme mag

ein falsch licht aus dem hitzigen vnd kalten feuer durch die Szientz der macht der ewigkeit eröffnen. Den das ist sein vall / das Er mit eignem willen das reich der fantasey in seiner Creatur offenbartte / das Er den ewigen willen aus der Temperatur in die zertrennung / als in die vngleicheit der fantasey Ein führte / welche fantasey ihn auch zu hant fing / vnd darein in einen vn erleschlichen kalten vnd hitzigen feuerquel / in die widerwerttigkeit der gesteltnüsse ein fürtte / 30 Den der grim der ewigen Natur / welcher Gottes zorn heisset / offenbartte sich in Ihnen / vnd fürtte Iren willen in die fantasey / vnd da Innen leben sie noch / vnd mögen anders Nun nichts thun / als was der fantasey eigentschaft ist / Als Narrerey treiben / sich verwandeln / das wesen zerbrechen / Item in kalter vnd hitziger feuers macht sich erheben / einen willen in sich fassen über die Ierarchien Gottes / als der heiligen Engel aus zu fahren / sich in prechtiger feuers macht nach der Ersten in ihrem grime sehen zu lassen / Ihr wille ist eine lautter hoffart / Item ein Geitz zur vielheit der eigentschaften / Ein stachlichter Neidt aus dem Bittern wehe / ein zorn aus dem feuer / ein verzweiffeln aus der angst.
31 In Suma / wie die drey Ersten / als der spiritus der Natur im geistlichen Sulphur. marcurio vnd Sal (sint) ist / Also ist auch ihr gemütte / daraus die Sinen komen / verstehet / wie die drey Ersten auser dem lichte gottes in Irem vrstande seint / also ist auch der teuffel in seinem willen vnd gemütte / Den seine erhebung war nach dem Ersten principio / das Er mechte ein Herr über / vnd in allem wesen / vnd über alle Englische Hehr sein / vnd darumb wante Er sich von der demut der liebe Abe / vnd wolte in feuers macht darinnen herschen / welche ihn hat aus sich aus gespeiet / vnd sich zu seinem Richter gesatzt / vnd ihme den götlichen gewalt genommen / 32 Vnd wegen diser erhebung ist vns zu betrachten / vnd hoch erkentlich / die weil die Engel für zeit des dritten principij in der Ersten götlichen bewegung geschaffen worden / wie sich das reich der fantasey im grime der Natur hat so gewaltig beweget / vnd impressert vnd

gefasset / in welcher fassung die Erde vnd steine Iren vrstant hat genomen / Nicht das sie die teuffel ge ursachet haben / sondern sie haben die Mutter der Natur / als den grim Gottes geursachet / das Er Ihnen hat das wesen in eine Compaction verschlossen / vnd in einen klump gebracht / darinen sie wolten Ihre Gaugeley treiben / Das ist Inen endzogen / das sie Nun mussen im spiritualischen Grunde in der selben Mutter der fantasey gefangen ligen / vnd seint die armsten Creaturen / den sie haben Gott vnd sein wesen verlohren / Der zu reich sein wolte / wart zu Arm / In der demut hette Er alles gehabet / vnd mit gott gewürcket / Aber in der selbheit ist Er Nerrisch / auff das Er kant werde / was tohrheit oder weisheit sey / so hat ihn Gott in seinem eignen willen / durch sein eigen Erheben in die tohrheit geschlossen / als in eine ewige gefengnüs. 33 So spricht die vernunfft / es ist gottes wille gewesen / auff das seine weisheit von der tohrheit vntter schiden würde / vnd das verstanden werde / was weisheit oder torheit sey / sonst wüste man nicht / was weisheit sey. Darumb hat ihn gott lassen fallen / vnd ver stockt / das Er es hat thun mussen / sonst wehre es nicht geschehen. Also weit kompt sie / vnd mehr verstehet sie nichts dauon.

34 Als sich der vngrunt mit dem einigen willen in eine feurische scheidung ein geführet / da war die Szientz im feuer in der scheidung frey / so scheidet sich eine Jede Scientz in der theilung in seinen eignen willen / vnd die viele der willen worden alle in die Temperatur gestellet / vnd hatten an sich an hangen die drey Ierarchien / da mochte sich ein Jedes hehr mit in fassung der Creatur in den drey Ersten in eine Ierarchia ein führen / wie es wolte / Den das es war sey / ist offenbar an dehme / die teuffel wahren im vr stent Engel / vnd stunden in der Temperatur in freyem willen / Nun mochten sie sich wenden wo hin sie wolten / da solten sie bestetiget werden. 35 Sprichstu Nein / Gott machte mit Inen was er wolte / So verstehe es doch nur recht / Die Szientz ist gottes ewiger vngrintlicher wille selber / welcher sich hat in Natur

vnd Creatur ein geführet / allein in der Szientz der Creatur entstunt der wille / sich in die fantasey / als ins Centrum zum feuer leben ein zu führen / vnd darauff folgte die scheidung / vnd bestettigung / auch die aus stossung aus der temperatur / in den quel / darein sich die Szientz mit dem freyen willen gewant hatte / 36 Die selbe Ierarchia nahm den selben willen ahn / vnd bestettigte ihn in ihr / Also wart aus einem Engel ein teuffel / als ein fürste im grim Gottes / Alda Innen ist Er gutt / den wie gottes zorn ist / also ist auch sein Ingeborner thron fürste / Er ist / vnd bleibet ewig ein fürste mit seinen Legionen / Aber im reiche der fantasey / Wie das Reich der selben kreffte in sich ist / also ist auch sein ingeborner fürste / des gantzen reichs qual ist die Mutter seiner selbheit / als sein Gott / Er mus Nun thun / was sein Gott wil / Also ist er ein feint des gutten / den die liebe ist sein gifft vnd tötten / vnd wen Er gleich in heiliger krafft im lichte sesse / So zöhe Er doch nur gifft qual in sich / den sie wehre sein leben vnd Natur / gleich / als ob man eine krotte in eine zucker Büchse setzte / so zöge sie doch nur gifft daraus / vnd vergiffte den zucker /

37 So spricht die vernunft / hette ihm gott seine liebe wider ein gegossen / so wehre Er wider ein Engel worden / darumb ligtt es an gottes vorsatz.

Höre vernunft / sihe ein distel oder Nessel ahn / auff welche die sonne einen gantzen tag scheinet / vnd sich mit ihrer krafft auch in die selbe ein drenget / vnd ihr gar gerne ihre liebe stralen in ihren stachlichten Ens ein gibt / die distel erfreuet sich auch in der Sonnen Ens / Aber sie wechset da durch nur in eine desto stachlichter distel / sie wirt da durch nur stoltzer / Also auch mit dem teuffel zu verstehen wehre / ob ihm gleich gott hette seine liebe ein gossen / so hatte sich aber die Szientz des vngrintlichen willens in distel ardt ein geführet / als der ewige wille / welcher auser gruntt vnd stette in sich selber ein wille ist / welchen nichts brechen mag / 38 Vnd ist vns doch nicht zu verstehen / das es der wille des vngrundes getahn hat / Den der selbe ist / weder Böse noch gutt / sondern ist Blos ein wille / das ist eine Szientz ohne verstant zu edwas / oder in edwas / den Er ist nur Ein ding / vnd ist weder begürde noch lust / sondern ist das wallen / oder wollen / 39 gleich wie die euser welt in spiritu Mundj einen willen hat / oder wie die lufft ein wallen ist / vnd weder böse noch gutt / Allein man verstehet / wie sich die drey Ersten mit dem sensualischen grunde darein Ein drengen / vnd den willen in ihre habhaftigkeit ein Nehmen / vnd do sie doch aus dem selben willen vrstenden / Noch dennoch fassen sie ihn in ihr eigentumb.

40 Also auch in gleichen ist vns von der Szientz / als des einigen ewigen willens aus dem vngrunde zu verstehen / welcher aus dem ewigen Einen vrstendet / vnd sich mitte in die Creatur der fantasey / als in grim der ewigen Natur zum Bösen hat Ein gegeben / Der selbe wille ist nicht die vrsache der fantasey / sondern die drey Ersten / darinen die Creatur verstanden wirtt / als die Natur im ewigen Bande / aus welcher / vnd in welcher der ver stant vrstendet / so wol die fantasey / die selbe ist vrsache des valles / Den der vngrintliche wille ist nicht die Creatur / den Er ist keine Bildung / allein in der ewigen Natur vr stehet die Bildung / vnd der Creaturliche wille zum edwas / oder zur vielheit / 41 Der vngrüntliche wille ist gottes / den Er ist in dem Einen vnd ist doch noch nicht gott / den gott wirt alleine verstanden In dehme sich der wille des vngrunds in ein Centrum der dreyheit in die gebärung ein schleust / vnd in der lust der weisheit sich aus führet. 42 Aus dehm willen / darinen sich die gottheit in die dreyheit schleust / ist auch der grunt der Natur von ewigkeit gebohren worden / den da ist kein vorsatz / sondern eine geburth / die ewige geburt ist der vorsatz / Als das Gott wil gott gebären / vnd durch Natur offenbaren.

43 Nun schleust sich die Natur in eignen willen / als in ein peinlich vnd fintlich leben / vnd das selbe fintliche leben ist die vrsache des valles / Den es hat sich in der Natur fantasey oder spiel der gebärung ein gegeben / vnd sich zum führer

oder herren der selben fantaseyischen Natur gemacht / vnd die fantasey hat das selbe leben in sich ein genommen / vnd sich dem selben leben gantz Ein ergeben / ietzt ist nun die fantasey vnd das leben Ein ding worden / vnd hat den willen des vngrundes / als die götliche Szientz / darinen sich Gott in gott gebühret in sich / Aber in diser eingeschlossenen Szientz gebühret sich nicht gott / wol gebühret Er sich darinen / Aber er wirt in der Szientz so viel sie die Natur fasset vnd begreiffet nicht offenbar / Gott ist vnbeweglich / vnd vnwürckende darinen / Er gebüret nicht darinen einen vater Sohn Heilig Geist vnd weisheit / Sondern eine fantasey nach der finstern welt eigentschaft / Gott ist wol darinen ein Gott / Aber nur in sich selber wohnende / nicht in der Creatur / sondern im vngrunde auser der bewegligkeit / vnd auser dem willen der Creatur / auser dem leben der Creatur /
44 so Nun die Creatur edwas thut / so thuts nicht Gott / in dem willen des vngrundes / welcher auch in der Creatur ist / sondern das leben / vnd das wollen des lebens der Creatur thuts /

Als vns den zu erkennen ist vom teuffel / ihn reuet das Er ein teuffel worden ist / die weil Er ein Engel war / Nun reuet ihn das nicht in seines lebens willen nach der Creatur / sondern nach dem willen des vngrundes / darinen ihm Gott also Nahe ist / da (schemet) schemet Er sich für gottes heiligkeit / das Er ein heiliger Engel war / vnd Nun ein teuffel ist / Den die Szientz des vngrundes schemet sich / das ein solch Bilde in ihrer offenbarung an ihr stehet / das sie im eusern eine fantasey ist / Der selbe wille aber mag die fantasey nicht brechen / den Er ist nur eines / vnd ist in sich keine qual / auch keine empfintligkeit der fantasey / sondern ist (eine) der grunt der Szientz / darinen sich die fantasey Bildet / Vnd die selbe fantasey nimpt nichts in sich / als nur eine gleicheit / die gleicheit ist die krafft ihres lebens / kehme aber was Anders darein / so muste die fantasey ver gehen / so verginge auch das mitte / daraus sie gebohren wirtt / als die Natur / vnd so die Natur verginge / so wehre das wortt der götlichen krafft nicht sprechende oder offenbar / vnd bliebe gott verborgen / **45** Also verstehet / das es alles ein vn vermeidlich ding sey / das böses vnd guttes ist / den in gott ist alles Gutt / Aber in der Creatur ist der vntterscheit / Das leben der ewigen Creatur ist in seinem anfange gantz frey gewesen / den es wart in der temperatur offenbar / als im himel worden die Engel geschaffen / aus der selben Natur / qualitet vnd eigentschafft / Die finster welt mit dem reiche der fantasey war darinen / Aber im himel nicht offenbar / Aber der freye wille in den gefalnen Engeln machte das in sich offenbar / den Er neigte sich in die fantasey / Also ergreiff sie ihn auch / vnd ergab sich ihme in sein leben / **46** Nun ist das selbe finster Reich vnd die fantasey / vnd die Creatur der gefalnen Engel ietzo gantz ein ding / ein wille vnd wesen / Weil Aber der selbe ap drinnige wille nicht alleine in der fantasey wolte wohnen vnd regiren / sondern auch zu gleiche in der heiligen krafft / darinen Er anfenglich stunt / so sties ihn die heilige krafft / als die Szientz im lichte gotts aus sich vnd verbargk sich für ihm / Das ist der Inner himel beschleust ihn / das Er gott nicht Sihet / das ist so viel gesaget / Er starb am himelreich / des gutten willens vnd ist an ietzo in gott / gleich wie die Nacht im tage ist / vnd ist am tage in der Sonnen glantz nicht offenbar / vnd ist doch / wohnet aber nur in sich selber / wie Johan 1 stehet / das licht schein in der fünsternis / vnd die fünsternis habens nicht begriffen.[3] Also auch nun mehr vom teuffel vnd gott zu verstehen / Er ist in gott / Aber in der götlichen Nacht / im Centro der Natur mit fünsternis in der Essentz seines lebens beschlossen / vnd führet ein magisch feuer licht vom Ens der kelte vnd hitze / als ein schrecklich licht für vnsern augen / Aber ihm ists gutt.

47 Die schrifft saget / der Groß fürst Michael habe mit dem trachen gestritten / vnd der trache habe nicht gesiget[4] / Vnd

3 Vgl. Joh 1,5.
4 Vgl. Offb 12,7 f.

am Andern ortte stehet / Ich sahe den Satan vom himmel fallen als ein plitz[5] / Sagt Christus.
Diser fürst Michael ist ein thron Engel / vnd hat in der krafft Christj / als im wortte der heiligen krafft mit ihme gestritten / In welchs wortt Adam geschaffen wart.
48 Das selbe wortt der krafft wirt in allen dreyen principien verstanden / Den Als Lucifer fihl / vnd sich in das reich der fantasey begab / So ver lohr Er das reich in heiliger krafft / vnd wart aus gestossen / vnd solchs geschach von der Engel gescheffte / welche ihn als einen ap drinnigen durch götliche krafft aus stissen / Vnd in der selben kraft im wortte aus allen dreyen principien wart der Mensch geschaffen / **49** Als ihn aber das reich des grimmes über waltigte / vnd aus der Temperatur aus sties / So offenbartte sich der höchste Nahme der Gottheit in ihme / als die aller süsseste krafft J e s u / welche das reich der fantasey vnd des grimmes über want / vnd mit der höchsten liebe Tingirte. Vnd alda wart auch dem teuffel sein reich vnd gewalt in der krafft des Menschen zerbrochen / vnd do hehr vrstendet der Nahme Christus.

Das 5 Capittel
Vom Vrstant des Menschen.

1 Moses sagt / Gott schuff den Menschen aus dem Erden kloß.[1] verstehet den leib / der ist ein Limus der Erden / vnd die Erde ist ein Ens aus allen dreyen principien / ein aus gehauchte gefaste Coagulirte krafft aus dem wortte aller dreyen principien / aus dem Misterio magno / als aus den drey Ersten / aus den 7 gestelten der Natur / welche sich in der endzintten begürde als im fiat in gefasset / vnd in ein wesen geführet / eine Jede eigentschaft in sich selber zu einer

5 Vgl. Lk 10,18.
1 Vgl. Gen 2,7.

Compaction / welche Gott im fiat / als in der wesentlichen Szientz hat in einen klumpt gefasset / in welcher alle kreffte der Geistlichen welte / nach Gottes liebe vnd zorn / auch nach der fantasey in einer fixheit inne ligen / nicht nach ardt des mens / sondern nach ardt des Ens / 2 im mens wirt die lebendige wesenheit welche geistlich ist verstanden / als ein gantz Geistlich wesen / ein Geistlicher Ens der Tinctur / da sich die höchste krafft vom feuer vnd lichte in einen Ens Ein führet. 3 vnd im Ens wirt das leben der Siben eigentschaften der Natur verstanden / als das empfintliche wachsende leben / als das aus gesprochene wortt / welchs sich im wachstumb wider aus spricht / formet vnd Coaguliret / 4 Das mens aber ligt im Ens / wie die Seel im leibe / das mentalische wortt spricht aus das Entalische / der himel beschleust das mens / vnd die fantasey beschleust das Ens / Das ver stehet also / im mens wirt verstanden die götliche heilige krafft / in der fassunge des heiligen worttes / da sich das wortt der kreffte in fasset / in ein geistlich wesen / da das wortt der kreffte wesentlich ist / 5 so ist das mens das Geistliche wasser / vnd die krafft darinen / welche sich im Geist wasser formet ist nun die höchste Tinctur / welche in der Temperatur stehet / Vnd der grunt der selben Tinctur ist die götliche weisheit / vnd der grunt der weisheit ist die dreyheit der vngrüntlichen Gottheit / vnd der grunt der dreyheit ist der einige vnforschliche wille / vnd des willens Gruntt ist das Nichts.

6 Also sol das gemüte von Ehe lernen vntterscheiden / was in der Erden verstanden werde / Ehe es saget / der Mensch ist Erde / vnd nicht die Erde an sehen als eine kuh thut / welche denckt / die Erde ist eine Mutter des Grases / vnd auch mehr nicht bedarff als Graß vnd krautt. 7 Der Mensch aber wil das Beste aus der Erden Essen / so soll Er auch lernen erkennen / das Er das beste aus der Erden sey den ein Jeder Ens begehret von seiner Mutter zu essen / daraus Er ist hehr kommen / So sehen wir Ja wol / das der Mensch nicht begehret von der grobheit des Erdischen Entes zu essen / sondern von der suptilheit / als die quinta Essentz begehret

Er zu seiner lebens krafft / welche Er auch im paradeis zur speise hatte / 8 Als Er aber aus der Temperatur aus ging in die Szientz der vntterschiedligkeit / so setzte gott den fluch zwischen das Element der Temperatur / vnd den 4 Elementen / das / weil der Mensch war mit der begürde in die vngleicheit der eigentschafften gegangen / welche sich auch in ihme hatten in ein solch thirisch hart begreifflich / fühlich vnd empfintlich wesen der feintschaft in die fantasey gefasset / als in die 4 Elementische Grobheit der hitze vnd kelte / auch in die gifft qual der fünstern welt / als in die tötligkeit / Er auch nun muste die selben eigentschaften in sich essen / Den der vngleicheit gehöret nicht die Temperatur des Ewigen heiligen Elements / sondern 4 Elemente gehören ihr / Darumb ist der fluch das scheide ziel / das nicht das vnreine in das reine Ein gehe / den der fluch ist anders Nichts / als ein flihen des gutten das sich das einige Element hat in sich selber gefasset vnd für dem wesen der Bosheit verborgen / 9 Den in Adams vnschult grünete das heilige Element in der Temperatur durch die 4 Elementa aus / vnd gebar durch die 4 Elemente himlische frucht / welche lieblich an zu sehen / vnd gut zu essen wahren / wie Moses saget / Vnd in dem selben aus grünen wirt das paradis verstanden / den die selbe frucht stunt in der qualitet in der Temperatur / vnd Adam stunt auch in der Temperatur / Also solte / vnd kontte Er der paradis früchte Essen / 10 Als Er sich aber mit der lust in die viele der eigentschaften / als in die fantasey der vngleicheit ins Centrum ein fürtte / vnd wolte alles wissen / vnd klug werden / vnd schmecken / wie hitze vnd kelte / vnd alle ander eigentschaften im ringenden streitte schmeckten / so fingen ihn auch die selben eigentschaften im streitte / vnd wachten in ihm auff / vnd fasten sich mit der begürde ins wesen der fantasey / Also ward das Bilde gottes in der Temperatur zerstöret / vnd verlosch das licht im wesen des heiligen Elements in ihme / darinen Er zu vor hin Gott erkantte / Also starb Er der Temperatur / vnd wachte auff der 4 Elemente / vnd der vngleichen Szientz / welche ihn nun krencken vnd Entlich tötten / Vnd das ist der wahre grunt.

11 Darmitte wir Aber dem suchenden gemütte / welchs nach seinem vaterlande fraget / vnd auff dem pilgrams wege ist / gnug thuen / so wollen wir ihme den Menschen für stellen / was Er eigentlich sey / woraus Er geschaffen / vnd was seine Seel vnd Leib sey / auch sein val / vnd widerbringung / darmitte wir ihm können den grunt götliches willens kegen ihm recht grüntlich weisen / Vnd hernach (wollens) wollen wirs mit der heiligen schrifft probiren / vnd die selbe mit Irem vermeinten Contrarium weisen / ob Jmanden mechten seine augen dadurch offen werden / welchs wir treulich nach vnsern Gaben thun sollen.

12 Moses spricht gar recht / Gott schuff den Menschen in seinem Bilde / Ja zum Bilde Gottes schuff Er ihn.
Item / Gott machte den Menschen aus dem Limo der Erden. In dehme Moses spricht / Gott schuff den Menschen in seinem Bilde / so verstehet Moses nicht / das Gott ein Bilde sey / das Er den Menschen habe nach seinem Model geschaffen / Sondern Er verstehet die Szientz in der krafft / da sich von ewigkeit alle dinge in der Sientz in der Temperatur in den krefften haben im Geiste der weisheit Gottes ingemoldelt / nicht als Creaturen / sondern gleich wie ein schatten oder für Modlung in einem spigel / da gott von ewigkeit in seiner weisheit gesehen hat / was werden köntte / mit welcher bildung der Geist gottes in der weisheit gespilet hat. In dem ingefasten Model / das sich der Geist der Szientz in der weisheit in der Natur der kreffte hat von ewigkeit in ein spiel gemodelt / welches Model keine Creatur / sondern als ein schatten einer Creatur / gewesen / hat Gott den Creaturlichen Menschen geschaffen / Als in des Menschen eigen Bilde / welchs doch kein Mensch war / sondern gottes Bildtnis / da Inne sich der Geist Gottes aus allen principien in einen schatten einer gleichförmigkeit des wesens aller wesen in modelte / als gleich wie sich ein Mensch für einem spigel besihet / da im spigel sein Bildnis ist / aber in keinem

leben / Also ist vns auch das Bilde gottes des Menschen / von ewigkeit zu betrachten / so wol die gantze Creation / wie gott alle dinge von ewigkeit gesehen hat im spiel seiner weisheit.

13 Als Gott alle kreffte aller dreyen principien in der Szientz hatte in ein wesen gefasset / vnd in einen klump gezogen / welcher Erde heisset / als in eine fixheit der gebehrenden Geistlichen kreffte / so scheidet Er die Elementa in der Temperatur des Einigen Elements in 4 Elemente / zu einem webenden leben / vnd fassete weitter die Geistlichen kreffte der Natur / aus welchem die Materialische fixheit / so in der Erden in den Materien verstanden werden / in (sternen) sternen / Den dessen wesens die Erde Corporalisch ist / dessen seint die sternen spiritualisch / vnd doch nicht als lebendige Geister / sondern ein Geistlicher Ens / als kreffte / eine quinta Essentz / als die suptile krafft / dauon sich die Erde / als die grobe / geschiden hatt / welche Gott in der Szientz seines sprechens in vntter schiedligkeit der kreffte formete / 14 Vnd heissen darumb sternen / das es ein beweglicher hart güriger / strenger Ens ist / darinen der Natur eigentschaften verstanden werden / Alles dessen / was die Natur in sich spiritualisch in der Temperatur ist / das sint die sternen in ihrer schiedligkeit / Als ich setze es also zu verstehen / wen die sternen alle zergingen / vnd wider in das ein tretten daraus sie gegangen seint / So wehre es die Natur / wie es von ewigkeit im Misterio magno gewesen ist / den es stinde wider in der Temperatur / als es den also am Ende geschehen sol / Je doch das alle wesen durchs feuer probiret / vnd in sein principium geschiden werden. Mit diser zertheilung vnd in fassung der kreffte der sternen / vnd der 4 Elemente / verstehen wir die zeit / vnd den Creaturlichen anfang diser welt /

15 Als Nun Gott die Erde vnd das fürmament der sternen geschaffen / vnd in Mitten das planetarische Ratt der Siben eigentschaften der Natur mit ihrem Regenten der Sonen geordnet hatte / so er öffnete sich der spiritus Mundus / aus

allen eigentschaften der kreffte / aus sternen vnd Elementen / Den eine Jede krafft ist aus gehende / nach der ewigen Natur rechte im sprechenden wortte / welch ewiges wortt sich alhie aus dem Misterio magno hatte in eine zeit / als in eine figur des geistlichen misterij magnj ingefasset vnd geschlossen / als ein grosses vhr werck / darinen man das spiritualische wortt in einem wercke verstehet / 16 Das gantze werck ist das geformbte wortt Gottes / verstehet / das Naturlich wortt / in dehme das lebendige wortt Gottes / das Gott selber ist / im Innern ver standen wirtt / der spricht sich durch die Natur auß / in einen spiritum Mundy / als in eine Seel der Creation / Vnd im aus sprechen ist wider die scheidung in der feurischen Astralischen Szientz im spiritu Mundy / da sich die feurische Szientz in eine geistliche scheidung aus führet / in welcher scheidung die Geister in den Elementen verstanden werden / vnd solche nach endscheidung der 4 Elemente / in Jederm Element nach seiner eigentschaft / 17 Den es hat in Jedem Element seine In wohnende Geister / nach des selben Elements qualitet / welche ein schatten vnd Bilde des ewigen sint / vnd Aber doch in einem warhaftigen leben / aus der Szientz der Natur des aus gesprochenen geformbtenworttes / aus dem Misterio magno / nicht aus dem recht götlichen leben / sondern aus dem Naturlichen / welche herschen im feuer / in der lufft im wasser / vnd in der Erden / in ordnungen / wie das gestirne seine In stehende ordnung hat / Also auch vntter Jedem Polus zu verstehen ist.

18 Der spiritus Mundus ist nun das leben der eusern welt / das gestirne stehet ringes vmbhehr / vnd hat die drey Ersten[2] in scharffer feurischen Szientz in sich / Ja sie seint eben des selben wesens selber / Aber in grosser theiligkeit vnd schiedligkeit / Die selbe schiedligkeit der kreffte gehen aus sich aus / vnd seint ein hunger nach ihrem gehabtem wesen / als nach der Erde / vnd dehrer Materia in ihren eigentschaften. Vnd die Erde ist ein hunger nach dem spiritu Mundy / den

2 Sal, Sulphur, Mercurius.

sie ist aus ihme entschiden / 19 Also begehret das ober des vnttern / vnd das vntter des obern / des obern hunger stehet mechtig nach der Erden / vnd der Erden hunger nach dem obern / Darumb fallen alle dinge was Materialisch ist / kegen der Erden / wie den auch das wasser kegen der erden gezogen wirt / vnd hin wider zeucht der feurische spiritus im obern / das wasser wider in die höhe in sich zu seiner erlabung / Er gebührts vnd gibts von sich / vnd zeuchts auch / nach dehme sichs hat mit der Erden Temperiret / wider in sich. Vnd seint beide kegen einander wie leib vnd Seel / oder wie man vnd weib / welche mit einander kinder gebähren.

20 Aus diser geburth / als Matrix der Natur / hat Gott im verbo fiat / das ist in der wesentlichen begürde der kreffte am 5ten tage alle Creaturen / aus Jeder Szientz / aus ihrer eigentschafft heissen herfür gehen / Als das Corpus aus der fixheit der Erden / vnd den Geist aus dem spiritu mundy / Das ist geschehen in der Conintion des obern vnd vnttern / das ist / das Inner Götliche wortt / sprach sich durch das euser aus gesprochene wortt / in Jeder Scientz aus der feurischen eigentschaft der kreffte / in ein Creaturlich leben / Das seint nun die Creaturen auff Erden / im wasser / vnd in der lufft die fogel / eine Jede Creatur aus seiner eigen Szientz / aus Bösem vnd guttem / nach aller dreyen principien eigentschaft / nach Jedem ein Bilde der gleichnisse des Innern grundes / Aus dem reiche der fantasey so wol als aus dem ver stentlichen gutten leben. wie man das für augen Sihet / das gutte vnd Böse gifftige Creaturen seint / als gifftige thier vnd würme / aus gewalt der grimen eigentschafft / nach dem Centro der Natur der finsternis / welche auch nur begehren im finstern zu wohnen / als da sint / so in lechern wohnen / vnd sich für der Sonnen ver bergen / Darkegen findet man auch viel Creaturen / mit dehnen sich der spiritus mundus hat aus dem Reiche der fantasey gebildet / als da seint affen vnd der gleichen thier vnd fogel / welche nur possen treiben / vnd andere Creaturen plagen / vnd vnruhigen / das also Je eines des andern feint ist / vnd alles kegen einander streittet /

auff ardt / wie die drey principia in ihren krefften mit einander spilen / so hat gott das selbe spiel für ihme / mit dem spiritu Mundy in seiner Szientz in ein lebendig Creaturlich wesen Ein geführet / wie man den auch gutte freuntliche Creaturen / in nach modlung der Englischen welt / findet / da sich der spiritus mundus hat in die gutten aus gesprochenen kreffte Eingebildet / welchs die zahmen thier vnd fogel seint / vnd do sich doch auch viel Böser thier / als böse eigentschaften mitte vntter die zahmen ein Mengen / welche also in vermischung der eigentschaften seint er griffen worden. An Jedes thiers essen vnd wohnung sihet man woraus das hehr kommen sey / den eine Jede Creatur begehret in seiner Mutter zu wohnen / vnd sehnet sich nach ihr / wie das klar für augen ist.

21 Der spiritus mundus daraus alle eusere Creaturen nach dem Geiste seint Hehr kommen / ist geschlossen in eine gewisse zeit / ziel vnd Masse / wie lange der wehren sol / vnd ist wie ein vrwerck aus den sternen vnd Elementen / darinen der höchste gott wohnet / vnd dis vrwerck zu seinem werck zeuge brauchet / vnd hat sein machen darein geschlossen / das gehet frey für sich vnd gebühret nach seinen Minuten / wie mans edwan gleichen mechte / Alle ding ligen darinnen / was in der welt geschehen ist / vnd noch geschehen sol / es ist gottes vorsatz zur Creatur / vnd in der Creatur / darinen Er alles waltet mit disem regiment der Natur / 22 In gott selber / so viel Er Gott heisset vnd ist / ist kein vorsatz zu bösem oder zu edwas / den Er ist das einige gutte / vnd hat keine ander fasligkeit in sich / als nur sich selber / Vnd in seinem wortte das Er von sich hat aus gesprochen / als den spiritum Mundj / aus dem Misterio magnj der ewigen Natur / hat Er seinen forsatz gefasset / vnd in geschlossen in dis freye vhrwerck / in spiritum mundj / das gebühret / vnd zerbricht / alles nach seinem Inne stehen vnd lauff / vnd Bringet fruchtbarkeit / vnd vnfruchtbarkeit / 23 Gott aber in seinem wesen / geusset seine liebe krafft darein / das ist / Er geusset sich selber darein / gleich wie die Sonne in die Szientz der

Elemente vnd der früchte / das ist / die heilige götliche Szientz gibt krafft der Naturlichen Szientz / gott liebet alle seine wercke vnd kan sonst nichts thun / als lieben / den Er ist die einge liebe selber / sein zorn aber wirt in der ewigen vnd zeitlichen Natur verstanden / in der ewigen im Centro der fünsternüs / als im kalten vnd hitzigen feuer quel / Also auch im spiritu mundj / wirt Er in der feurischen Szientz der scheidung aller eigentschaften verstanden / **24** Vnd so Nun eine statt / lant / oder Creatur den selben zorn in der feurischen Szientz im spiritu mundj in sich erwecket / das ist / das Er den Eckel in grim einführet / so ist Er als wie ein holtz im feuer / darinen der grim qualificirende wirt / vnd umb sich frisset / vnd das leben in der Szientz der Creatur in höchste peinligkeit setzet / **25** So spricht als den das zornige feurige wortt in der er weckten Turba durch den prophetischen Geist in Turba magna / Ich wil Ruffen dem vnglücke / über statt vnd lant / vnd wil meine lust daran sehen / wie der zorn den Eckel frist / wie Er dis Böse volck verzehret / Den das ist eben eine freude vnd starcke macht des grimmes in der Natur / wen man ihme solch feuer holtz / als Gott lestern / vnd andere Sünden vnd schanden Ein führet / das frist vnd ver zehret Er / es ist seine speise / sonderlich dises / wen sich die Menschliche Szientz von gottes liebe abe bricht / vnd huret mit dem grim der Natur / als ap göttern / alda Mestet Er sich starck / bis sich das vrwerck in eine feurische Szientz ein führet / da alle wesen in der proba stehen / da zindet Er sich als denne darinen ahn / nach dehme die Turba im rade des vr wercks entzindet wirt / das eine eigentschaft offenbar wirt / so gehet auch die plage / also wirt sie aus geschittet über das selbe lant / statt / vnd Creatur / als offte im gifft mit pestilentz / offter mit vnfruchtbarkeit / offter mit verbitterung der gemütter der obern / daraus krig vrstendet.

Vom Menschen.

26 Aus disem grossen vr werck aus dem obern vnd vnttern da alles in einander Inne liget / ist der Mensch geschaffen worden / zum Bilde Gottes / Den Moses sagt / der Herr habe gesprochen / last vns Menschen Machen / ein Bilde nach vns / das da hersche in alle Creatur auff Erden / in die thier / vogel / fische / vnd in alle Erde / vnd gewürm das auff Erden kreucht.[3] Sollen sie Nun in die alle herschen / so mussen sie auch eben aus dem selben grunde vnd darzu aus der besten krafft der selben sein / den kein ding herschet tiffer als seine Mutter ist / aus dehr es kömpt / es werde den in ein bessers Transmutiret / so herschet es auch in das selbe bessere / vnd nicht weiter / als dehrer grunt ist. **27** Vnd weiter sagt Moses / Gott machte den Menschen aus dem Erden kloß / vnd Blies ihm ein den lebendigen Athem / da wart der Mensch eine lebendige Seel.[4] Hier ist vns nun nicht zu verstehen / das Gott sey auff persönliche Creaturliche ardt / gleich einem Menschen dar gestanden / vnd habe einen klumppen Erde genommen / vnd einen leib daraus gemacht / Nein / das ist nicht / sondern das wortt Gottes / als das sprechen war in allen eigentschafften im spiritu Mundy / vnd im Ens der Erden aus dem spiritu mundy Rege / vnd sprach in aller Essentz ein leben / Als das fiat / welchs die begürde des worttes in der Szientz ist / das war in dem ewig gesehenen Model des Menschen / welchs in der weisheit gestanden war / vnd zoch den Ens aller eigentschaften der erden / vnd was darinen Immer sein mag / in eine Masse / Die war eine quinta Essentz / aus den 4 Elementen / in welcher die Tinctur aller kreffte aus allen dreyen principien lag / darzu die eigentschaft der gantzen Creation aller Creaturen / als des wesens aller wesen / daraus alle Creaturen wahren endstanden / **28** Den ver stehet es recht / die irdischen Creaturen der zeit / seint mit dem Corpus aus den 4 Elementen / Aber der leib des Menschen ist aus der Temperatur / da alle 4 Elemente in einander in einem wesen ligen / daraus Erde steine vnd vnd Metalle / sampt allen irdischen Creaturen ihren vrstant haben / wol aus dem Limo der Erden / Aber nicht aus der

3 Vgl. Gen 1,28.
4 Vgl. Gen 2,7.

grobheit des ingefasten wesens der zertrenung in den eigentschaften / da sich Jede eigentschaft hat in ein sonderlich wesen der erden / in steine / vnd Metalle gefasset / Sondern aus der quinta Essentz / darinen die 4 Elemente in der Temperatur Inne lagen / da weder hitze noch kelte offenbar war / sondern sie wahren alle in gleichem gewichte. 29 Den solte der Mensch in alle Creatur herschen / so muste Er Ja die höher macht / als den höchsten Ens der Creatur in sich haben / daraus die Creaturen einen Gradt euserlicher / oder Nidriger wahren / oder wie mans geben mechte / gringer wahren / das das Mechtiger / in dem vn mechtigern hersche / Gleich wie Gott in der Natur / welche auch geringer ist als Er. Nicht zu dencken / das im Menschen solten die tirischen eigentschaften Creaturlich / oder offenbar sein / sondern der Ens aller Creaturen lag im Menschlichen Ente in der temperatur / Der Mensch ist ein Bilde der gantzen Creation aller dreyen principien / Nicht alleine im Ens der eusern Natur der sternen vnd 4 Elemente / als der geschaffenen welt / sondern auch aus der Innern Geistlichen welt Ens / aus götlicher wesenheit / Den das heilige wortt in seinem Ente / fassete sich mitte in das aus gesprochene wortt / Als der himel fassete sich mitte in das wesen der eusern welt / so wol das grünen in der Innern welt wesen / als das paradis / das heilige Element war im wallenden regiment. 30 In Summa / das Menschliche Corpus ist ein Limus aus dem wesen aller wesen / Sonste mechte es nicht ein gleichnis gottes / oder ein Bilde Gottes genant werden / Der vnsichtbare Gott / welcher sich hat von ewigkeit in wesen eingeführet / vnd auch mit diser welt in eine zeit / der hat sich mit dem Menschen Bilde aus allem wesen in ein Creaturlich Bilde gemodelt / als in eine figur des vnsichtbaren wesens.

Darzu hat Er Ihme nicht das Creaturliche tirische leben aus der Szientz der Creaturen gegeben / den das selbe leben Muste in der Temperatur vngeschiden bleiben stehen / Sondern Er bliß ihme Ein den lebendigen Athem als das wahre ver stendige leben im wortte der götlichen krafft / Das ist / Er Blies ihme Ein die wahre Seel aller dreyen principien in der Temperatur / 31 Als von Innen die magische feuer welt / als das Centrum der Natur / wie oben gemeldet / welchs die wahre Creaturliche feuer Seel ist / dauon sich gott einen starcken eifferigen Gott / vnd ein verzehrent feuer Nennet / als die ewige Natur. 32 Vnd hie mitte zu gleiche auch die lichtwelt / als das Reich der krafft Gottes / Gleich wie feuer vnd licht an einander seint / vnd vngeschiden / Also auch alhie zu verstehen / 33 Vnd von Ausen Blis Er ihme auch (hitte) hie mitte zu gleiche den spiritum mundy mit der lufft Seelen Ein / es blis sich das gantze sprechende wortt in aller Natur Ein / nach zeit vnd ewigkeit / Den der Mensch war ein Bilde gottes / in dehme der vnsichtbare Gott offenbar war / ein wahrer tempel des Geistes Gottes / wie Johan 1[5] stehet / das leben der Menschen sey im wortte gewesen / vnd dem geschaffenen Bilde Ein geblasen worden / Als der geist gottes bliß ihme Ein das leben der Natur in der Temperatur / als den Geist götlicher offenbarung / da sich die götliche Szientz in ein Naturlich leben Ein führet / Das selbe götliche Naturliche leben ist der Mensch / Gleiche den Engeln gottes nach der Seelen / als der geistlichen welt. Matej 13. vnd 22.[6] da geschriben stehet / in der aufferstehung seint sie gleiche den Engeln gottes / Nun kommen wir doch nur wider in das Erste geschaffene götliche Bilde / vnd nicht in eine ander Creatur.

34 Also ist vns der Mensch recht zu erkennen / was Er in der vnschult sey gewesen / vnd was Er hernach sey worden. Er war im paradeiß / das ist die Temperatur / in einen gewissen ordt ward Er gesetzt / da die heilige welt durch die erde aus grünete / vnd paradis früchte trug / welche in der Essentz auch in der Temperatur stunden / die wahren gutt / vnd lieblich an zu sehen / auch gut auff himlische ardt zu essen /

5 Vgl. Joh 1,4.
6 Vgl. Mt 13,43 und 22,30.

Nicht in einen Madensagk wie ietzo in der auff gewachten tirischen eigentschafft / sondern auff magische ardt / wol in Mundt / Aber im Munde wahren die Centra der scheidung / als ein Jeder principium in das seine / auff ardt / wie das in ewigkeit sein mag / gleich wie der spiritus mundus aus den drey Ersten / als aus dem feurischen marcurj vnd sale das wasser gebühret / vnd von sich gibt / als im Salnittri der scheidung / vnd auch wider in sich zeucht von der erden auff / vnd doch dessen nicht vol wirt. Also auch im Menschen zu verstehen.

35 Adam war Nacket / vnd doch mit der grösten herlickeit bekleidet / als mit dem paradeiß / ein gantz schön helle Christallinisch Bilde / kein man / kein weib / Sondern Beides / als eine Menliche Jungfraw mit Beiden Tincturen in der Temperatur / Als die himlische matrix im gebärenden liebe feuer / vnd den auch der Limbus aus der Natur / des Essentialischen feuers / Darinen in diesen Beiden das Erste vnd ander principium der heiligen götlichen Natur verstanden wirt / da venere Tinctur / als das gebären vnd geben / aus des Sohnes eigentschaft das weib / als die Mutter der gebärerin ist / vnd ver standen wirtt / vnd die feurische eigentschaft aus des vaters eigentschaft / als die Szientz / der Man verstanden wirtt. Welche zwo eigentschaften sich hernach in Man vnd weib geschiden haben.

36 Den so Adam hette mögen bestehen / so wehre die geburt vnd mehrung der Menschen magisch gewesen / als einer aus dem andern / wie die Sonne das glaß durch dringet / vnd das doch nicht zerbricht / Weil es Aber Gott wol Er kantte / das Adam nicht also bestehen würde / so hat Er ihme den heiland vnd wider gebärer für der welt grunde geordnet / vnd ihn aber ins wahre rechte Bilde anfenglich geschaffen / vnd ins paradis gestellet / darinen Er ewig sein sol / vnd alda die proba über ihn kommen lassen / auff das Er in paradisische Szientz fühle / vnd das das heilige wortt nicht derffte in vieische Szientz ein gehen zur Neuen widergeburth / sondern in das / das alda verbleichen würde / Als in das wahre Bilde gottes. Wie hernach sol gemeldet werden.

Das 6 Capittel
Vom Valle des Menschen / Vnd von seinem weibe.

1 Alhie nun / wollen wir den liebhaber der warheit ver mahnen / vnser Sin recht zu fassen / den wir wollens ihme also weisen / das Er wirt gnug haben / mag Er vns verstehen. wo der götliche wille zu Bösem vnd guttem vrstende / da die schrifft saget / Er ver stockt ihr hertze / das sie nicht glauben vnd selig werden[1] / vnd den auch saget / Gott wil nicht den tott des Sünders.[2] Das Er nicht nur also auff dehm wahne stehe / Als hette ihm Gott einen vorsatz gemacht / einen hauffen zu ver dammen / vnd den Andern in seinem vorsatze aus gnaden selig zu Machen / das Er es lerne recht grintlich (zu) verstehen / wie es die schrifft / so also redet / ver stehet.
2 Nun betrachtet man das Bilde Gottes in Adam für seiner Heua / das in der Temperatur im paradis stunt / den Moses sagt / Gott sahe ahn / alles was Er gemacht hatte / vnd Sihe / es war alles sehr gutt / Hernach Aber sprach Er / Es ist nicht gutt das dehr Mensch allein sey / Auch ver fluchte Er hernach die Erde umb des Menschen willen. 3 Lieber Mensch sage mir / warumb machte nicht Gott Balde im anfang Man vnd weib / wie bey andern Creaturen. was war die vrsache / das Er sie nicht zu gleich aus Einer Massa schuff. Das war die vrsache / das das leben Beider Tincturen nur ein Einiger Mensch im Bilde gottes ist / vnd in der ewigkeit nicht in zweyerley leben / als menlich vnd weiblich stehen mag / nach ardt des vaters vnd Sohnes eigentschaft / welche in einander Nur Ein Gott seint / Nicht endschiden /
4 Also auch schuff Er sein Bilde vnd gleichnis in ein Einiges Bilde / den in Einer Tinctur stehet nicht die volkomne liebe / Aber in beiden stehet sie / da eine in die ander Eingehet / da endstehet die grosse feurische begürde der liebe / Als das

1 Vgl. Joh 12,40.
2 Vgl. Ez 33,11.

feuer gibt das licht / vnd das licht gibt dem feuer krafft / schein vnd wesen zu seinem leben. vnd machen dise Beide nur einen spiritum / als lufft / vnd der spiritus gibt wesen / als wasser / Weil / vnd so lange Aber dise 4 als feuer licht / lufft vnd wasser sich von einander scheiden / so ist kein ewiges da / wen sie Aber einander in der Temperatur gebären / vnd nicht von einander flihen / so ists ein ewiges /
5 Also Auch mit Adam zu verstehen ist / Da des lichtes vnd wassers Tinctur von ihme in ein weib geschiden wardt / so mochte Er in disem Bilde das Er hernach war / nicht ewig bestehen / den sein paradis Rosen gartten in ihme wardt ihme genommen / darinnen Er sich liebete.
6 So Spricht die vernunft / warumb thete Gott das / das Er ihn zertrantte / vnd in zwey bilde brachte / es mus Ja sein fürsatz sein also gewesen / sonst hette Ers nicht getahn / Dar zu hat ers für der welt grunde gesehen / das ers thun werde / vnd wolle. Vnd alhie ligt die vernunfft Nun tott / vnd kan ohne Gottes wissen im heiligen Geiste nicht weitter / vnd aus disem kompt alle dis putat vnd der streitt
7 Gottes vorsatz / vnd ver ordnen / vnd gottes vorhin sehen vnd wissen ist nicht ein ding / es seint alle ding im aus gehenden geiste aus des feuers vnd lichtes Szientz in der weisheit gottes von ewigkeit gesehen worden / was werden mechte / so sich gottes wesen nach der gebärerin der Natur bewegte / 8 als in der eigentschaft der feurischen Szientz nach der fünsternis / ist gar wol gesehen worden / was ein teuffel sein würde / Item auch in des lichtes feuers Szientz / was ein Engel sein würde / so sich die feurische Szientz vom lichte scheidete / Gott schuff Aber keinen teuffel / wehre ein götlicher vorsatz Je gewesen / so wehre ein teuffel in dem selben vorsatze geschaffen worden / Der einige wille gottes gab sich alleine in die Englische figur / Aber die feurische Szientz nach der fünstern welt eigentschaft drang herfür / vnd faste sich in einen vorsatz / vnd wolte auch Creaturlich sein / 9 Do das licht / vnd das scheinende feuer Creaturlich wardt / so drang auch das fünster kalte peinliche feuer

mit der bildung der fantasey herfür / vnd ein eignete sich in die feurische Szientz / welche die feurische Szientz in sich als einen freud Affen einfassete / vnd aus der Temperatur aus drang / Also war der Neue wille wider die Temperatur gebohren / welcher verstossen wardt aus gott. 10 Man mus ver stehen / das der anfang der schidligkeit nicht in gott vrstende / das sich gott habe in einen willen zu einem teuffel gefasset / sondern die feurische Szientz in der ewigen Natur / im aus sprechen des worttes nach feuer vnd lichte / aus den drey Ersten / ist das geschehen / das sich (eine) ein fürstlicher thron in der feurischen Szientz hat in das reich / als in die Archia der fantasey geschiden. 11 Das reich der fantasey nach der finsternüs aber / ist von ewigkeit gewesen / welchs auch eine vrsache des teuffels valles ist / wie wol die feurische Szientz Luciferis in eignem willen stunt / vnd sich ohne drang vnd zwang darein gab.

12 Der Mensch aber wart vom teuffel betrogen / das Er fihl / Den als furst Lucifer für der welt grunde in der Ersten bewegung oder in fassung der Natur fihl / vnd aus seinem königlichen Locus aus gestossen wart / so wart Adam an seine stette geschaffen / vnd weil der Lucifer nicht war bestanden / so schuff gott Adam nach dem leibe in Materialisch wesen / als in wasser quel / das Er ihm helffen möchte 13 Vnd alda hat sich auch der heilige Nahme Jesu als Balde in den Menschen mitte ein geleibet / zu einem wider gebärer / den der Christus in Adam solte den königlichen Stuel Luciferis besitzen / weil Er sich hatte von Gott gewant.

Vnd dohehr kompt auch der grosse Neit / das der teuffel dem Menschen gram ist / Auch vrstendet aus disem die versuchung Christj in der wüsten / die weil Er ihme solte den stuel Nehmen / vnd seine gewalt zerbrechen in der Creation / vnd sein richter werden / der ihn ewig ver stisse.

14 Die Seel des Menschen / vnd der teuffel / so wol alle heilige Engel / kommen alle aus einem grunde / Nur das der Mensch auch das theil der eusern welt an sich hat / welchs

doch der teuffel auch hat / Aber in einem andern principio / als in der fantasey / in der falschen magia / Dero wegen kontte der teuffel Adam betrigen / den Er sprach Adams feurischen Szientz in der Seelen Ein / vnd lobte ihm die vngleicheit der eigentschaften / vnd fürtte seine falsche begürde in Adam / Dauon Adams freyer wille in der feurischen Szientz inficiret wardt / als wie eine Gifft in leib kompt / welche an hebet zu qualificiren. dauon ein anfenglicher wille zur eigen lust entstunt / Da war es geschehen umb die Temperatur / den die eigentschaften der Creation welche alle in Adam in der Temperatur lagen / wachten eine Jede in ihrer eigenheit auff / vnd zogen den freyen willen in sich / vnd wolten offenbar sein / **15** Auch zoch der spiritus mundus der eusern welt aus Adam / die Temperatur / als das theil der eusern welt in Adam in sich / vnd wolte in Adam herschen / Item das reich der fantasey greiff auch nach Adam / vnd wolte im Bilde gottes offenbar sein / so wol der grim der Natur / als gottes zorn in des teuffels Neidt / alles zoch Adam / **16** Alda stunt Er nun in der proba / ob Er bestehen wolte / Die Szientz aus der scheidung des magischen feuers im wortte der kreffte / aus des vaters eigentschaft / aus dem willen des vngrundes war frey / sie stunt in dreyen principien in der Temperatur / sie mochte sich in Eines wenden wohin sie wolte.

Nicht das sie in der Creatur wehre frey gewesen / den dehr wart das gebott gegeben / sich nicht von Gott abe zu wenden in gelust böses vnd guttes / Aber der grunt der Creatur / als die feurische Szientz / als die wurtzel der Seelen stunt in dem vngrintlichen willen des anfanges aller wesen / vnd war ein particular des ewigen willens / welcher ewiger wille im feurischen wortte der scheidung zur Natur sich in vntterschiedliche Szientz geschiden hatte / So war die Seel ein theil der schidligkeit / welche schiedligkeit im wortte der kreffte in der Natur / als in den drey Ersten / vnd in den 7 gestelten der Natur / vnd ihrer aus Breittung / in Creaturen der Engel vnd hohen ewigen Geistern figuriret wardt / Darinen man auch die feurische ein geblasene Seel verstehet. 17 Aber das gantze heilige sprechende wortt gottes nach der liebe / Als nach der dreyheit der vngrüntlichen gottheit / gab der feurischen Szientz der Seelen ein gebott / vnd sprach / iß Nicht vom gewechs des erkentnis guttes vnd böses / oder wo du das tuhst / so wirstu des selben tages des Bildes Gottes er sterben[3] / Das ist / die feurische Seel wirt das licht verlihren / so wirt die götliche krafft im heiligen Ente aus dem andern principio in der würckung des heiligen Geistes verleschen / 18 Den der Geist gottes offenbaret sich in keiner tirischen eigentschaft / viel weniger im reiche der fantasey / Darumb sagte ihms gott / Er solte nicht von der Temperatur in lust der eigentschaften eingehen / die selben wollen in ihren vntter schiedligkeitten zu probiren im schmacke / es würde sich sonst die tötlicheit herfür winden / vnd in ihme offenbaren / als der fünstern welt eigentschaft / aus dem Centro der drey Ersten / vnd würde das reich gottes in ihme verschlingen / wie den auch geschach.

19 So spricht die vernunfft / warumb wehrete ihm das nicht Gott mit seiner heiligen krafft / ist Er nicht almechtig / das Er mochte die feurische Szientz / daraus der wille zur lust entstunt / brechen.

20 Höre vernunft / die feurische Szientz ist aus dem willen des vngrundes / welcher wille ein vater aller wesen heisset / in welchem Gott gebohren wirt / als der vater den Sohn / welcher wille sich in kreffte zum wortte / als zum aus sprechen ein führet / 21 So wisse Nun / das ein particular der höchsten almacht des wesen aller wesen in der Seelen verstanden wirt / als in der Szientz / welche von ewigkeit gewesen ist / welche Szientz durch bewegung des worttes aller kreffte / sich in ein Bilde in den drey Ersten fassete / So ist nun die selbe Szientz aus dem willen des vngrundes eine eigenheit / den nichts ist für ihr / das sie brechen mag / die Creatur ist wol nach ihr / aber die Szientz zur Creatur ist

3 Vgl. Gen 2,17.

von ewigkeit / Die selbe hat sich mit der Creaturen / als in den drey Ersten in lust wider die Temperatur in der Natur / Ein geführet / ihr wartt das gebott gegeben / sie solte die Creatur in der Temperatur behalten / das ist / sie solte die eigentschaften der Natur in der gleicheit halten / den sie war die macht so es thun kontte / als ein funcke aus der almüglig-keit / Dar zu hatte sie das Reich der heiligen krafft im lichte gottes in sich / was solte ihr Gott mehr geben sie zu bendigen / Er hatte sich ihr selber gegeben / wie den auch könig Lucifer also. 22 Die Szientz aber brach sich von gottes krafft vnd licht abe / vnd wolte ein eignes sein / sie wolte ein eigner würckender Gott nach den eigentschafften der Natur sein / vnd in Böse vnd gutt würcken / vnd solches gewürcke im reiche der heiligen krafft gottes offenbaren / Dises war ein wider wille in götlicher krafft vnd eigentschaft / vnd umb dises willen wart könig Lucifer vnd auch Adam aus dem Reiche der heiligen krafft aus gestossen / Lucifer ins reich der fantasey in die fünsternis / vnd Adam in die vngleicheit der Creation / in die tirische eigentschaften in spiritu mundj / das also zu hant aller Creaturen eigentschaften in Böse vnd gutt in ihme auff wachten / vmb welchs willen gott hat das Entliche gerichte gesetzt / in spiritu mundj / das Böse vom gutten zu scheiden / vnd alle dinge ein Jedes in sein princi-pium ein zu Erntten / 23 Alda den alle dinge / was das grosse vrwerck im misterio magno im spiritu mundj / so wol nach der Innern geistlichen welt hat erbohren / sol auff den test des feuers gesetzt werden / das ist / Es sol durchs feuer der ewigen Natur / da sich gott ein ver zehrent feuer heisset / brobiret werden.

Den wie woltc sonst gott die Creatur richten / so sie eben nur das thete / das sie Muste vn uermeidlich thun / so sie keinen freyen willen hette gehabet / 24 Das Jüngste gerichte ist anders Nichts / als eine Ein Erntte des vaters aller wesen / alles dessen was Er hat durch sein wortt Er bohren / worein sich ein Jedes ding hat im freyen willen geschiden / darein wirt es gehen / vnd in dem selben ewigen behelter / nach des

selben principj eigentschaft / ist es gutt / 25 Den gott hat ihme nichts zu wider gebohren / in ihme ist alles gutt / aber ein Jedes ding in seiner Mutter / so lange es in einer frembden Mutter lauffet / so ist es wider wille Dessen geben wir euch ein gleichnis / sehet an hitze vnd kelte / auch feuer vnd wasser / Dise komen aus einem vr stande / vnd theilen sich aus einander / vnd gehet Jedes in eignen willen / als zu einem eignen qual / Nun / so sie wider sollen in einander eingehen / so ists feintschaft / vnd töttet eines das Ander / das mach der eigne wille Jeder eigentschaft / Weil sie bey einander in der Temperatur Inne ligen / So haben sie grossen friede / so balde sie aber aus einander aus gehen / so wil ein Jedes ein eigenes sein / vnd über das ander herschen / Do hehr auch der streit in spiritu mundj ist / zwischen den 4 Elementen / zwischen hitze vnd kelte / ein Jedes wil herschen / gar balde siget eines / gar balde das ander / gar Balde regnets / Balde wirts kalt / Balde heiß / Balde reisset der lufft / ietz so / Bald anders / als nach gewalt der Siben eigentschaften der Natur / vnd ihren aus gengen in den drey Ersten / daraus alles geschepft wirt / was sich reget /
26 So spricht die vernunft / Gott regiret das / das es also gehet / Das ist war / Aber die vernunft ist Blint / vnd Sihet nicht wo mitte / vnd wie das zu gehet / sie ver stehet nicht das entschiedene wortt in eigentschaften / darinen dises Regiment stehet / 27 Den im spiritu mundj kompt viel Böser würckung herfür / welche scheinet wider Gott sein / Item / das eine Creatur die ander erwürget beleidiget / Item / das krig pestilentz / donner vnd hagel kompt / dises ligt alles im spiritu mundj / vnd entstehet aus den drey Ersten / darinen sich die eigentschaften in ihrem wider willen schepffen / 28 Den Gott kan nichts als guts geben / den Er ist alleine das einige gutte / vnd wandelt sich nimmer mehr in einiges Böse / Er kan auch nicht / sonst wehre Er nicht mehr Gott / Aber in dem wortte seiner offenbarung / da die gesteltnis vrstenden / als da Natur vnd Creatur vrstendet / Alda entstehet die würckung in bösen vnd gutten / 29 Das selbe wortt hat sich

in ein vhr werck einer zeit gefasset / vnd darinen stehet nun das machen Böses vnd guttes / nach der schiedligkeit der kreffte im wortte / wie sich im anfange haben die krefte götlicher offenbarung in vntterschidene principia geschiden / als in pein vnd freude / in fünsternis vnd licht / in liebe feuer des lichtes / vnd in peinlich feuer der Natur wie oben gemeldet / Darinnen wirt nun der gantze grunt des götlichen willens in vntterschiedligkeit verstanden / **30** Vnd darff keine Creatur sagen / das ihr ein wille von aussen gegeben werde / sondern der wille zu bösem vnd gutten entstehet in der Creatur / Aber durch aus wendige zu felle / von bösen vnd gutten / wirt die Creatur inficiret / als wie eine aus wendige gifftige lufft den leib an stecket / vnd vergifftet / Also auch verterben die aus wendigen dinge / den eigen willen der Creatur / das sich der eigen wille in bösem vnd gutten fasset / **31** Vnd darumb hat gott dem Menschen lehre vnd gesetze gegeben / das er sol am gebott vrsache Nehmen / die Böse ein flisse zu ver werffen. Vnd Nicht sagen / thue ich edwas Böses / so mus ichs thun / den ich bin der bösen neigligkeit / so sol Er wissen / das der Seelen Szientz / welche sich hat können ins böse fassen / sich auch hat können eben ins gutte fassen / vnd das Gott keine vrsache an des Menschen / noch teuffels val ist / hat ihn auch nicht darein gezogen / so viel Er gott heisset / **32** sondern die vntterschiedligkeit des geoffenbartten worttes der kreffte / nach dehme sie sich haben in eigentschaften eingeführet / so haben ihn die selben gezogen / Er stunt in der Temperatur / aber die eusern ein flisse / vom teuffel vnd von der fünstern welt / so wol in der Creation in spiritu mundj / die haben in ihn / als in das Bilde gottes ein gehauchet / vnd die vntterschidligkeit im Bilde gottes in der Temperatur erwecket / das sich die ewige Szientz der Seelen hat in eine lust zur offenbarung der eigentschaften begeben / **33** Das verstehet also / die selbe Selische Szientz vergaffete sich an der Creation des geformbten worttes / in seiner schiedligkeit / vnd wuste in sich eben auch den selben gewalt / zur vntter schidligkeit /

vnd Er hub sich in lust zur schidligkeit / Also Balde wardt auch die schiedligkeit in der Creatur nach Seel vnd leib offenbar / Aber der teuffel war die gröste vrsache daran /
34 Den als Er als ein feurischer Geist war aus der Temperatur aus gegangen / aus dem Bilde gottes / so führte Er seine begürde Nun auch in die Seelische Szientz / die selbe in lust zu führen / den Er merckte wol was Adam war / als Nemlich ein thron fürste in seinem gehabten stuel im reiche gottes / Aber den Nahmen Jesu wuste Er nicht / das sich dehr würde in der zeit im Menschen offenbaren / den sein wissen in gottes liebe / darinen der Nahme J e s u die höchste Süssigkeit der gottheit ist / war in seinem abfahl gestorben / das ist / es hatte sich in die Bosheit Transmutiret / darumb wuste Er an ietzo nur die Bosheit.
35 Also verstehet man Nun den grunt / vnd anfang des teuffels vnd Menschliches falles / Nicht das man sagen kan / Gott habe dehn gewolt / So viel Er Gott ist / sondern die schidligkeit aus der Natur in die Creatur hat ihn gewolt / die heisset nicht Gott / 36 Gott führet seinen einigen willen in die formunge / vnd fassunge seines worttes / zur schiedligkeit / als zur offenbarung Gottes / alda selbst stehet die schidligkeit in freyem willen / den die schidligkeit ist die Natur / vnd auch die Creation / Vnd in der schidligkeit wil gott Guttes vnd Böses / als in dehme / das sich hat in das gutte geschiden / als die heiligen Engel / da wil Er Guttes Innen / vnd in dehme das sich hat ins böse geschiden / als die teuffel / da wil Er böses Inne / Wie die schrifft saget / welch ein volck das ist / einen solchen Gott hat das auch / in den heiligen bistu heilig / vnd in den ver kehrten bistu ver kehret[4] /
37 So spricht Nun die vernunfft / so den Gott in seinem aus gegossenen geformbten wortte selber alles ist / Als böses vnd guttes / leben vnd tott / worinnen stehet den der Mensch-

4 Vgl. Ps 18,26 f.

liche streitt / das man umb gottes willen streittet / sintemal gott in seinem geformbten wortte alles ist / vnd auch alles wil / es sey böse oder gutt / ein Jedes ding in seiner eigentschaft / daraus es vrstentlich hehr komen ist.

38 Sihe / darinen stehet der streitt / das die vernunfft in ihrem dünckel ohne götlich licht eine Nerrin für gott ist / vnd nicht weis was gott ist / sie Bildet ihr Immerdar edwas frembdes vnd fernes Ein / wen sie wil von gott reden / vnd macht in dem einigen vn wandelbaren gotte in seiner ewigen dreyheit / anfengliche willen / vnd forsetze / Vnd verstehet nichts / wie alle anfenge vnd vorsetze in dem geformbten wortte / durch Natur vrstende / als da sich das wortt in Natur fasset vnd formet / das die anfenge alle in der formunge des wortts / als in der schepffung / vnd in der Creation Inne ligen / als in dem grossen Misterio der schidligkeit / darinen die Creaturen vr stenden / Das alles übel aus der Natur vnd Creatur hehr kömpt / vnd das die ver stockung in der Natur vnd Creatur in der Szientz der Creaturlichen selbheit vrstende / das / so sie sich in grim der Natur ein wendet / (das) sie da Inne er griffen vnd ver stockt werde / das sie das sprechen im zorne in fasset vnd in sich heldt / Vnd alles das / wen geschriben stehet / Er verstockt ihr hertze / das sie nicht glauben vnd selig werden / das es im geformbten wortte der ewigen vnd zeitlichen Natur geschehe / **39** Den daraus redet auch gott / do Er im (spalmen) psalmen dauids saget / du wirsts sehen / vnd deine lust daran haben / wie es dem Gotlosen ver golten wirtt[5] / Item / du wirst dich freuen wen der gottlose gestürtzt wirtt / das ist / wen der gotlose im grim ver schlungen wirtt / welcher dem heiligen ist ein kegen satz vnd stette vergiftung gewesen[6] / wen der selbe gifft von der heiligen Seelen weg genommen wirtt / so freuet sie sich das sie aus Noth erlöset ist / Vnd darumb stehet auch das wortt in pein der Natur / auff das die freude offenbar werde.

5 Vgl. Ps 91,8.
6 Ps 64,8.

Aber die schiedligkeit aus dem wortte gehet ohne zwang in freyem willen / eine Jede eigentschaft in sein eigenes / den im heiligen wortte in der Temperatur ist alles gutt / Aber in der ein führung eignes willens wirts böse / 40 Das geschihet nun in der Natur vnd Creatur / vnd gar nicht in Gott / sonst muste im wortte gottes auch des teuffels wille sein / so gott in seinem wortte alle dinge in eine vnuermeidligkeit tribe / Aber des teuffels wille / so wol Adams sündiger wille endstunt in eigner Szientz in der Creatur / vnd nicht in gott / sondern im Centro der Natur fassete sich die eigne Szientz in einen willen der hoffart / wollen dem sprechenden wortte in der dreyheit der gottheit gleiche / vnd noch mehr sein / die demut wart ver achtet vnd verlassen / vnd wart an dessen statt die feuers macht angenommen / 41 Das ist der vall. das sie die fantasey an gottes stette setzten / so weich der heilige Geist aus ihrer Natur / Nun seint sie ein geist in eignem willen / vnd seint in der fantasey gefangen. Als wir den das an Adam er kennen / Als sich der Seelen Szientz durch des teuffels ein hallen / oder inficiren erhub / so weich der heilige Geist in sein principium / so wart Adam im Bilde gottes mat vnd schwach / als in der Temperatur vnd kontte nicht in der gleicheit magisch seins gleichen aus sich herfür bringen / seine almacht / welche Er in der Temperatur hatte / wart Ihme gebrochen / den die Tirische eigentschaften der Creation wart in ihme rege. 42 So spricht Nun Moses Gott ließ ihn in einen tiffen schlaff fallen / vnd Er entschliff.[7] Alhie ist Er nun in der Temperatur der götlichen welt ein geschlaffen / aus disem schlaffe mus ihn Nun Christus auff wecken / oder mag in der Creatur nicht mehr gott sehen / Den das ein schlaffen war Anders nichts / als gottes licht in der liebe / als das liebe feuer verlihren / das verlosch in dem Ens von der himlischen welt wesen / so war Er schon halb tott. Den ahie ging Adam von Jerusalem gen Jericho / vnd fihl vntter die mörder welche ihn schlugen / vnd das paradis

7 Vgl. Gen 2,21.

aus zogen vnd halb tot im schlaffe lissen ligen vnd dauon gingen

43 Die zeit so lange Adam im rechten Bilde gottes gestanden ist / wirt dir in den figuren Mosy vnd Christj für gestellet / so wol die zeit des schlaffes / bistu sehende / so stelle Mosen in Christj figur / vnd Christum in Adams figur / als Adam in der vnschuld stunt. 44 40 tage war Moses auff dem berge / als Israel probiret wart / vnd 40 Jahr war Israel in der wüsten / vnd 40 tage stunt Christus in Adams proba in der versuchung in der wüsten / vnd 40 tage wandelte Er nach seiner aufferstehung in der rechten volkomnen proba / da Adam solte Inne wandeln in seiner vnschuldt / für seiner bestetigung zur magischen geburth / Weil es aber nicht sein mochte / welchs zwar in gott wol Erkant war / so fihl Adam in schlaff / So muste hernach Christus in Adams schlaff 40 stunden Ruhen / vnd Adam in ihme im reiche Gottes wider auff wecken. Dehme dencke nach / So wirstu allen grunt im proces Christj lernen ver stehen / stelle nur Christum in Adams stelle / so findestu allen grunt des Alten vnd Neuen testamentes. stelle Adam in das geformbte wortt der Creation / vnd las ihn das Bilde der eusern vnd Innern ewigen Natur aller dreyen principien sein / vnd stelle Christum in das ewig sprechende wortt nach der wahren götlichen eigentschaft / darinen kein böses entstehen mag vnd nur die liebe geburt götlicher offenbarung nach dem reiche der herligkeit ist / vnd führe (Ad) Christum in Adam Ein / das Christus Adam in sich Neu gebähre vnd mit der liebe Tingire / das Er aus dem tiffen schlaffe auff wache / So hastu den gantzen proces Adams vnd Christj / 45 Den Adam ist das aus gesprochene geformbte Creaturliche wortt / vnd Christus ist das heilige ewig sprechende wortt / so wirstu die zeit in die ewigkeit ein führen / vnd wirst mehr sehen / als du in allen Büchern der Menschen lernen magst /

46 Den Als Eua in Adams schlaffe aus Adam gemacht wart / so geschach das im Verbo fiat im spiritu Mundj Alda worden sie zu Creaturen der eusern welt / als in das euser Naturliche

leben in die sterbligkeit / als in das thirische leben gebildet / mit vieschen gliedern in der form / Auch mit einem Madensacke zu irdischer speise / Denn nach dehme das weib aus Adam kam / so war schone das Bilde gottes in der Temperatur zerbrochen / vnd mochte alda das paradis in ihnen nicht bestehen / den das reich Gottes stehet nicht in essen vnd trincken sagt die schrifft / sondern in friede vnd freude in dem heiligen Geiste[8] / Das mochte in Adam vnd Heua schone nicht sein / den sie hatten schone das zeichen zu tirischer ardt / ob wol noch die tirische ardt nicht war gantz auff gewacht / so war sie doch in der lust schone auff gewacht.

47 Der versuche Baum des Erkentnis guttes vnd böses / war eben die proba / wohin sich die Menschliche Seelische Szientz aus dem willen des vngrundes würde hin wenden wollen / ob sie wolte in der Creatur in der Temperatur bleiben stehen / oder ob sie sich wolte in spiritum mundj in die entschidene eigentschafften ein wenden /

48 So spricht die vernunft / warumb liß ihn gott wachsen / Höre vernunft / diser welt proba ist besser als das Centrum im feuer nach der ewigkeit recht zu probiren / wie Lucifer geprobiret wart / Auch erkantte gott wol des Menschen vall in spiritu Mundy / den was die Szientz der Seelen begertte / das muste die Erde geben / den die lust ging in die eigentschaften der Erden / Also muste die Erde der lust für stellen / was sie haben wolte. Den die Szientz der Seelen ist götlicher eigentschaft nach der almacht / vnd hirinen ligt der grunt aller verborgenheit / vnd bleibt der val ein mahl wie das ander auff menschlichem eigen willen / vnd in des teuffels trug.

49 Der rechte wahre vall des Menschen ist dises / Als Eua aus Adam gemacht wardt / so stelte sich der teuffel in die schlange / vnd legte sich an den versuchbaum / vnd beredet die Eua sie solte dauon Essen / so würden ihre augen auff

8 Röm 14,17.

getahn werden / vnd sein wie gott / sie würden wissen / was in allen eigentschaften wehre / was für ein Ens vnd schmack / wie alle kreffte in ihren eigentschaften schmeckten / vnd was alle thier in ihren eigentschafften wehren / Welchs wol alles war was / Aber ihre Nackete gestalt / vnd wie hetze kelte in sie dringen würde / das sagte der teuffel nicht / auch kam Er nicht in eigner form / sondern in der form des listigsten thiers / Auch so war es dem teuffel eben darumb zu thun / das Er Eua als die Matrx in Venere Tinctur mechte monstrosisch machen / das sie sich an der schlangen listigkeit ver gaffete / daraus ihr die lust endstunt / böses vnd guttes zu wissen / als den in der schlangen list war / da sich die Szientz der Natur hatte in die fantasey in eine solche list ein geführet / Nicht wie die vernunft saget / Gott habe der schlangen die zunge gewabnet / das sie das thun müssen / Man kan wol sagen / der teuffel habe sie ihr aus dem reiche der fantasey gewabnet / das sie das habe getahn / Aber von Gott kan man das nicht sagen.

50 Die schlange ist ein Ens in den drey ersten gewesen[9] / in der Naturlichen Szientz / da sich das feuer vnd licht scheidet / da der verstant noch in feurischer scherffe inne liget / der geist des verstandes ist noch nicht vom Centro der drey Ersten geschiden / sondern Er ist mit der peinligkeit / als mit der wurtzel der gifft qual gemenget / Darumb ligt in ihr die höchste vrsache zur Gifft vnd falschem listigen willen / Vnd den auch ligt in ihr / die höchste preseruation wider die gifft / so die gifft von ihr geschiden wirtt. Wie solches vom Lucifer vnd seinem anhang zu dencken ist. **51** Er war auch der höchsten feurischen Szientz nach dem reiche der Natur / vnd der schönesten Einer im himel / welchs die feurische Szientz der Natur eine vr sache war / zu seiner glentzenden herligkeit / Er hatte das Böseste / vnd auch das beste an sich genommen / verstehet / die ewige Szientz hatte die feurische Natur nach der höchsten beweglichkeit / daraus die stercke

9 Sal, Sulphur, Mercurius.

vnd macht end stehet an sich genommen / Darinen sich den auch die Szientz des vngrundes hatte in eignen willen nach der listigkeit ardt geschepffet / vnd von der demut abe gebrochen / vnd wollen im lichte gottes in seinem glaste in allen krefften herschen / Als Er den auch in seinem anfange thete / da durch Er das wesen in der Szientz der Natur auser ihme mit solcher eigentschaft ver giffte / aus welchem ver gifften Ens auch die schlange ihren vr stant in der schepffung genommen hatt / umb welcher ver gifftung halben auch gott die Erde ver fluchte / nach dehme sie der Mensch noch mehr mit des teuffels gifft vnd list ver gifftete / durch seine eingefürtte falche lust / damitte Er die Szientz im wesen / daraus Er war aus gezogen worden / vergiffte / das sich ihme das paradeis entzoch.

52 Also stellete auch Nun der teuffel sein vergifftes wesen mit der schlangen an Baum / darein Er hatte sein Egest vnd listigen willen für zeitten der schepffung der Erden in die Sientz der Natur / vnd ihr geistliches wesen eingeführet / welchs wesen in der Szientz der Natur im anfang der schepffung der Creation auch mitte in die Creatur einging / wie den an allen gifftigen würmen der gleichen nach zu dencken ist. Nicht das sie der teuffel habe geschaffen / Er ist nur ein ver giffter der Natur gewesen / auff ardt / wie Er seine eigne Natur / so wol die Menschliche Natur ver gifftet hat. Das fiat aber hat sie gemacht / eine Jede eigentschaft der zer theilten Szientz in seine gleiche form / Wie der wille in der Szientz war in seiner würckenden figur / Also wardt auch die Creatur / 53 den das sprechende wortt in Jeder Szientz eigentschaft / führte sich in ein Bilde / Also war die schlange dem teuffel Nahe in der Szientz der Natur / den Er hatte ihr seinen gifftigen willen ein geschmeisset / da sie noch kein wurm war / Je doch / das man mit den irdischen Creaturen einen vntterscheit halte / zwischen den ewigen / den der teuffel ist der ewigen Szientz / als der ewigen Natur / vnd die schlange aus der zeit / Aber die zeit ist aus der ewigkeit aus gesprochen / darumb seint sie aus einander geschiden.

54 Dises Gifftige listige geschmeiß / als das Egeste des teuffels / stellete der teuffel Euen an Baum / das sie sich solte an ihrem liste ver gaffen / vnd monstrosisch machen / als den auch geschach / Als Eua nach der listigen klugheit lusterte / so schluff der teuffel mit seiner begürde mit dem schlangen Munstrum in die Szientz der Eua / als in Seel vnd leib / den Eua wart begehrende der list / als der klugheit / das ihre augen mechten offen sein / vnd böses vnd guttes erkennen / So führte ihr der teuffel den schlangen Ens magischer ardt Ein / auff ardt vnd weise / wie die falche magia mit der Incantation umb gehet / vnd dem Menschen eine böse Gifft in die Szientz seines leibes einführet.
Vnd dauon krigte Eua den willen Gott vngehorsam zu sein / vnd wagte es / vnd aß von dem Baum der irdigkeit / da böses vnd guttes offenbar war / wie wir den noch heutiges tages nach dem fall / eitel solche früchte essen / Vnd als sie aß / vnd nicht balde Nider fühl vnd starb / so gab sie Adam auch / vnd Er aß auch dauon / Den Adam hatte schone ein getauchet / da Er im Bilde gottes stunt / Aber noch nicht in leib gessen / bis do hehr.

Das 7 Capittel
Von der thirischen offenbarung im Menschen. Wie Adam vnd Eua ihre augen auff gethan worden / wie das im grunde zu verstehen sey.

1 Wen wir die ebenbildnis recht in ihrem magischen grunde betrachten / wie das zu gehet / das sich im spiritu mundy nach allen dingen ein kegen Bildnis formet / wie wir das in einem spigel / so wol im wasser / vnd am schatten sehen / so kommen wir balde vnd Nahe auff den grunt / wie alle wesen aus einem Einigen vrstenden / vnd wie alle Creaturen im spiritu Mundj / als in dem aus gesprochenen wortte gottes Inne ligen / Darumb wir wol mit grunde sagen können / das alle Creaturen auch in Adam seint gelegen / Nicht das sie aus

Adam sint aus gangen vnd ins geschepffe getretten / Sondern in der ewigen Szientz der Seelen / in welcher Szientz sich das wortt gottes formet vnd Bildet in einen Naturlichen vnd Creaturlichen grunt / darinen werden alle eigentschaften verstanden / wie solches Moses bezeuget / das der Mensch habe sollen in alle Creaturen herschen / Aber Nun nach dem valle herschen sie in ihme / **2** Den als die Seel in der Temperatur Inne stunt / so drang der willen geist der Seelen durch alle Creaturen / vnd ward von keiner verletzt / den keine kontte ihn begreiffen / gleich wie keine Creatur mag der Sonnen krafft vnd schein in eignem willen begreiffen / sondern mus leiden / das sie durch sie dringet / Also war auch der willen geist des Menschen / Als Er aber in dem gifft der schlangen im willen des teuffels gefangen wardt / so ward Er allen Creaturen ein feint / vnd verlohr dise macht / **3** Auch krigten die Creaturen gewalt in ihme / vnd erhuben sich in ihme / wie es den Nun für augen ist / das Mancher in der eigentschaft / eine listige schlange vol arger list vnd gifftiger Bosheit ist / Item ein ander hat krotten eigentschaft in ihme / (Dauon) Mancher ein hundt Item / eine katze / ein Basiliscus / ein lewe / Bär. wolff / vnd so fordt durch alle eigentschaften der thier vnd würme / **4** Sie haben von aussen wol das Erste figurirtte Bilde an sich / aber in der eigentschaft sitzt ein Böses thier / Der gleichen ist auch von den gutten zahmen thieren zu ver stehen / das mancher in der eigentschaft eines gutten thiers ardt ist / vnd ist wol kein Mensch aus Adams Sahmen gezeuget / der nicht in dem irdischen leibe edwan eines thiers eigentschaft an sich habe / Mancher ein Böses / Mancher ein guttes / **5** Dises wirt nun in dem valle verstanden / das sich alle eigentschaften im spiritu mundj haben in dem Menschen offenbaret / alle feurische Szientz nach hitze vnd kelte / auch alle andere qualiteten in sonderheit / Item / der gantzen Natur eigentschaft wart in ihme offenbar / nach bösem vnd gutten / Den so balde sie der irdischen frucht in leib assen / so ging die Temperatur aus einander / vnd wardt der leib im spiritu mundj nach allen eigentschaften offenbar / Da fihl hitze vnd kelte auff ihn / vnd drang in ihn Ein / Item alle eigentschaften der Natur / darinen der Creaturliche grunt stehet / drengeten sich in ihme in einen wider willen / dauon ihme kranckheit vnd der tott der zerbrechung endstunt. **6** Vnd in disem Bissen starb Er an gottes Reich / vnd wachte auff dem reiche der Natur / vnd wardt aus der vnleidligkeit / in die leidligkeit gesetzt. Vnd ward nach dem eusern leibe ein thier aller thier / als das (thierssch) tirische Bilde gottes / da sich das wortt gottes hat in tirischer Bildnis offenbaret / So ward der Mensch nach dem eusern leibe / ein Meister vnd fürste aller thier / vnd war doch nur selber ein thier / Aber einer edlern Essentz / als ein thier / vnd nichts desto weniger hatte Er ein thier in der eigentschaft.

7 Vnd zu diser stunde wardt im Menschen eine portten der fünstern welt in gottes zorne offen / als die helle / oder der schlunt des teuffels / so wol das reich der fantasey ward in ihme offenbar / Der zornige gott / also nach dem reiche der fünsternis genant / ward in ihme offenbar / vnd fing ihn nach der Seelischen Szientz in der Creatur / Nicht der grunt der Seelischen Szientz mag gebrochen worden / sondern die Creatur aus den drey Ersten / als die ewige Natur / vnd auch die zeitliche Natur in spiritu mundy / Die zeitliche Natur ward in die tirische eigentschaft gesetzt / vnd die ewige Natur in grim der fünstern welt / dem teuffel zum Nachtbar. so lag das schöne Bilde ietzo in höchstem Elende / in eitel schrecken / Jammer angst vnd Noth / **8** Als dise gefengnis im tode Christj solten in beiden Naturen gebrochen werden / so er zitterte die Erde dafür / vnd verlohr die Sonne ihren schein / An zu deuten / das das ewige licht nun wider gebohren sey worden / so musse das zeitliche auff hören.

9 Dises recht zu betrachten / was am Menschen sey im valle gestorben / müssen wir nicht nur alleine den zeitlichen tott an sehen / das der Mensch stirbet vnd ver weset / das ist nur der tirische tott / vnd nicht der ewige tott.

Auch mussen wir nicht also blint sein / vnd sagen die Seel sey gestorben / in ihrer Creatur / Nein das mochte nicht sein / was aus dem ewigen ist / das nimpt keinen tott ahn / sondern das eben Bildnis gottes / das sich in die Creaturliche Seel hatte eingebildet / als der götliche Ens / dehr verbleich / als der feuer grim auff wachte / Den in gott ist kein sterben / sondern nur eine scheidung der principien / auff ardt zu verstehen / wie wir sehen / das die nacht den tag in sich verschlinget / vnd der tag die nacht / so ist eines im andern wie tott / den es mag sich nicht er zeigen / 10 Vnd weiter im gleichnis also zu ver stehen / als ob die Sonne verginge / so würde der spiritus mundus eine eitel Rawe feintligkeit / vnd würde eine Immer wehrende nacht / so mechten die 4 Elemente in ietziger eigentschaft nicht qualificiren / vnd wüchse keine frucht / auch mechte keine Creatur in den 4 Elementen leben.

Also auch in gleichem / starb Adam vnd seine Eua des reichs der götlichen Sonnen krafft / als götliches willens vnd wesens / vnd wachte auff der grimen Natur / von Innen nach der Seelen / vnd auch von aussen in der tirischen eigentschaft. 11 Der Seelen Szientz aus dem vngrüntlichen willen / darinen Gott / Gott gebühret / der ist nicht gestorben / dehn mag nichts zerbrechen / vnd bleibt ewig ein freyer wille / Aber seine form der Creatur / als die Seel / welche vom geiste gottes in ein Bilde formiret wardt / das selbe Bilde aus der ewigen Natur / verlohr den heiligen Ens / darinen Gottes licht vnd liebe feuer brantte / Nicht das der selbe Ens sey ein nichts worden /)wol ward Er der Creaturlichen Seel ein Nichts / als vn empfintlich /(sondern die heilige krafft / als der Geist gottes / welcher das würckende leben darinen war / dehr verbarg sich / Nicht aus vorsatz seiner selber / sondern die ewige Szientz als der vngrüntliche wille zur Seelischen Creaturen ging vom liebe willen aus / in sein stachlicht eigenthum der Sellischen Natur / 12 gott ent zoch sich der Seelen nicht / Sondern die Szientz des freyen willes endzoch sich Gotte / Gleich wie sich die Sonne der distel nicht endzeucht / Aber die distel endzeucht der Sonnen ihre stachlichte Szientz / vnd führet sie in stachlicht wesen / Je mehr die Sonne darauff scheinet / Je stachlichter vnd starcker wirt die Szientz des wider willes.

Also auch von der Seelen zu verstehen / 13 Gott wohnet durch alles / auch durch die fünsternis / vnd durch die teufel / Aber die fünsterüs ergreiffet ihn nicht / also ergreiffet auch der teuffel vnd gottlose Seel Gott nicht / Sprichstu warumb das. Darumb / der Creaturliche wille zur wahren gelassenen demut vntter gottes gehorsam ist tott / vnd ist nur ein distel vnd dorn willen da Innen im leben der Creatur / Also held der dorn wille die edle Szientz des vngrüntlichen ewigen willens des vngrundes in sich gefangen / oder verdeckt / vnd seint in einander wie tag vnd nacht / 14 die Creaturliche Seel wardt zur Nacht.

Aber der spiritus Mundus / welcher im anfang in der Temperatur (stunt) im leibe stunt / der stunt noch in Bösem vnd gutten / wie alle zeitliche dinge stehen / Aber des teuffels distel Sahmen war darein komen / darinen der zeitliche tott inne lag / vnd war alda anders nichts zu verstehen / als ein thier aller thier / die gleicheit des geformbten aus gesprochenen worttes stunt in der feind schaft vnd wider willen / Das Englische Bilde war gantz zerstöret / Beides an gemütte vnd Sinnen / wie wir den noch heute sehen / das sich die Sinnen Imerdar in tirischen willen zur eigen liebe fassen / vnd gar schwerlich dahin komen / das sie gott vnd die gleicheit lieben / sondern sich nur Imerdar empor schwingen / vnd wollen alles alleine im besitz haben / wollen gerne das schöneste kint im hause sein / dauon die hoffart / Geitz / Neidt vnd zorn endstehen / Das alles ist der schlangen Ens / vnd des teuffels eingefürtte eigentschafft / welcher das reich gottes nicht erben kahn.

15 Disem Nun / kam das lebendige ewig sprechende wortt der höchsten liebe eigentschafft / aus lauter Gnade zu hilffe / vnd sprach sich wider in den verblichenen Ens von der himlischen welt wesen / zu einem würckenden leben Ein /

gleich wie sich des teuffels wortt hatte in die Seel ein gesprochen / Also kam das wortt der liebe gottes vnd sprach sich wider in den himlischen verblichenen Ens Ein / mit an deuten / das es sey ein ziel eines ewigen gnaden Bundes / darinen Gottes liebe in dem Nahmen Jesu wolte dem teuffel seine wercke zerstören / vnd wolte wider lebendigen heiligen Ens in dem Nahmen Jesu in dises Einsprechen / oder ein gesprochene wortt Einführen / welchs in Christj Mensch werdung geschach.

16 Alhie ist vns nun die ver sehung / oder ein sehung zu verstehen / das der Geist Gottes für der welt gründe habe in des feuers vnd grimes eigentschaft der Natur / disen fall gesehen / vnd den Heiligen Nahmen Jesu / mit dem höchsten liebe Ens darein versehen / zu einem wider gebärer / Den Eine Einige wurtzel des Entes aus götlicher liebe / als der himlischen welt wesen / verblich in Adam / als das wahre eben Bilde Gottes / nach götlicher heiligkeit eigentschaft / Vnd in das selbige einige Bilde das in Adam an gott verblich / hatte gott das ziel seines ewigen heiligen willens in Christo ein versehen / in das selbe sprach Gottes heiliges wortt / als ietzt war die arme Creaturliche Seel an gott Blint worden / Des weibes Sahme sol der schlangen den kopff zertretten. Vnd in der selben eingesprochenen stime / krigte die arme Seel wider götlichen Athem vnd leben / Vnd die selbe eingesprochene stime ward im Menschlichen leben / als eine figur der wahren Eben bildnis in disem ziel des Bundes gottes dehn Er hatte in den götlichen Ens für der welt grunde Ein gesehen / mitte fordt von Mensch auff Mensch / als ein gnaden Bunt (fo) gepflantzet / **17** Den das ein sprechen des teuffels / daraus ein Böser wille entstunt / geschach erstlich in Adam / da Er man vnd weib / vnd doch der keines war / sondern ein Bilde Gottes / vnd drang von Adam in Eua / welche die Sünde anfing. Also kam auch Nun das ein sprechen Gottes / vnd drang in Eua / als in die Mutter aller menschen / vnd setzte sich dem angefangenen Sünden quel durch Euen in Adam entkegen / Den in Eua lag die

Tinctur vom lichte / vnd vom Geistlichen wasser / vnd in die selbige leibete sich die heilige Tinctur im wortte in dem Nahmen Jesu Ein / das sie wolte die tirische Matrx zerbrechen / vnd in eine heilige verwandeln / **18** Den nicht durch Adams feurische Tinctur solte es geschehen / sondern durch / vnd in dem theil der Adamischen lichts Tinctur / darinen die liebe Brantte / welche ins weib geschiden wardt / als in die gebärerin aller Menschen / Darein verhisch sich gottes stime / wider lebendigen heiligen Ens vom himel ein zu führen / vnd das verblichene Bilde gottes / welchs darinen stunt / in götlicher krafft Neuzu gebehren / **19** Den Johan. 3[1] sagt Christus / Er sey vom himel komen / da verstehet man wesen / den das wortt darff keines komens / es ist vorhin da / vnd darff sich nur bewegen.

Nun lagen alle Menschen nach der verterbten Seelischen eigentschaft im Sahmen Adams / vnd lagen hin wider alle Menschen in Venere Matrx / als in der weiblichen eigentschaft in Euen / Vnd in Euen / als in die Matrx der liebe / von der himlischen welt wesen / welchs wesen in Euen vnd Adam verbleich / als in das theil vom reiche gottes / setzte gott seinen Bunt / vnd führte darein sein wortt / das des weibes sahmen / ver stehet der himlische sahme / dehn das wortt wolte wider ein führen / darinen Gott vnd Mensch solte wider eine persohn sein / solte der schlangen egest / vnd des teuffels wille den kopff seiner macht zer tretten / vnd des teuffels wercke / welche Er würde in Seel vnd leib würcken / zerstören. **20** Verstehets recht / der Erste in Adam geschaffene Mensch / als das theil von der himlischen welt wesen / vnd dene das theil / das im wortte gottes solte ein geführet werden / vnd solte mit dem Menschlichen ein wesen werden / das solte es thun / Als der gott mensch / vnd der Mensch Gott / solte es thun / nicht gantz ein frembder Christus / sondern das selbige wortt / das den menschen aus sich in ein Bilde gottes gemacht hatte / so

1 Vgl. Joh. 3,13.

solte es Nun das Machende wortt / vnd das gemachte wortt in krafft des heiligen Geists thun / Der himlische Ens im wortte / als der tempel des heiligen Geistes / solte im weibes sahmen einen Seelischen sahmen an sich Nehmen / vnd auch einen leiblichen / von Adams wesen aus dem Limo der Erden / auff ardt / wie gott die welt an sich hat genommen / vnd wohnet doch im himel / im heiligen Ente / **21** Also nahm das wortt von Innen den verblichenen heiligen Ens an seinen lebendigen / vnd machte den verblichenen in seiner krafft lebendig / Vnd die Seelische / vnd leibliche Natur / von der Innern vnd eusern welt / hing am selbigen Ente ahn / wie die Natur an gott anhanget / durch welche Er sich offenbaret. Also auch alhie wolte sich das heilige wortt mit dem heiligen Ente durch die Seelische vnd leibliche Natur offenbaren / vnd die Seel wider mit der Höchsten Tinctur tingiren / vnd dem teuffel sein gemachtes raubschlos im grim der ewigen Natur darinen zerbrechen / welchs alles im proces Christj erfüllet worden ist.

22 Nun sage mir ietzo alhie die vernunft / wo der vorsetzliche wille gottes zur ver stockung der Menschen vrstende / wo ist der forsatz / da Er einen hauffen hat in seinem vorsatze zur verdamnis geordnet / vnd den Andern zum ewigen leben / Den in Eua fing die Sünde ahn / vnd in Eua fing auch die gnade ahn / Ehe sie eines kindes schwanger wardt / sie lagen alle in Euen in gleichem tode / vnd lagen auch alle in dem einigen gnaden Bunde im leben / wie den der Apostel saget[2] / gleich wie die Sünde von einem kam / vnd drang auff alle / also kam auch die gnade von einem / vnd drang auff alle. Den der Bunt ging nicht nur auff ein particular als auff ein sticke auff Euam / sondern auff die gantze Eua / ohne des teuffels wercke / welche Er hatte in sie geschmeisset / dise solte Christus zerbrechen / **23** es solte vnd kontte keine Seel aus des teuffels eingefürtten Ente gebohren werden / den das wortt gottes mit dem Bunde

2 Vgl. Röm 5,18.

stunt dar zwischen / so drang der Bunt auff Euen Seel in Adam / als aus des lichtes Tinctur in Adams feurische Tinctur / den Adam vnd Eua wahren im wortte ein Mensch / Also drang auch die gnade auff den selben einigen Menschen / Adam vnd Eua.

24 Wo ist Nun der götliche ewige vorsatz / dauon die vernunfft saget / sie wil dehn mit der schrifft beweisen / vnd verstehet die selbige nicht / Den der schrifft wortte seint war / Aber es gehöret ein verstant dar zu / nicht ein aus wendiger wahn / da man von einem frembden Gotte tichtet / der edwan weit vnd hoch in einem himel alleine wohnet /

25 Brüderlich wollen wirs der vernunfft an deuten / wie die schrifft zu verstehen ist / dasie vom vorsatze vnd von wahl gottes redet / vnd ihr den wahren ver stant geben / wie die wahl vrstende / vnd was der for satz sey / Vnd wollen gar Nimandt darinen / oder darmitte in seiner gefasten meinung verachten / sondern zu mehrer erkentnis / vnd Christlicher einigung des verstandes / wollen wir die schrifft erleutern / zu welchem Ende auch dises Büchlein geschriben ist.

26 Das selbe Nun zu verstehen / so wollen wir das erste vnd ander principium / als das Reich der Natur zu götlicher offenbarung / darinnen Gottes zorn / vnd die verstockung ver standen wirt / vnd den das Reich der Gnaden / als das wahre götliche wesen / kegen Einander stellen / vnd sehen / wie der grunt der verstockung vrstende. vnd wollen die sprüche der schrifft / welche scheinen wider einander sein / da mitte probiren / Darmitte ein Jeder seiner meinung Grunt sehen möge. vnd wollen vns an keine meinung binden / Jemanden zu gefallen / sondern den grunt dar thun / vnd solches allen parteyen der meinungen in liebe / zur Brüderlichen einigung.

27 Als Adam vnd Eua wahren gefallen / so wahren sie am Reiche Gottes Blint vnd als tott / vnd war keine mügligkeit in Inen / edwas guttes zu thun / verstehet nach der Seelischen vnd leiblichen Creatur / Aber die Szientz des vngrundes / aus des vaters eigentschaft / in welcher eine Seel in dem

feurischen wortte formiret wardt / die war vngebunden / weder böse noch gutt / Den sie ist der einige wille / in welchem einigen ewigen willen Gott der vater seinen Sohn gebühret / vnd heisset aber auser der gebärung des Sohnes / als auser der götlichen krafft / Nicht vater / auch nicht Gott / sondern der ewige vngrintliche wille zum edwas / in welchem willen die geburth der heiligen drey heit / so wol der vrstant der Natur vnd aller wesen anfenge verstanden werden.

28 Der selbe wille ist der ewige anfang zu götlicher weisheit / als zur beschawligkeit des vngrundes / vnd ist auch der anfang zum wortte / als zum aus sprechen des feuers vnd lichtes. Das sprechen aber geschihet nicht im willen des vngrundes / sondern in der fassung der Szientz / da sich der selbe wille in die stette gottes / als in die dreyheit der gebärung Einfasset / Alda spricht sich das wortt der krafft in die vntterschidligkeit der Szientz / Vnd in der selben vntterschidligkeit der aus sprechenden Szientz / ist das Bilde gottes / als der Mensch in götlicher krafft vnd weisheit / in magischer form ohne Creatur / von ewig gesehen worden / vnd in disem gesehenen Bilde / hat sich Gottes Geist in der höchsten liebe / welche der Nahme Jesus ist / selber geliebet / den es ist eine figur seiner gleicheit nach der krafft vnd geburtt gewesen.

29 Weil Aber gottes liebe ohne die ewige Natur nicht offenbar wehre gewesen / als das liebe feuer wehre nicht offenbar ohne das zorn feuer / So ist die wurtzel der Szientz in seinem grunde der Natur als das zorn feuer gewesen / vnd die offenbarung des zorn feuers / ist das liebe feuer gewesen / auff ardt / wie das licht aus dem feuer kompt. Vnd alhie ver stehen wir nun den gruntt / 30 Als das licht in der Creaturlichen ewigen Naturlichen Seel verlasch / so war die Creaturliche Seel nur ein quel Gottes zornes / als eine feurische Natur / Nun Aber hatte sich gottes liebe / als der heilige Nahme Jesus / welcher das Vnus ist I wie man ihme mechte nach sinnen / in dem ewig gesehenen Bilde / in die

Szientz des aus sprechens / ver stehet / in das menschliche ewige Bilde / darein die Creaturlich Seel geschaffen wardt / Ein geleibet / Vnd in diser einleibung ist der Mensch in Christo Jesu ver sehen worden für der welt grunde.
Als Aber die Creaturliche Naturliche Seel fihl / vnd das licht ver lohr / So sprach sich das wortt der krafft / das die Seel in der feurischen Szientz hatte geformet / in den willen des vngrundes zur Creaturen / Ein / **31** Von ewigkeit ist der Nahme Jesus in einer vnbeweglichen liebe im Menschen Bilde / als in der gleichnis gottes gestanden / den wehre sie beweglich gewesen / so hette das Bilde ein recht leben gehabet / Nun aber war das wahre leben alleine im wortte der kreffte / Johan 1[3] Als Aber die Seel das licht verlohr / so sprach das wortt den Nahmen Jesu in der bewegligkeit in den verblichenen Ens von der himlischen welt wesen Ein. **32** Adam hatte das götliche licht für seinem valle / aus J e h o u a / das ist / aus dem einigen Gotte / In welchem der hohe Nahme J e s u s v e r b o r g e n s t u n t / nicht in gott stunt Er verborgen / sondern in der Creatur. verstehet / in der Szientz zur Creatur stunt Er verborgen / Aber in diser Noth / als die Seele fihl / So offenbartte Gott den reichtumb seiner herligkeit vnd heiligkeit in dem vngrintlichen willen der Seelen / als in dem ewig gesehenen Bilde vnd leibete sich mit der lebendigen stime des worttes aus dem götlichen liebe feuer in die ewige Bildnis ein / zu einem panir der Seelen / dahin sie solte dringen / Vnd wie wol sie kein Eindringen ver mochte / den sie war an gott als wie tott / so drang (Er) aber der götliche Athem in sie / vnd ver mahnete sie zum stille stande der boshaftigen würckung / auff das seine stime mechte in der Seelen wider anheben zu würcken. **33** Vnd das ists / das sich gottes stime bey der Eua in des weibes samen ein sprach / Den das rechte weib von der himlischen welt wesen / da es noch in Adam war / verstehet nach des lichtes Tinctur / war Jungfraw Sophia / als die ewige Jungfraw-

3 Vgl. Joh 1,4.

schaft / oder die liebe des Mannes / die war in Jehoua in Adam offenbar / Vnd ietzt wart sie in der stime des einsprechens im Nahmen Jesu offenbar / welcher sich hatte aus Jehoua aus gewickelt / mit solchem Bunde / das der Nahme Jesus wolte in Erfillung der zeit / das heilige wesen der Sophien / als das himlische heilige wesen aus der liebe / damitte die liebe umb schlossen ist / oder wie mans setzen mechte / darinen die feurische liebe ein wesen ist / in das ver blichene wesen aus Jehoua / Ein führen.

34 Das ich aber sage das wesen aus Jehoua sey verblichen im valle / das ist war / vnd ist eben der tott / darinen Adam vnd Eua starben / den sie verlohren das rechte feuer / vnd wachte in Inen auff das hitzige vnd kalte feuer der feintschaft / in welchem feuer Sophia nicht offenbar ist / den es ist nicht das götliche feuer leben / sondern das Naturliche.

Vnd in disem Naturlichen feuer leben der Seele ist nun der vntter scheidt / zwischen gottes liebe vnd zorne / 35 Das Naturliche feuer leben ohne das licht / ist gottes zorn / der wil nur seines gleichen haben / der ver stockt die Seel / vnd führet sie in eignen frembden willen / wider des liebe feuers eigentschaft. Nun Aber fehret nicht edwan ein frembde willen eines zorn feuers in die Naturliche Seel / das die Seel ein Nehme / Sondern das eigne feuer / dessen die Seel ein wesen ist / 36 Der grim eigner Natur ver stockt sich mit ein fassung des Eckels in den drey Ersten der Natur vr stent / als in der fünstern welt eigentschaft / welcher in der falschen (begürde) begürde offenbar wirt / vnd den von den aus wendigen zu fellen / das die falsche lust aus der feurischen begürde in sich ein fasset / Wie sich Adam vnd Eua mit der eingefürtten schlangen sucht ver stockten vnd ver gifften / da den als balde die selbe eingefürtte Gifft auch anfing zu hungern nach solcher eigentschaft / als sie selber war / da den ein Eckel das ander gebar / wie der Apostel S. Paulus dauon saget[4] / das nicht Er im Geiste Christj die Sünde wolle vnd

4 Vgl. Röm 7,17.

lauffen oder Rennen / sondern an gottes erbarmen[10] / welchs einig in Christo in der gnade ist.

48 Nun fraget sichs weiter / wie kompt den dis erbarmen in die Seel / das sie vntter die wahl kompt /

Wie oben gesaget / die nicht vom fleische noch Blutte noch vom willen des Mannes / sondern vom gebenedeiten weibes sahmen gebohren werden / als aus dem In wendigen grunde da die Seel Christum in sich anzeucht / Nicht von einer angenomnen aus wendigen gnade / wie die vernunfft saget / Gott Nehme in Christo den Sündigen Menschen / welcher in Sünden tott ligt / durch die vorgesetzte gnaden wahl ahn / auff das Er kunt thue den reichtumb seiner gnade.[11] Nein das gilt Nicht / den die schrifft saget[12] / es sey den das ihr umb kehret / vnd werdet als kinder / vnd werdet durch das wasser vnd Geist Neugebohren / sonst solt ihr gottes reich nicht schawen.[13] Die In wendige Ingeborne gnade der kintschaft Gildt alleine / den Christus saget[14] / was vom fleisch gebohren ist / das ist fleisch / vnd was vom Geist gebohren ist / das ist Geist / vnd weiter Johan 6. fleisch vnd Blut sol Gottes reich nicht Erben.[15]

49 Nun fraget sichs / wie ist den die Ingeborne kintliche geburth sintemal sie in Adam alle tott sint / so mussen sie Ja nur edliche aus einem vorsatze zu gottes kindern gebohren vnd er wehlet werden. vnd die andern in gottes vorsatze verstockt bleiben / was kan nun das kint darzu / so es gott nicht haben wil.

Alhie ligt Nun die Nuß auff zu beissen / darumb der streitt ist /

50 Christus spricht[16] / ein fauler Baum kan nicht gutte

10 Vgl. Röm 9,16.
11 Vgl. Röm 9,23.
12 Vgl. Mt 18,3.
13 Vgl. Joh 3,5.
14 Joh 3,6.
15 Vgl. 1 Kor 15,50.
16 Vgl. Mt 7,18.

früchte tragen / vnd ein gutter Baum kan nicht arge früchte tragen.
So wir Nun dises wollen grinden / so mussen wir den selben Baum des lebens grinden / der da ist Böse vnd gutt / vnd sehen / was Er für früchte trage / vnd aus waserley Essentz eine Jede frucht wachse / so komen wir zum zweck / als sehen wir / wie sich eine Jede krafft in einen Ens vnd willen ein zeucht.
51 Die schrifft saget.[17] Gott hat alle dinge in zeit / ziel / masse vnd gewichte ein geschlossen / wie es gehen sol.
Nun könen wir aber nicht vom Menschen sagen / das Er im anfang sey in die zeit geschlossen gewesen / den Er war im paradeis in die ewigkeit geschlossen / Gott hatte ihn in sein Bilde geschaffen. Als Er aber fihl / so er greif ihn der selbe schlus der zeit / da alle dinge in ziel / masse vnd gewichte Inne stehen.
Vnd das selbe vhrwerck ist das aus gesprochene geformbte wortt gottes / Nach liebe vnd zorn. Darinen ligt die gantze Creation / sampt dem Menschen nach der Natur vnd Creatur / **52** Nun hat sich in disem aus gesprochenen wortte des vaters eigentschaft / der Nahme Jesus offenbart In dehme ihme alle gewalt im himel vnd auff Erden gegeben ist / so ist alles seine / das böse vnd das gutte / nicht in der habhaftigkeit seiner selbst eigentschaft / sondern dem gutten zum Heil / vnd dem bösen zum richter / Vnd ist alles kegen einander gesetzt / die liebe wider den zorn vnd der zorn wider die liebe / auff das eines im andern offenbar werde / zum scheide tage des Richters / da Er alle dinge scheiden sol / den wen Er nicht ein Herr über das böse wehre / so köntte Er kein richter der teuffel vnd gotlosen sein.
53 Diser Baum des lebens stehet nun in höchster angstligkeit in der geburth / an einem theil ist Er Christus / vnd am andern theil ist Er das reich der Natur im grime gottes des vaters nach der fünstern vnd feuer welt eigentschaft / Die

17 Vgl. Weish 11,21.

feuer welt gibt Ens zum Geist leben / vnd Christus in der liebe gibt Ens zum wesen der frucht / vnd Tingiret den grim / das Er eine freudenreich wirt in dem leben aller wesen
54 hirinen ist nun der streitt / in was für einen Ens (sich) das Centrum der Natur / als der wille der vngrundes in des ewigen vaters eigentschaft sich ein führet vnd Bildet / endweder in der gnade Christj in Sophia / oder in des grimes macht zur fantasey / ein solch Bilde stehet nach der Seelen da. Den alhie gibt der vater die Seel seinem Sohne Christo / den in des vaters eigentschaft ist die bildung der Seelen / vnd in des Sohnes eigentschaft ist die edle Bildung Sophiae / als der ewigen Jungfrawschaft im Ens Christj.
Nun ligt es alhie ietzo am willen des vngrundes auser der Natur zur Seelischen Creatur / wohin sich der selbe scheide / endweder in die selbheit wie Lucifer thete / oder in die gebärung zur heiligen dreyheit der gottheit / als das Er sich in gott ein lasse / oder selber wolle / lauffe vnd renne /
55 Alhie ist Nun die wahl darüber / vnd heisset Nun alhie wie S. Paulus saget[18] / welchem ihr euch begebet zu knechten in gehorsam / des knechte seit ihr / endweder der sünde zum tode / oder dem gehorsam gottes zur gerechtigkeit.
56 So spricht die vernunfft / was mag das ein kint / das es zu einer distel wirt / Ehe es sein leben vnd verstant hat. höre / was mag auch dessen gottes liebe in Christo / das Adam aus der Temperatur in den Baum des lebens guttes vnd Böses ein ging / als in den streitt. hatte Er doch freyen willen / warumb brach Er ihn selber wider gottes willen in ihme / warumb ward Er gott vngehorsam.
57 So spricht die vernunfft weiter / komen den alle menschen in solchem begriff zur welt. Nein / in keinem weg aus gottes vorsatz also. sondern aus dem quel der würcklichen Sünden der Eltern vnd vor Eltern / den Gott spricht in Mose[19] / Ich wil heimsuchen vnd straffen die Sünde der Eltern an den

18 Vgl. Röm 6,16.
19 Vgl. Ex 20,5 f.

kindern / bis ins dritte vnd vierde Gliedt / Aber dehnen so mich lieben / thue ich wol ins tausent Gliedt.

58 hirinnen ligt Nun der wahre grunt / der distel kinder / vnd auch die verstockung / das die Eltern des teuffels Bosheit in fleisch vnd Blutt / in das Misterium des geformbten aus gesprochenen worttes gottes Ein laden / Als falscheit / lügen hoffart / Geitz / Neidt / Bosheit / offter starcke flüche / so Inen aus vrsachen / durch einen andern in leib vnd Seel eingewintschet werden / Vnd so als dene ein Mensch die selben hat ver vrsachet / so bekleiben sie ihme in dem Baume seines lebens / vnd werden als dene solche zweige daraus gebohren / welche den Ens Christj in der eingeleibten gnade nicht mögen er reichen / sondern werden nur von der Eltern fleisch vnd Blut im willen des Mannes vnd weibes gebohren / da sich der Seelische Ens in eine distelische ardt einführet / offter in schlangen / krotten / hundes oder greulicher thier eigentschaft / **59** über dise distel kinder / welche auff Erden nicht guts wollen noch thun / gehet die wahl über / Vnd ob gleich die eltern offter noch einen funcken götliches Entes in sich behalten / vnd endlich in die Busse zur Neuen geburth tretten / so werden doch in mitler zeit solche distel kinder gezeuget.

60 Auch ists gar ein sehr grosser vntterscheidt zwischen dehnen welche der götliche Ruff ergreiffet / im wirckenden baum des lebens / den Christus saget[20] / viel seint beruffen / aber wenig seint aus Er wehlet / Der Ruff ist Nun also zu ver stehen / Christus ist der Ruff / der ruffet ohne vntterlas in der Essentz des Baumes / kompt alle zu mir / die ihr Müselig vnd beladen seit / Er strecket seine hant den gantzen tag aus / zu einem vngehorsamen volcke / das sich nicht wil zihen lassen / das sich seinen geist nicht wil straffen lassen / wie die schrifft durch aus klaget.

61 Nun der Ruff gehet über alle Menschen / Er ruffet sie alle / den es stehet geschriben / Gott wil / das allen Menschen

20 Vgl. Mt 20,16.

geholffen werde[21] / Item Du bist nicht ein gott / der das böse wil.[22] Gott wil nicht in seinem eigen willen / das nur ein Einig distel kint gebohren werde / Aber sein grim nach der Natur ergreiffet sie / so geschicht es Nun / das der götliche Ruff auch edwas haftet / vnd sich mitte ein wurtzelt das in Manchem ein füncke von Christj Ens ist / als vom götlichen gehör der stime gottes / Disen lesset nun Gott lehren vnd predigen / vnd offenbaret Inen seinen willen / den sie seint die Jenigen / welche hartte mit sünden beladen seint / vnd halb tott zu Jericho ligen / dehnen hat Christus die tauffe vnd Nachtmal geordnet / vnd ruffet alle zeit kompt / kompt / vnd arbeitet in meinem weinberge / nehmet mein Joch auff euch[23] / als die verterbte natur / seines geformbten aus gesprochenen worttes / welches Christo zu einem Joche worden ist / darinen der Menschen Sünden ligen.

62 Von den selben Nun sagt Christus / einem sey ein pfunt / dem andern zwey pfunt / dem dritten drey / dem 4ten 4. dem 5ten 5 pfunt gegeben worden / darmitte sollen sie wuchern / vnd viel Er werben[24] / ein solcher / der nur ein fünckel von gottes stime in sich hat / der mag es / so Er selber darinen wil würcken / in einen grossen Baum zihen / den dehnen hat Er macht gegeben gottes kinder zu werden[25] / nicht in eigen ver mögen / sondern in dises füncklins ver mögen / Den die Seel Sihet vnd höret darinen / vnd der zug des vaters in der Seelen zu Christo geschihet alda / den so balde die Seel gottes gnade schmecket / so eilet des vaters wille in der vngrintlichen Szientz zu dem quel brune Christo / Vnd ob gleich das reich gottes Erstlich klein ist als ein Senff korn / So es nur die Seel an nimpt / vnd mit ihrer feurischen begürde darein würcket / so wechset es endlich groß als ein lorber Baum.

21 Vgl. 1 Tim 2,4.
22 Vgl. Ps 5,5.
23 Vgl. Mt 11,29.
24 Vgl. Mt 25,14 f.
25 Vgl. Joh 1,12.

63 Welche Seele aber sich dessen nicht an nehmen wil / sondern gehet in die fleisches lust / vnd Buhlet mit dem teuffel / von dehnen sagt Christus[26] / wer da hat / dem sol gegeben werden / das ist / wer da würcket in dem wenigen / dem sol viel gegeben werden / werda Aber nicht hat / das ist / werda edwas hat / vnd nicht darinen würcken wil / dehme sol es genommen werden / vnd dehme gegeben werden / der da viel hat. Vnd ahie heissets[27] / viel seint beruffen / aber wenig aus Er wehlet / **64** den ihr viel haben das pfant der gnaden / Aber sie tretten es mit füssen vnd achten dessen nicht / Ein theil durch auswendige zu felle / vnd ein theil wegen der grobheit der vieischen eigentschafft / Den Christus seet seine stime in seinem wortte aus / wie ein see man seinen sahmen / es wirt allen Menschen geseet / dem gotlosen so wol als dem frommen / Nun ligt es ietzo wen der sahme geseet ist / an der qualitet des Ackers / wo der sahme hin feldt / feldt Er in einen hartten weg / als in eine vieische eigentschaft / da im fleische in der eigentschaft ein grobes thier sitzt / so wirt Er von der grobheit vnd vnachtsamkeit ver tretten / sitzd aber ein geitziges thier als ein hundt / wolff oder der gleichen in der eigentschaft so ligen die Sorgen des geitzes im wege / vnd er sticken den Sahmen / feld Er aber in ein hohes gemütte / das in der welt macht vnd Ehren sitzt / So hat sich die hoffardt in weg gesetzt / diser Sahmen ist auff einen felsen gefallen / vnd Bringet keine frucht / feldt Er aber in eine gutte vernunfft / da in der eigentschafft ein Mensch ist / als eine wahre demut / da wirt er gefangen / vnd ist ein gutter Acker / den gottes wesen ist demut / so ist dise eigentschaft eine gleicheit / alda gehet Er auff / vnd treget viel früchte /

65 Darumb sol man die schrifft recht betrachten wen sie saget / viel seint beruffen / aber wenig aus Erwehlet. sie ver stehets also / sehr viel / Ja der Meiste hauffen ist im götlichen Ruffe er griffen / vnd könnten zur kintschaft komen / Aber

26 Vgl. Mt 25,29.
27 Vgl. Mt 20,16.

ihr gotlose leben / darein sie sich begeben / vnd durch aus wendige zu felle verterbet werden / verstockt sie / Darumb ist offter ein kint seliger als ein alter / vnd Christus sagte auch / lasset die kindlein zu mir kommen / den solcher ist das reich Gottes / Christus hat sie in seinen Ruff oder bunt eingenommen.

Wen aber der Mensch zu Jahren kompt / vnd aus dem götlichen ruffe aus schreitet / vnd sich ins teuffels willen ein ergibt / vnd tröstet sich gleich wol einer von aussen angenomnen gnaden kintschafft / wie Babel thut / vnd saget / O Christus hats getahn / Er hat bezahlet / Ich darff mich des nur trösten vnd an nehmen / seine gnade wirt mir als ein geschencke zu gerechnet / Ich werde in gottes vorsatze selig / ohne alle wercke meines willens / Ich bin wol in sünden tott / vnd kan ohne ihn nichts guts thun / Er zihe mich den darein / Aber Er wirt an mir kunt thun seinen vorsatz / vnd mich zum gnaden kinde machen / durch sein von aussen ahn Nehmen / vnd mir meine Sünde schencken / ob ich gleich böslich lebe / so bin ich doch ein gnaden kint in seinem vorsatze.

66 Von dehnen sagt die schrifft[28] / Mache ihren weg zum stricke vnd zum valle / Er lesset ihr licht mitten in der fünsternis verleschen / vnd verstocket sie in ihrem eigen wahn / den ihre wege seint schedlich. über dise gehet die wahl über / den sie seint anfenglich beruffen / vnd werden noch alle zeit geruffen / Aber sie wollen nicht komen / **67** So spricht den Christus / wir haben euch gepfiffen / aber ihr habet nicht getantzet[29] / O Jerusalem / wie offte habe ich deine kinder wollen versamlen / wie eine klug hene ihre keuchlin / vntter ihre fligel / vnd du selber hast nicht gewolt[30] / Du bist im ruffe gottes ergriffen worden vnd hast dich selber dauon gewant / in eignen willen.

68 So spricht die vernunfft / sie haben nicht gekont / Warumb haben sie nicht gekontt / so sie doch beruffen

28 Vgl. Ps 69,23.
29 Vgl. Mt 11,17.
30 Vgl. Mt 23,37.

wahren / Dehr kan nicht / der nicht im ruffe ist / wer wil aber sagen / der dehr sey / Der teuffel wil nicht in Inen / der reisset das wortt von ihrem hertzen / das sie nicht glauben vnd selig werden / sagt Christus / darumb werden sie in der wahl ver worffen. Den die wahl gehet über die frucht der Erntte zeit / wen das krautt reiff ist / wen die Missetat im masse vol ist / als den / so man worffet / so bleibet die spreu welche zu leichte im gewichte ist / dahinden.

69 Es gehet / wie Christus saget[31] / Das himelreich ist gleich einem See manne / der gutten weitzen aus seet / als den kompt der feint vnd seet vnkraut darein / vnd wen das vnkrautt auch wechset / so verdemmet es den weitzen / das Er nicht kan wachsen vnd frucht tragen.

Also auch mit den Menschen / es ist manche Seel ein guttes kernlin / aber des teuffels vnkraut verterbet das.

70 Sprichstu / das kan nicht sein / den Christus saget[32] meine schäflin seint in meinen henden / Nimand kan sie mir raus reissen / Dises ist alles war / so lange der wille der Seelen in gott bleibet / so kan sie der teuffel nicht raus reissen / Aber wen sich die Seel abe bricht von gottes willen / so wirt die Szientz des vngrintlichen willens / darinen Christus wohnet / ver tunckelt / vnd wirt Christus in seinen gliedern gekreutziget / vnd getöttet / vnd wirt aus dem tempel des heiligen Geistes ein huren tempel gemacht / Ver stehet / nach der Seelen / nicht das Christus getöttet werde / sondern sein tempel / als sein glied maß / den alhie ist die scheidung in der wahl / 71 Die wahl ist der Geist Christj / der gehet als dene für diser Seelen für über / den seine stime ist nicht mehr in der Seelen / sie hat kein götlich gehör mehr / den sie ist auser gott / Den Christus saget / wer von gott ist / der höret gottes wortt darumb höret ihr nicht / den ihr seit nicht von Gott[33] / sie haben die götliche stime in Inen verlohren / vnd haben des teuffels stimme eingenomen / In Turba magna.

31 Vgl. Mt 13,24 f.
32 Vgl. Joh 10,28.
33 Joh 8,47.

Das 8 Capittel
Von den sprüchen der schrifft / wie die selben kegen einander stehen. wie man sie sol verstehen. Vnd von dem Baum des lebens / der erkentnis Guttes vnd Böses.

1 Wir wollen die hohe geheimnis in einem Bilde für stellen / dem schwachen Sin nach zu Sinnen / wie die kinder gottes / vnd den die kinder der verterbnis / von ihrem vrstent / vnd den die zeit Ires lebens auff Erden gebohren werden.
2 Sehet ahn einen Baum / welcher aus seinem Ens vnd Sahmen wechset / In welchem Sahmen die Tinctur des wachstrumbs / samt dem wesen des Corpus / als des holtzes Inne liget / darinnen alle 4 Elemente Sampt dem gestirne Inne ligen / so wol der Sonnen krafft / 3 Der sahme feld in die Erde / die nimpt ihn ahn / den sie ist auch ein wesen des gestirnes / vnd der Elemente / vnd das gestirne vnd Elemente seint ein wesen des spiritus mundj / vnd spiritus mundus ist Misterium magnum / als das geformbte aus gesprochene wortt Gottes / aus dem ewigen sprechen / vnd in dem ewigen sprechen wird die schidligkeit zu liebe vnd zorn / als zu feuer vnd licht ver standen / 4 Das schiedliche aus dem sprechen ist die ewige Natur / vnd das sprechen in sich selber ist gottes wortt / das vrstendet aus der krafft der weisheit / vnd die weisheit ist das aus gehauchte der dreyheit / als Gottes fintligkeit / darinen sich der vngrunt im grunde findet / vnd die fintligkeit ist der einige ewige wille / der führet sich in sich selber in eine Szientz zur gebährung der Gottheit / welche Er selber ist Ein.
Also sehen wir wie sich das Innerste hat aus gegossen in ein euserliches / vnd wie Nun das Innerliche seine gebärung vnd würckung hat / Also auch das euserliche / 5 es werden für Nehmlich drey principia in diser al wesenden gebehrung ver standen / darinen auch dreyerley leben seint / vnd seint doch in einander als Eines / alleine ein Jedes ist in seiner

eigentschaft ihme selber offenbar / vnd dem andern Nicht / So aber dise dreyerley leben in einem dinge in einander zu gleiche offenbar seint / das eines das ander in sich sihet vnd begreifft / so ist das ding götlich / den es stehet in der Temperatur. 6 Das eine leben ist das feurische / als das Naturliche leben / Das Ander ist das lichtische / als das gebende leben / Das dritte ist das schallende / als das fühlende würckende leben. Das feurische gibt schiedligkeit / vnd das lichtische gibt Ens vnd wesenheit / vnd das schallende gibt krafft vnd willen / als im wesen ein wachstumb / vnd im leben des feuers vnd lichtes eine vernunft der Sinligkeit / 7 Das Erste principium ist das feurinde leben / vnd die Erste offenbarung Gottes / darinen die Natur verstanden wirtt / Vnd das Ander principium ist lichte / darinen das heilige leben des ver standes / sampt dem vrstande des wesens verstanden wirtt / vnd wirtt gottes Reich genant / Das dritte principium kompt aus der krafft des wesens / vnd hat seinen anfang aus der krafft des feuers vnd lichts / aus dem feurischen aus hauchen / aus feuer vnd lichte / in eine form / das ist Misterium magnum / darinen alles ligt / Vnd die selbe form ist doch kein Bilde / sondern ein Ens / der ist spiritus mundus / welchen das feurische leben in der hungrigen Szientz fasset / vnd in schidligkeit der würckende kreffte einführet / vnd sich selber darinen in eine form führet / Als das feuer leben fasset das gegebene wesen des lichtes / vnd zeucht sich darinen auff in eine form / wie man das in einem sahmen Sihet / So wol in den 4 Elementen / welche alle nur ein Corpus des spiritus mundj / aus dem Misterio magno seint. 8 Vnd ist vns fein zu verstehen / wie das das misterium magnum zu Bösem vnd gutten in Jedem dinge ligt / welch misterium an ihme selber gutt ist / vnd kein böses in ihme gespiret wirt / Aber in seiner aus wicklung in dehme sichs in schiedligkeit führet / so wirts ein Contrarium der eigentschaften / da eine die ander über weltiget vnd ab wirffet von der gemeinschaft / darinnen wir die grossen geheimnis gottes verstehen. wie es mit der gantzen Creation bewant sey.

9 Sehet ahn ein korn zu einem Baum / wie oben an gedeutet. Darinen ligt das Misterium magnum nach des kornes eigentschaft / den es ligt der gantze Baum sampt der wurtzel vnd frucht darinnen / vnd ist aber nicht offenbar / weil Er ein sahme ist / So balde Es aber in seine Mutter die Erde ein geseet wirtt / so wirt es offenbar / vnd hebet an in der feurischen Szientz zu treiben / Nun vermechte die Erde den Ens im korne nicht an zu zinden / darinnen sich die drey Ersten offenbaren / wen sie nicht die Sonne als das licht zu vor anzindete / Den die drey Ersten ligen in der Erden in dem kalten feuer verschlossen / wen sie aber die Sonne ahn zindet / so wickelt sich das hitzige feuer aus / aus welchem das licht der Natur vr stendet / das ist / es wickelt sich auch darinen auß / Vnd in die selbige aus wicklung wirt nun das korn eingenommen / als die krafft der erden / empfehet alda in dem korne ihren lieben Sohn / der aus ihr gebohren ist / vnd nimpt ihn mit freuden ahn / den Er ist edler als seine Mutter / nach dem wesen /

10 Nun ist vns der grunt der Erden zu betrachten / ob die drey Ersten an dehm orte da das korn hin geseet wirt in ihrem gewürckten offenbarem Ente / dem korne in der qualitet Enlich sint / wo das ist / so nehmen sie das korn als einen lieben Sohn mit freuden ahn / Also auch hin wider Er gibt sich des kornes Ens mit einer grössern begürde in seine Mutter die Erde / den es findet seine rechte mutter aus dehrer eigentschaft es ist gebohren worden / Also auch findet der Erden Ens einen rechten gar lieben Sohn am Ens des kornes / vnd erfreuet sich eines im andern / vnd gehet das wachstumb ahn. 11 ist aber der Ens der erden am selben ortte dem Ens des kornes vngleiche / so nimpt ihn die Erde Ja ahn / aber nur als einen stieff Sohn / sie führet nicht ihre freude vnd begürde darein / sondern sie lesset den stiff Sohn stehen / Er mag ihme Ens aus seiner rechten Mutter / welche an disem ortte sehr tiff verborgen ist / aus saugen / von welcher verborgenheit manch korn verweset / Ehe es mag seine rechte Mutter seiner eigentschaft erreichen / Vnd ob es

Ens von der vngleicheit an nimpt / so stehets doch in grosser gefahr / Ehe es sich kan in frembden Ens mit seiner Essentz ein verwandeln / vnd wirt Nimmer also ein gutter starcker Baum / als so Er wehre mit dem korne in seine rechte Mutter eingeseet worden / Den der wider werttige Ens ist ihme doch Imerdar zu wider / vnd stehen die Essentzien im streitte / dauon der Baum also Höckricht vnd krum wirtt / auch so wenig vnd offte / so euserlich eine böse Constellation auff ihn feldt / böse früchte treget / auch wol gar ver dorret vnd stirbet / Den so sich der Ens der Erden mit der wider werttigen Constellation vermenget / vnd die selbe ein Nimpt / so er freuet sich die Erde in der selben Constellation eigentschaft / weil sie gleicher eigentschaft eines willens seint / vnd wollen in ihrer Coniunction einen Neuen Sohn gebären / So wirt als denne der Baum von dem Ens der erden verlassen / vnd vertirbet / oder Bringet Böse / vnd wenig / oder keine früchte.

12 So wir Nun des selben Baumes wachstumb betrachten / so finden wir Erst den verborgenen grunt aller heimligkeit / Den Erstlich Nimpt Er der stiff Mutter Ens an sich / vnd gibt seinen Ens der stiff Mutter / welche des sahmens Ens auch an nimpt / Aber nicht in solcher freude / als ob es ein gleicher Ens wehre / sie zeucht wol den Ens des sahmens an sich / darinen die wurtzel endstehet / Aber es ist balde wider willen in den drey Ersten der Mutter / dauon die wurtzel knerricht vnd Bucklicht wirtt.

13 In disem streitte zindet sich Nun das feuer im Ens des sahmens durch der Sonnen gewalt ahn / in welchem an zinden das misterium magnum im spiritu mundo offenbar wirt / Dehn Er greiffet der Sonnen Ens / vnd er freuet sich in ihme / den der Sonnen krafft wirt darinen wesentlich / vnd zeucht den Ens des sahmens aus der wurtzel in sich in die höhe / das sie möge eine frucht darinen gebähren / 14 Die Sonne gibt sich mit ihrer krafft ohne vntterscheidt darein / sie liebet eine Jede frucht vnd gewechse / vnd end zeucht sich keinem dinge / sie wil anders nichts / als ein Jedem krautte /

oder was das ist / eine gutte frucht auff zihen / sie nimpt sie alle ahn / sie seint böse oder gutt / vnd gibt Inen ihren liebe willen / den anders kan sie nicht thun / sie ist kein ander wesen / was sie in sich selber ist. **15** Aber wir mussen das recht betrachten / wie sie dem Bösen auch eine gifft ist / vnd dem gutten ein guttes / den in ihrer krafft end stehet die wachsende Seel / vnd in ihrer gewalt vertirbet sie auch.

Das ver stehet also.

seint die gesteltnis der Natur in den drey Ersten in der wurtzel des Baumes mit der Mutter der erden in gleichen willen / so gibt die Erde der wurtzel mit grosser begürde ihre krafft vnd safft / so er freuet sich der sonnen krafft darinen / vnd Eilet mit dem wachstumb /

ist aber die Erde vnd die wurtzel einander wider werttig / so wirt der wurtzel der erden krafft vnd Saft verhalten / So als den die Sonne mit ihren lichtstralen die wurtzel vnd den Baum an zindet / so end zinden sich die drey Ersten als Sulphur marcurius vnd Sal darinen / in ihrer bosheit vnd verbrennen den Ens der Sonnen / vnd vertrucknen das wasser / so ver dorret der stam / oder die Este / Wen Aber die drey Ersten / mögen der Erden saft haben / so bleiben sie in der gleicheit / vnd er wecken sich nicht im streitte / so Concordiren sie mit der Sonnen licht stralen / wie wir solches auch im Misterio im spiritu mundj sehen / wen sich die feurische eigentschaft empor windet / vnd ihn die Sonne anzindet / welch eine dorrende hitze endstehet / das krautt vnd graß Nider gedruckt wirtt.

16 Mehres sehen wir in diser figur / wie es zu gehet im wachstumb der Este / Wen der stam auff gehet / so gehet der streit in der Natur mitte auff / den wen die Natur in ihrer Temperatur angezindet wirtt / so stehet sie ohne vntterlas in der schiedligkeit / Der Sonnen krafft wil Imer die Bosheit der drey Ersten von sich werffen / vnd sie eilen auch selber in eignen willen / aus welchem trennen vnd von einander gehen / die zweige aus dem stam aus dringen Im wintter schleust sie die kelte mit ihrem streitte ein / vnd so der früling kompt / das sie nur können die hitze erreichen / so tretten sie wider in streitt / so dringet sich der streitt wider in Este vnd zweige aus / wie man den an Jedem Baum seine Jahr gewechse also sihet. 17 Nun ist vns aber der Inner grunt mit aus treibung der Este zu betrachten / den wir sehen / das ein ast gros wechset vnd frucht treget / vnd der ander verdorret.

Das ver stehen wir nun in der schiedligkeit der Natur / durch den spiritum mundum / da sich die eigentschaften eine Jede in eine eigenheit im Ens des Baumes fassen wollen / vnd die gleicheit verlassen / Welche Nun aus der gleicheit in ihrer hoffard über die andern in der feuersmacht aus dringet / vnd nicht wil in der Sonnen willen in der Temperatur stehen bleiben / wie sie die selben in ihr auff zeucht / die erstickt / wen sie aus dem stam aus gedrungen ist. Den die selbe Szientz in der selben eigentschaft hat sich in eignen willen eingeführet / vnd wollen in hoffart Eher aus dringen als die andern in der gleicheit / vnd haben nicht gnug krafft / Wen den von aussen eine starcke Constellation des gestirnes in dise hofferttige zweige ein dringet vnd sie sichtet vnd probiret / ob sie aus der gleicheit seint / so werden sie ver gifftet vnd ver dorren / den sie seint ab drinnige zweige / auch dörret sie der sonnen hitze im spiritu mundj auß /

18 Die andern Este aber komen aus der Temperatur / vnd komen aus der gewalt der Sonnen aus zihen / da sich die Sonne in den eigentschaften erfreuet / vnd die eigentschaften Temperiret / vnd sich in Inen aus zeucht / die selben Este zeucht die Sonne in ihrer krafft gros / den die eigentschaften stehen in ihrem willen.

Mehres sehen wir / wie sich die eigentschaften der Natur in den Esten / wen sie aus wachsen / von den auswendigen zufellen verterben / als von dem gestirne / Item von der vnreinen lufft da die sonne mit ihren stralen nicht zu kan / das sie heckricht krum vnd Bucklicht werden / auch mancher ast dadurch ver stockt vnd abe geworffen wirtt das Er verdorret.

19 Vnd wie es Nun zu gehet mit dem vrstande vnd gewechse des Baumes / Also auch gehet es zu mit dem vrstande vnd gewechse des Menschen / ob gleich der Mensch in der eigentschaft der Natur vnd des lichts höher ist / als die gewechse der Erden / so ists aber doch alles in einer ordnung / den es gehet aus einem grunde / als durch das aus gesprochene wortt Gottes / darinnen das götliche sprechen im Misterio magno mitte würcket / Alleine das der Mensch einen gradt höher in seinem Ens des leibes ist / als die erde vnd ihre frucht. vnd mit der Seelen noch höcher / als der spiritus mundus ist / Aber es gehet alles in seinem vr stande aus einem grunde / vnd scheidet sich aber aus einander / vnd fasset sich in sonderliche anfenge / in der Creation.

20 Gottes Einiger vor satz ist sein ewig sprechendes wortt / das Er durch die weisheit aus seiner eigen krafft in der Szientz in schiedligkeit / zu seiner offenbarung aus spricht / Er hat keinen andern vor satz in sich mehr / Den das mag auch nicht sein / das Er mehr vorsetze habe / den so das wehre / so muste edwas für ihme sein / daran Er vr sache Nehme zu einem vor satze / 21 so ist nun das sprechen seiner krafft zu seiner selbst offenbarung der einige götliche vorsatz / Nicht ein anfenglicher vorsatz / sondern ein gebehrender.

Vnd des worttes vorsatz ist die Szientz der schiedligkeit vnd formligkeit der einigen götlichen krafft / welche schiedligkeit vnd formligkeit der einige Gott in seiner dreyheit hat von ewigkeit / in einen anfang durchs wortt aus gesprochen / Als in einen Ens aller eigentschaften der schiedligkeit / das alle schidligkeitten in einander Inne ligen / Vnd das selbe aus gesprochene ist das misterium magnum / vnd ein rechter einiger vorsatz des worttes. 22 Das wortt begehret nichts mehr / als nur seine heilige krafft durch die schidligkeit zu offenbaren / vnd in dem wortte wirt die gottheit in der schiedligkeit durchs feuer vnd licht offenbar / Also sint die zwey / als das wortt vnd das Misterium magnum / in einander wie Seel vnd leib / den das Misterium magnum / ist des worttes wesenheit / darinnen / vnd darmitte der vnsichtbare Gott in seiner dreyheit offenbar ist / vnd von ewigkeit in ewigkeit also offenbar wirtt. Den dessen das wortt in krafft vnd schal ist / dessen ist das Misterium magnum ein wesen. Es ist das ewige wesentliche wortt Gottes.

23 So ver stehet vns Nun recht / Das Geistliche schallende wortt ist der götliche verstant / der hat sich durch das misterium magum / als durch das ewige wesen des worttes aus gesprochen in eine formligkeit / in einen anfang vnd zeit / Vnd die schiedligkeit so im Misterio magno in einem würckenden Ente ligen / hat der ewig sprechende Geist offenbar gemacht / das es ein wallendes fassendes gebährendes leben sey / Vnd das selbe ist der spiritus der eusern welt / sein weben ist das Creaturliche leben / Sein wesen seint die 4 Elemente / die Szientz der schidligkeit in dem spiritu mundj ist das gestirne / darinen das wachsende leben stehet /

24 Dises ewige misterium magum hat sich im anfange seiner schidligkeit durch das aus sprechen des worttes der gottheit entschiden / als der suptile Ens von dem groben Coagulirtten / Der suptile Ens ist das gestirne / als eine quinta Essentz / vnd der grobe Coagulirte Ens ist die ab werffung / der ist die Erde vnd steine sampt den Metallen.

Die ab werffung ist geschehen / das in dem spiritu mundj eine lauterkeit / als ein scheinlich Sinlich leben sein möge / Die ab werffung ist auch zweyerley eigentschaft / als eine suptile aus des lichtes krafft im wortte / vnd eine grobe nach der in fassung der fünsternüs / in dem vrstant zum feuer / mit der groben wirt die Erde ver standen / vnd mit der suptilen die krafft im Ens der Erden / aus welcher krafft in der schidligkeit kreutter Beume vnd Metalle wachsen / Auch kompt alles fleisch aus dem suptilen Ens der Erden hehr / alles was einig aus der zeit ist / vnd im leben des spiritus mundj Inne stehet / das hat seinen Corpus aus dem Ens der suptilen Erden /

25 Diser spiritus Mundus mit dem gestirne seiner Szientz / vnd mit dem suptilen Corpus des feuers wassers vnd lufftes /

Sampt seiner fixheit der Erden vnd was darinen ist / der ist nun das aus gesprochene leben vnd wesen / aus dem Innern ewigen misterio / als aus dem Innern wesentlichen wortte Gottes / welchs ewige wortt gottes im Innern grunde in heiliger krafft würcket vnd wohnet / vnd sich mit anfang diser welt hat durch das Inner misterium in ein euser Misterium aus gesprochen / Vnd aus dem selben eusern Misterio ist die gantze Cration der eusern welt gegangen / vnd ist darein beschlossen / als in seiner mutter leibe / darinen sich das ewige wortt mit der Szientz der schiedligkeit / aus den kreften hat in ein figurlich leben Eingeführet /

26 Dises euser Misterium des geformbten worttes / ist nun in ein Ratt / gleiche einem vhr wercke mit seinem gebährenden leben ein geschlossen / da die eigentschaften im ringen sint / vmb den primat / balde ist eine oben / gar balde die ander / dritte / vierte 5te 6te vnd Sibende / So wol auch mit den 7 eigentschafften ihren aus gengen also zu ver stehen ist / Gar balde Siget der spiritus im feuer / dauon hitze enstehet / gar Balde im wasser / dauon es regnet / gar Balde in der lufft / dauon sie sich erhebet / gar Balde in der irdigkeit / dauon die kelte vrstendet / Was eine eigentschaft Bawet / das zerbricht die ander / Eine eigentschaft gibt / die ander ver stockt das geben / das es vertirbet / Eine gibt gutten Ens vnd willen / vnd die ander gibt bösen darein / vnd verhindert das gutte / auff das eines im andern offenbar werde.

27 In dises euser Misterium der eigentschaften / in welchen die schidligkeit des aus gesprochenen worttes verstanden wirt / Hat nun Gott das licht der Natur / aus dem Misterio magno / durch / vnd aus krafft des ewigen lichtes Ein gesprochen / das also in allem Bösen Ens in gutter grunt Inne liget / als eine gutte krafft aus dem heiligen wortte / vnd kein böses ohne das gutte / alleine ist /

28 Mehr Hat Gott die Sonne zu einem gutten würckenden leben in die eigentschaften der eusern welt Ein gegeben / das sich alle dinge mögen darinnen fassen / vnd in eine gleicheit des streittes ein führen / vnd möge wachsen vnd frucht tragen. Vnd ob gleich nun das licht der Natur aus götlicher krafft in allen dingen mitte würcket / vnd auch die Sonne von aussen in alle lebendige / vnd wachsende dinge sich ein gibt vnd Ein drenget / Noch dennoch ist die feurische eigentschaft im grime also starck / das sich die eigentschaften also hartte impressen / aus gewalt der fünsternis / das viel Creaturen vnd gewechse mussen in der Bosheit leben / Den (ihr hu) der hunger in der fünstern Impression ist also starck / das Er alle Creaturen in seiner gewalt heldt /

29 Dises würckende wesen in den eigentschaften / mit fünsternis vnd lichte / darinen die gantze Creation begriffen ist / ist Nun der Eine vorsatz Gottes worttes / als Nemlich / das Er leben vnd Creaturen gebehre / vnd das aus gesprochene wortt in Bildligkeit ein führe / das Jede krafft in der Szientz der schiedligkeit in einem leben vnd Bilde stehe / Beides nach der eigentschaft der lichtes krafft des heiligen worttes / vnd nach der eigent schaft des feuers krafft / Das licht aber ist allen dingen zu einer Temperatur gegeben / nicht das das licht alleine das wesen von aussen an scheine / sondern es ist in allem Ens mitte würcklich / in allem dehme / was lebet vnd wechset / 30 Darumb hat keine Creatur über ihren schepffer zu klagen / das Er sie zum Bösen Er schaffen habe / Alleine der grim der Natur verstockt ein ding / vnd verhindert des lichtes krafft / zum Andern ver hindert es der fluch / das die heilige Tinctur des heiligen Grundes des sprechenden worttes / in dem ewigen lichte / von des teuffels / so wol des Menschen / vnd der Creaturen eitelkeit wegen / in sich gegangen ist / vnd sich nur alleine dehme ein gibt / das sich in ein Bilde der lichtes krafft ein führet / vnd mit der Szientz / die sich in grim der fünsternüs ein gibt / nicht würcken wil / den vrsache ist dises / die fünsternüs ergreiffet sonst der heiligen krafft / vnd führet sie in seine bosheit / so heissets dene nach der schrifft[1] / bey den verkehrten bistu verkehret / vnd bey den heiligen bistu heilig / gleich wie die Sonne

1 Vgl. Ps 18,26 f.

leiden mus / das ihr die distel ihren gutten Ens in ihre stachlichte eigent ver schlinget / vnd zu ihren stacheln Brauchet / so wil sich die höchste Tinctur nicht in das falsche der Szientz eingeben / da sich der ewige vngrintliche wille hat in ein Bilde der fünstern welt eigentschaft gewandelt.

31 Der Ander vorsatz Gottes durch das sprechende wortt Gottes / darmitte sich gott durch das Misterj magnj hat wollen offenbaren / ist der Hoch teure heilige Nahme Jesus / Nach dehme sich der Mensch von Gott in die Creatur gewant hatte / So hatte Er gottes stime verlohren / die sprach ihme gott in gnaden wider in des weibes sahmen Ein / mit dem eingebildeten Nahmen Jesus / als mit dem andern vorsatze aus dem götlichen grunde /

32 Der Erste vorsatz mit der Natur vnd Creatur ist aus des vaters eigentschaft. Vnd der Ander vor satz die Natur vnd Creatur zu er lösen vom fluche vnd der peinligkeit / ist der Nahme Jesus / als die höchste liebe Tinctur der götlichen krafft / die selbe zu offenbaren durch das geformbte aus gesprochene wortt / in der eigentschaft des gutten / das in dem Bösen gefangen gehalten wirt.

33 Disen Nahmen Jesus hat gott / als den vor satz seiner liebe / in die Mutter aller Menschen ein gesprochen / vnd als eine lebendige krafft in einen ewigen Bundt Eingeleibet / vnd den selben Bunt mit ein führung götliches Entes in Menschlicher eigentschaft erfüllet / Das gleich / wie sie Nun alle den fluch vnd die verterbung mitte zur welt Bringen / darinen sie alle kinder des zornes gottes sint / vnd vntter den fluch beschlossen seint / Also Bringen sie auch alle den gnaden Bunt in dem eingeleibten Nahmen J e s u s mitte zur welt / welchen Bunt gott in Christo mit dem Sigel der kinder tauffe bestettiget hat / vnd bey den alten mit der beschneidung der vohr haudt.

34 So wisset Nun / das Gott keinen Andern vorsatz durch sein wortt hat offenbaret / als den grunt der Creation / als die Natur der scheidligkeit / darinen die vorsetze zur bosheit

vrstenden / da sich die Szientz des ewigen vngrintlichen willens in der feurischen schidligkeit / ein theil in die lichts krafft ein führet / vnd das ander theil in die feurische eigentschaft der peinligkeit / vnd das dritte theil in die fantasey nach feuer licht vnd fünsternüs / als in die eigenheit der hoffard / wie Lucifer vnd Adam getahn haben. Was Aber in die krafft des lichts geschiden wirtt / das ist gutt / vnd was in der Temperatur bleibet stehen in der feurischen scheidung / dehme ein eignet sich die höchste Tinctur der kreffte / Dehnen andern Aber in der schiedligkeit / eineignet sich die Tinctur der Sonnen vnd des spiritu mundj.

35 Auff disen grunt wollen wir euch die gleichnis mit dem Baum in dem Menschen / von seiner pflantzung zu guttem vnd Bösem aus führen / vnd weisen / was der vor satz Gottes / so wol der zug des vaters in guttem vnd Bösem / So wol die wahl über die Menschen Sey. vnd es hernach mit den sprichen der schrifft ver gleichen.

36 Der Mensch ist aus dem vorsatze des ewigen vnd zeitlichen wesens anfang in ein Bilde / aus dem sprehenden / vnd aus gesprochenen wortte ein geführet worden / In dehme das sprechende wortt der schidligkeit selber Inne liget / Den Er ist nach dem eusern leibe ein Ens der 4 Elemente / vnd nach dem eusern leben ein Ens der spiritj Mundy.

Vnd nach dem Inren leibe / ist Er ein Ens des ewigen worttes Gottes / Als das heilige Misterium der wesentlichen kreffte gottes / Nach dem Innern Geiste aber / ist Er in zweyen eigentschaften / als die Creaturlich Seel ist aus des vaters Natur / als aus der ewigen scheidung des worttes gottes / in licht vnd fünsternis / dise eigentschaft ist der Creaturlichen Seelen eigenheit / aus dem grunde des ewigen willens hehr rürende.

Die Ander eigentschaft / ist die wahre götliche in des lichts krafft / das ist Christus / in dehme der Nahme Jesus offenbar worden ist / vnd die ist der wahre ewige vorsatz Gottes für der welt grunde / da die Seel noch keine Creatur / sondern nur ein Ens im Misterio magno wahr.

37 Dise ander eigentschaft war im Menschen im anfange für der Sünden in Jehoua offenbar / als sich aber die Seel dauon abe brach / vnd in die Creation ein wantte / so erstummete die Creaturliche Seel an Gott / so thete sich der vor satz in dem heiligen Nahmen Jesus / als ein gnaden geschencke herfür / vnd tratt ins lebens licht / Dises gnaden geschencke ist nun nicht der Creaturlichen Seelen eigenheit / sie hats nicht für Natur recht / vnd bekompts auch ewiglich nicht für Natur recht / sondern es stehet in der Seelen in einem eignen Centro / vnd Ruffet der Seelen / vnd beut sich ihr ahn / in ihr zu offenbaren / 38 Die Seel sol von der Bildligkeit der irdischen Creaturen stille stehen / vnd nicht irdischen Ens in ihr feuer leben ein führen / daraus ein falsch licht endstehet / so wil sich diser götliche vor satz in der höchsten Tinctur aus dem heiligen liebe feuer / mit dem heiligen lichte offenbaren / auff ardt / wie ein feuer das eissen durch glüet / das das eisen scheinet lauter feuer sein / Also auch wandelt das liebe feuer dises vorsatzes des gnaden geschenckes die Seel in seine eigentschaft / vnd beheld doch die Seel ihre Natur / gleich wie das eisen im feuer seine Natur behelt /

39 Ein Jedes kint aus mannes vnd weibes sahmen gebohren / hat dises gnaden geschencke in seinem Innern grunde in des lebens lichte entkegen stehen / es beut sich einer Jeden Seelen ahn / vnd recket seine begürde die gantze zeit des Menschen lebens kegen der Seelen aus / vnd ruffet ihr / kom hehr zu mir / vnd gehe von der irdischen Bildligkeit im grime / vnd in der fantasey aus.

40 Darkegen stehet in einer Jeden Seelen / als balde sich ihr leben anfehet / der grime er weckte zorn gottes in der Essentz der schiedligkeit / darinen auch der eingefürtte schlangen gifft mit des teuffels begürde Inne liget.

41 Zum dritten stehet ein Jeder Sahme des leibes nach der eusern welt / in gewalt des spiritj mundj / in der Constellation / wie das grosse vhr werck zu dehr zeit in der figur Inne stehet / eine solche figur gibt ihme auch der spiritus mundus in die eigentschaft des eusern lebens / ein solch thier modelts ihme in die euser lebens eigentschaft ein / den der spiritus

der eusern welt / aus den Elementen / kan anders nichts geben als ein thier / Vnd solches thier endstehet aus dehme / das im Menschen die gantze Cration liget / das Er sich hat aus der Temperatur in tirische begürde vnd Bildligkeit im valle eingeführet / das der spiritus mundus in ihme ist mit seiner schidligkeit offenbar worden / 42 so scheidet Er sich nun noch Imerdar in iedes kindes lebens anfang / in die figur / wie das gestirne in seinem Rade stehet. ein solch Bilde macht Er in die eigentschaft aus dem Limo der erden / als in die 4 Elemente / dauon Mancher Mensch von Mutter leibe nach dem eusern Menschen ein Böses gifftigs schlangen / wolffes / hundes / krotten / schlimen fuchses / hofferttigen leuens vn flettiger Sawen / stoltzer pfauen / Item Muttigen Rosses oder auch ander gutter zahmen thier ardt ist / alles nach dehme die figur im spirity mundy ist / Also füget auch die selbe Constellation aus dem eusern vorsatze des geformbten worttes / manchem gutte vernunfft vnd Sinligkeit / darzu Ehre vnd weltlich glücke ein / vnd Manchem Elent / vnglück / thorheit / Bosheit / schalckheit / Bösen willen zu allerley laster / darauff mancher Mensch / so Er nicht das irdische ein gepflantzte thier Imerdar töttet / vnd den Bösen willen mit dem götlichen gnaden geschencke Bricht / dem Hencker in seine hende kompt /

43 Nun Sihe Mensch / das Bringt dir der euser vorsatz des geformbten vnd aus gesprochenen worttes / da Böses vnd guttes Inne liget / da sich die Scientz des samens in des lebens anfang in eine eigentschaft scheidet / Vnd hirinen ligt Nun der zug aus des vaters eigentschafte / zu bösem vnd gutten / in was für einen Ens sich das leben hat Constelliret / so zeucht sich die selbe Constellation in seine gleicheit / es wil Imerdar gleich bey / vnd in gleiche wohnen / als ein from man wohnet gerne bey fromen / vnd ein spötter bey spöttern / ein dib bey dieben / ein fresser sauffer spiler / hurer vnd der gleichen / auch bey seines gleichen / dar zu zeucht in seine Natur aus der eigentschaft gottes zornes / Auch so komen die würcklichen Sünden der Eltern (auch) mitte in die

eigentschaft / den ein Jedes kint wirt aus dem Sahmen seiner Eltern gebohren / wessen die eltern Sint / dessen ist auch das kint / Je doch wandelts offte die Constellation mit gewalt / vnd zwingets in seine macht / so sie starck ist.

44 Nun Sihe / das ist der zug des eusern lebens / da gott spricht / wen ich ver stocke den ver stocke ich / also wirt der euser Mensch ver stockt / vnd auch from vnd Sinlich / zur demut vnd auch hoffart gezogen / Das ist gottes vorsatz nach seinem zorne / dehn der Mensch in sich er wecket hat / den es ist das euser gebährende wortt gottes / da durch gott mit der eusern Creatur thut wie Er sie in seinem vrwerck ergreiffet / durch welchs vhr werck Er auch seine herligkeit offenbaret / beides nach feuer vnd licht / nach ver stant vnd thorheit / auff das eines im andern offenbar werde / vnd Er kant werde was gutt sey.

45 Nun ist aber dises vhrwerck des aus gesprochenen worttes nicht Gott selber / es ist nur ein Bilde nach ihme / als das euser wesentliche wortt / darein Er die Creation beschlossen / auch daraus geschaffen hat. Den aus gantz götlicher eigentschaft mag keine Creatur komen / den sie hat keinen grunt noch anfang / so mag sie sich auch anders in keinen anfang formen / als durchs wortt der kreffte / durch die schidligkeit / vnd aus der schidligkeit des sprechens / da sich das sprechen mus in Natur ein führen / sonst würde das wortt nicht offenbar.

46 Die Inner eigentschaft der Seelen / die ligt Nun in der Ersten geschaffenen Constellation im ewigen anfenglichen grunde / die wirt nicht mitte in die euser tirische Constellation gebildet / Den die Seelische Scientz hat einerley form als ein magisch feuerqucl / vnd scheidet sich im leben selber in die figur des leibes / Darinen ligt nun der grunt der ewigen Natur / vnd ist zu bösem vnd guttem tichtig / den es ist die vrsache zu feuer vnd lichte / Aber Er ligt hartte vnd schwer in der Sünden gefangen / den alhie ligen die erb sünden im Centro der Natur / da hat der teuffel einen Sitz bekomen / Item alhie ligen nun die ange erbten Sünden / von Eltern vnd

gros eltern / als wie eine böse gifft / dauon Gott sagte / Er wolle sie an den kindern straffen bis ins dritte vnd vierde gliedt / Auch ligen hirinen Nun der eltern woltaht / vnd gottes segen so über die kinder gehen[2] / Dise eigentschafften Constelliren sich auch nun in eine figur / nach ihrer ardt / damitte figuriret sich die Seele / endweder in ein Bilde der Engel / oder der teuffel / 47 Vnd hie ligt Nun der schwere grunt / da die wahl gottes sihet was alda für ein Engel werden wirtt / Jedoch ist kein schlus darüber gemacht / den das gnaden geschencke stehet im Innern grunde / vnd ein eignet sich dem Centro der Scientz des vngrundes der Seelen / als dem willen des ewigen vaters / Alhie bittet Christus für die arme gefangne Seel wie die schrifft saget / den sie die Seel liget an Banden Gottes zornes / vnd ist in ihren Sünden ver stockt / Alhie zeucht sich das leben durch den tott / vnd sichtet das / ob irgent ein guttes füncklin da Inen sey / das (dehr) der götlichen krafft fehig sey / so wirt es getzogen / Den Christus wil offenbar sein / so wil der Grim der Natur auch offenbar sein / so stehen Nun dise Beide vorsetze im geformbten wortte im streitte umb den Menschen / als umb das Bilde gottes / Das Reich der gnaden im lichte wil das besitzen / vnd sich in ihme offenbaren / So wil es das Reich der Natur im grime des feuers in der Natur schiedligkeit auch haben / vnd sich in ihme offenbaren / Vnd dises beides ligt im geformbten wortte / Als des vaters feuers eigentschaft im grime / vnd des Sohnes liebe eigentschaft im lichte /
48 So Mercket nun auff die angedeutete figur vom gleichnis des Baumes.
Das weib ist der Acker / vnd der Man ist das korn zum Menschlichen Baum / das geseet wirt.
So spricht die vernunfft / Gott figet sie zu samen wie Er sie haben wil. Ja recht / Aber durch seinen vor satz den Er im wortte durch das grosse vhr werck der Natur in ein regiment gefasset hat / Die Constellationen im vhr werck zihen sie zu

2 Vgl. Ex 20,5.

sammen / Aber die Meisten werden durch eignen willen zu samen gezogen / da sich der Menschliche wille / welcher aus dem ewigen grunde ist / selber Constelliret / da den die euser Constellation gebrochen wirtt / **49** Das sehen wir an dehme / wie sich die reichen mit den reichen Constelliren / Item die Adelichen mit den Adelichen / sonst so dem spiritj Mundj nicht seine Constellation gebrochen würde / so würde Manche arme dinstmagt einem Edelman zu gefüget / welche euserlich im spiritj mundj mit einander Constelliriren. Aber die Menschliche selb gemachte Seelische Constellation aus dem höhern grunde / ist mechtiger als die Constellation in spiritj Mundj / Darumb gehet es offter / vnd Meisten theiles / nach der Seelen Constellation / welche die euser welt in macht vnd hoheit über trifft / Gleich wie es am See manne liget / wo Er sein korn hin seet / ob es gleich ein Ander Acker besser fehig wehre.

50 So Aber die Seele ihren willen Gott ergibt / vnd sich nicht selber in disen orden ein Constelliret / sondern befihlet sich dem vohr satze Gottes / So wirtt die Menliche vnd weibliche Tinctur ins wortt ein gefasset / vnd in der rechten götlichen ordnung / nach der Seelen im misterio magno / vnd nach dem leibe in spiritj mundj Constelliret / So wirt eine liebe nach der wahren gleicheit seiner eigentschaft in ihme erweckt / Vnd so als dene der Mensch der selben folget / vnd sihet nicht ahn reichtumb Adel oder schönheit vnd wol geschickligkeit / so kriget seine eigen Constellation / die Er von Natur hat / die rechte wahre gleicheit / vnd ist ein Acker / der dem korne gleiche / vnd ahngenehme ist / so erhebet sich nicht also Balde der streitt in der frucht / den sie stehen mit einander in der gleicheit vnd Alda kan sich die Inner vnd euser Sonne besser in der frucht mitte Constelliren.

51 Aber wie es in der welt gehet / das sihet man / Was die Natur zu sammen ſühret vnd Bindet / das offte zwey Junge leute sich in höchster liebe Constelliren / welchs aus dem grossen vor satze der wahren Constellation in spirity mundj im geformbten wortte geschihet / das Brechen die Eltern vnd freunde / wegen armut vnd hoheit halben / So spricht den Gott zu Noah / Die Menschen wollen sich meinen Geist nicht zihen lassen / vnd Nehmen zur Ehe / vnd beschlaffen die töchter der Menschen / nach dehme wie sie schöne[3] / Reich vnd Adel sint / welchs doch alles Menschen getichte ist. Do hehr komen den aus Inen mechtige vnd thirrannen / welchen gott die Sintflut seines zornes in ihre gemachte Constellation entkegen setzt / vnd ihren eigen willen ver stockt / do manche leute wegen hoheit oder reichtumb zu samen gezwungen vnd gekuppelt werden / vnd hernach ein ander feindt werden vnd ihr lebenlang im gemütte den tott vnd trenung wintschen /

52 Dise Nun sollen ihre Tincturen im sahmen in eine Coniuntion / zu einem Menschlichen leben eines kindes in einander Einführen / Das weib ist nun der Acker / vnd der Man seet das korn / Wen Nun die zwo Tincturen sollen in einander ein gehen / vnd sich in eine wandeln als die im weiblichen vnd menlichen Sahmen / das sich der Ens sol in eine freudenreiche gleicheit ein führen / so seint sie einander vngleiche im willen / der Acker empfehet alda mit dem korne einen stiff Sohn / Er mus Ja das korn ahn Nehmen / den es drenget sich in ihn Ein / vnd zeucht den Ens aus dem Acker in sich / Aber der Acker gibt ihme nicht seinen gutten willen / so mus der Ens des sahmens seine gleicheit im weiblichen sahmen suchen / Die ligt ihme als denne in der Constellation zu tiff verschlossen / vnd kan sie schwechlich erreichen / daraus den vn fruchtbarkeit / vnd der Natur Eckel entstehet / Vnd ob es Nun geschihet / das das korn eingewurtzelt wirt in die weibliche Tinctur des Ackers / so ist ihme doch die euser Constellation in spiritj mundj / in der wahren ordnung des geformbten aus gesprochenen worttes / gram / Den es stehet nicht in der figur der freudenreich im grossen vhr wercke der Natur / vnd führet als balde seine feindt stralen aus Turba magna mitte in die formirung der Creatur / da

3 Vgl. Gen 6,2 f.

durch manche frucht vertirbet / Ehe sie das leben bekompt / **53** Was Nun alhie möge für eine würckung im Centro der Natur zum leben sein / gebe ich der vernunfft nach zu sinen / vnd wie sich die Natur in ihrer wider werttigkeit verstocke / was sie für ein Seelisch feuer in sich er wecke vnd gebehre / ist wol zu er sinen / dauon die schrifft saget / Gottes zorn verstocke sie / das sie nicht zum wahren heiligen lichte komen / Den wessen eigentschaft das Seelische feuer ist / ein solches licht vrstendet auch daraus / vnd im Seelischen lichte stehet nun das leben / Darumb saget die schrifft. bey den heiligen bistu heilig / vnd bey den ver kehrten bistu verkehrt[4] / welch ein volck das ist / einen solchen Gott hat das auch / **54** Das licht der Natur / darinen die stime Gottes sich hat im paradeis in des weibes sahmen wider ein geleibet / In welchem Christus empfangen vnd gebohren ist / das stehet nun in dem In wendigsten grunde / vnd sol sich durch das angezintte Seelen feuer offenbaren / vnd mitte in die Creatur ein gehen vnd würcken / die Seel sol Nun dem Geiste Christj stille stehen / das Er in sie würcken möge / Aber sie ist im grime des streittes / verstehet / die Seelische eigentschaft / darinen das Seelen feuer Brennent vnd lebent wirtt / **55** Alhie ist Nun der zug im zorne / vnd auch der zug Christj / durch das licht der Natur / vnd heisset alhie recht / wo sich die Scientz des vngrintlichen willens aus der ewigen Natur grunde in der Seelischen eigentschaft hin wendet / vnd zum knechte in gehorsam eingibt / des knecht ist sie / endweder dem zorne Gottes im grime der ewigen Natur / oder dem leben Christj in der gnade / des knecht ist sie / wie S. Paulus sagt.[5]

56 So spricht die vernunfft / die Seelische Essentz kan nicht / sie mus leiden was gott mit ihr thut / darzu ist sie verterbet / vnd zum grime geneiget. Ja sie kan in eigenheit nicht / Aber Christus / als Er die Seelische eigentschaft an Nahm / hat den

4 Vgl. Ps 18,26 f.
5 Vgl. Röm 6,16.

grim / vnd die Turba des falschen willens mit der liebe zer sprenget / vnd seine liebe in das Creaturliche wortt eingeführet / vnd dem Seelischen Ens zum gehilffen gegeben / Vnd ligt nun blos an dehme / welche eigentschaft die ander über trifft / endweder die licht feurische / oder die zorn feurische / gottes liebe oder zorn / Den der Ens zur Seelen hat noch keinen ver stant Aber den grunt des willens hat Er / aus dem vngrintlichen ewigen willen zur gebehrung der stette gottes / da des vaters vngrintlicher wille den Sohn gebühret / als die krafft. **57** In disem vngrintlichen willen stehet der Seelen Ens / Gott wil von ihme haben / Er sol götliche krafft gebehren / vnd do Er das nach seinem valle in eignem vermögen nicht thun kan / so hat Er ihme das reich seiner gnaden ein geleibet / vnd in dem Nahmen Jesu offenbaret / So sich nun der Seelisch vngrintliche wille dem Geiste Christj im In wendigen grunde ein eignet / so ergreiffet ihn Christus vnd zeucht ihn in sich auff / Alda vrstendet das können / den die Essentz des zornes ist mit der eingeleibten stimme götlicher liebe zer schellet / vnd der geist Christj durch dringet das licht der Natur in der Seelischen eigentschaft / vnd würcket in sie / gleich wie das licht der Natur in der Erden in dem Samen zum Baum würcket / vnd sich ein drenget / das der Sahme möge ein wurtzeln. **58** Vnd dise Ein drengung des Geistes Christj in den Ens der Seelen / ist der götliche beruff / da die schrifft saget / viel seint beruffen / den also werden sie im Seelischen grunde beruffen / Ehe die Seel das leben hat /

59 Warumb sagt aber die schrifft / viel / vnd nicht alle / Christus stehet allen entkegen / vnd ruffet sie alle / den die schrifft saget / Gott wil / das allen menschen also geholffen werde[6] / Aber sie seint nicht alle des Ruffes fehig / den mancher Ens ist mehr teufflisch als Menschlich / dehn hat der zorn über waltigt vnd verstockt / **60** Alda scheinet das licht nun in sich selber in der fünsternüs / vnd die fünster

6 Vgl. 1 Tim 2,4.

Essentz der Seelen hats nicht begriffen / für diser Seelischen Essentz gehet der Ruff über / den die Seelische eigentschaft ist in der fünsternüs ergriffen / Das licht durch dringet sie wol / es findet aber keinen Ens der liebe darinen / darinen es sich köntte in der Creatur ahn zinden / Darumb bleibet der Creaturlich Seelen Ens auser Gott in sich selber wohnende / vnd Christus bleibet auch in sich selber wohnende / vnd seint doch einander Nahe / aber ein principium scheidet sie / als die grosse klufft Luce 16 beim reichen Mane vnd armen lazaro den sie sint kegen einander / wie das leben vnd der tott. **61** Von disen wirt Nun ver standen / das Gott kunt thue seinen zorn / vnd sie ver stocke / Aber nicht aus einem frembden / oder götlichen willen / oder vorsatz / sondern aus dehme / da Er sein wortt hat in Natur vnd schidligkeit ein geführet. Nicht der heilige wille gottes end zeucht sich Inen das sie ver stockt mussen bleiben / wie die vernunfft alhie irret / den Er ist in Inen / vnd wolte sie gerne haben / vnd sich in Inen offenbaren / als im Bilde gottes / Aber der grim im Centro der Natur / da sich der wille des vngrundes in die fünsternis scheidet / hat sie ergriffen / vnd die zer sprengete portten götlicher liebe mit greuel der angeerbten sünden er füllet / **62** Darzu die widerwerttige Constellation der vngleicheit hilffet / da der man vnd das weib in ihrer beider willen kegen einander / nur haß vnd fluch / vnd eitel todes willen in einander ein seen / sie fassen ihre lebens Tinctur in einen feindlichen willen / vnd komen nur in vermischung ihres samens in vieischer lust zu samen / kein wille ist dem andern treu / vnd meinen nur gifft vnd tott / fluchen einander alle stunden / vnd leben bey einander als hunde vnd katzen /

Wie Nun ihr leben vnd stetter wille ist / also ist auch ihre Seelische Tinctur im sahmen / Darumb sagte Christus / ein arger Baum kan nicht gutte früchte tragen / den in ihrer Tinctur des sahmens ist schone die ver stockung / Was mag des nun gott / das sie eine distel pflantzen /

63 So sprichstu / was mag das Aber das kint / das kint vnd die eltern seint ein Baum / das kint ist ein ast am selben Baum /. höre vernunfft / wen verendert die Sonne einen ast am Sawren baum das Er süsse werde / sol den gott wider seinen vorsatz seines aus gesprochenen willens vnd worttes umb einer distel willen handeln / darff doch das reich der fünsternis auch Creaturen. sie seint ihme alle Nütze / der gotlose ist gott ein gutter geruch zum tode / vnd der heilige ein gutter geruch zum leben / wie die schrifft saget.[7]

64 Aber der wille zum ver terben / vr stendet im Ens zur Creatur / vnd der wille zum heiligen Leben vr stendet aus gott in Christo / vnd die seint beide in einander / als ein ding / aber in zweyen principien verstanden / Weil sie beide in wirckung der Creaturen seint / so werden sie auch von beiden gezogen / ists Aber das Christus keine stette seiner Ruhe finden mag / so besitzt der teuffel die stette / da Christus solte wircken / **65** Vnd alhie sagt Nun Christus / wenig seint aus er wehlet.[8] / Warumb / ihr viel haben noch ein fünckel des gutten Entes in Ihnen / darinen Christus würcket / vnd sie ohne vntterlaß warnet vnd ruffet / Aber der falsche Ens ist also viel vnd starcke / vnd zeucht einen hauffen Böse ein felle von aussen in sich / vnd ver tunckelt das Bilde gottes / vnd töttet den gutten Ens vnd willen vnd Creutziget das Bilde Christj / das Christus hat in seinem durch brechen mit seinem Blutte bespreuget / vnd mit seinem tode erlöset / das Creutziget Er in ihme mit der Sünden / vnd töttet Christum in seinem gliede / **66** Vnd wen den der haus vater kömpt seine eingeladene geste zu seiner hochzeit des lammes zu besehen / so sihet Er / das dises Er lösete Bilde Christj / das zur hochzeit ein geladen ist / kein hochzeitlich kleidt an hatt / so heisset Er seinen zorn knecht disem gaste an Christj stette / die hende vnd füsse im Ens des lebens Binden / vnd in die fünsternis hinaus werffen da heulen vnd zehn klappen ist / wie Christus im Euangelio saget[9] / **67** Diser böser hochzeit

7 Vgl. 2 Kor 2,15.
8 Vgl. Mt 20,16.
9 Vgl. Mt 22,12 f.

gast / ob Er sich gleich Christj Nahmens Rühmet / wirt nicht aus er wehlet zum ewigen Abentmal des lammes / Sondern nur die Jenigen welche Seel Christum anzeucht / vnd den willen der Sünden im fleische Creutziget / vnd Imerdar töttet / **68** Darumb sagt Christus / wenig seint aus er wehlet / Den nur dise werden zu kindern gottes in Christo er wehlet / welche der stime Christj in Inen gehorchen / welche in ihrem gutten fümcklin auff die stime des Breutigams hören / wen Christus in Inen spricht / kehre umb / thu busse / tritt in weinbergk Christj / So sie das an nehmen / hören vnd thun / vnd Nicht auff das wartten / bis gott den falschen willen über feldt / vnd mit gewalt bricht vnd Seelig macht / wie die vernunfft die sprüche von der gnaden wahl also irrig an zeucht / allen gleichnissen in den wortten Christj in den 4 Euangelisten zu wider / **69** Den Christus sprach zu seinen Jüngern / als Er Ihnen seinen leib zur speise dar bott / Nehmet esset / Nehmet vnd trincket / das ist mein fleisch vnd Blutt[10] / Er hiß die Seel zu greiffen vnd Nehmen / Also auch / im Inwendigen grunde / wen Er sich der Seelen ahn beudt im lebens lichte / so spricht Er kom zu mihr / hehr / ich wil dich erquicken / Nihm mich ahn / sperre nur deine begürde kegen mihr auff / vnd thue die thür deines willens mir auff / so wil ich bey dir ein zihen / **70** Er stehet für der thür des Seelen Entes vnd klopffet ahn / vnd welche Seel ihme auff thut / bey dehr zeucht Er Ein / vnd heldt das Abentmal mit ihr / vnd sie mit ihme. Sein ruffen vnd an klopffen ist sein zihen vnd wollen / die Seel aber hat auch ein ewig wollen / vnd einen (vngrintlichen) vngrüntlichen willen. **71** In suma / die Seel ist des ewigen vaters Naturlicher feuer willen / vnd Christus ist des ewigen lichtes liebe willen / die stehen In einander. Christus begehret sich in die Seelische Creatur zu bilden / so begehret sich der feuer wille in seiner eigenheit auch zu bilden / welcher Siget / darinnen stehet die Bildung.

10 Vgl. Mt 26,26 ff.

Diser streit der Bildung gehet als Balde im sahmen ahn / mit der bildung der Creaturen / in der vngleicheit des Sahmens vnd Ackers / da mancher zweig als Balde in der wider werttigkeit / vnd feintligkeit der Tincturen zu einer wilden distel wirtt / welchem distel kinde sich doch nicht das licht der Natur darinen Christus im Innern grunde wohnet / entzeucht / bis sich der wille der Seelen selber in seinem Naturlichte mit gifft des zornes ver tunckelt / 72 Gleich wie sich der streit in der wurtzel des Baumes in einem wider werttigen Acker selber entzindet / dauon der zweig aus der wurtzel vertirbt Ehe Er auff wechset.

Vnd wie Nun die Sonne dem zweige des Baumes zu hilffe kompt mit ihrem lichte vnd krafft / so balde Er aus der wurtzel aus sprüsset.

Also auch kompt Christus der Seelen als balde sie nur aus Mutter leibe kompt von aussen / wegen der Bösen zu felle zu hilffe / vnd hat ein Badt der widergeburt mit der tauffe in seinen Bundt gesetzt / darinen Er die kleinen kinder mit der ewigen Sonne ahn scheinet / vnd in sie da durch würcket / vnd sich Inen in seinem Bunde ein geusset / ob die Seelische Essentz der angebottenen gnade fehelich sey / 73 hernach wen die Seele zur vernunfft kompt / So zeucht vnd ruffet Er sie durch sein geoffenbarttes gelehretes wortt / aus dem munde der kinder Gottes / vnd beudt sich der Seelen die zeit des gantzen eusern lebens ahn / vnd schallet alle tage vnd stunden mit seinem wortte vnd krafft in sie / ob sie ihme wolle stille stehen / von der tihrischen Bildligkeit / das Er sie Neugebehren möge. 74 gleich wie sich der Sonnen krafft im Ens des holtzes im Baum mitte auff zeucht / vnd die eigentschaft der streittigen Natur temperiret Also auch windet sich Christus mit seiner krafft aus dem Inren grunde ohne vntterlas in die Seele / vnd Temperiret die lebens gestelte / das sie sich nicht sollen in wider willen vnd feintschaft zertrennen / vnd von der gleicheit aus gehen in falsche lust / durch welche falsche lust die eigentschaften der Seelen den gifft qual in sich ein führen /

75 Vnd wie der stam mit seinen Esten am baume höckricht
vnd krum wirt / durch den Innerlichen streit der Natur / vnd
durch die euserlichen einfelle der Constellationen / Also
auch führet sich die Seel durch die Innerliche widerwerttig-
keit der vngleicheit der Naturen von vater vnd Mutter / vnd
den durch die eusern ein felle von der welt bosheit / in eine
vnformliche figur für Gott / 76 da den das hochzeit kleit der
tauffe in eine tirische larua gewandelt wirt / da auch die wahl
für über gehet / so lange die Seel dise höckrichte laruen
Bildnis an sich hat / 77 Dise larua verhindert den Ens Christj
das Er nicht mag frucht zum lobe gottes würcken / den der
teuffel seet stets seine begürde in dise larua / das falsche
Junge zweige daraus wachsen / mit falschem ab trinigen
willen / welche sich in hoffard / in des teuffels willen ein
führen / vnd von der demut ausbrechen / wie die Jungen
zweige aus dem Baume aus der Temperatur aus brechen /
vnd wollen eigene Beume sein / Vnd wen sie den aus
gebrochen seint / so stehen sie in der Constellation der welt /
wie die sprüssen aus dem Baume / so sichtet sie den die
Constellation des gestirnes / mit spitzfinnigen Menschen /
vnd führet sie aus einem for witze in den andern / Da fellet
hoffart Ein / gar balde der Geitz / Balde Neidt / zorn / lügen /
trügen / vnd alles das / was in der welt regiret / da wil der
Junge stoltze zweig in kunsten auff steigen / vnd verbrennet
sich in allen dehnen dingen. ists Nun / das die götliche Sonne
darein scheinet / vnd wil dem ab drinigen zweige zu hilffe
kommen / so das das feurische leben empfindet / so schwin-
get sich das in die höhe / wie Lucifer / vnd misset ihme selber
klugheit vnd ver stant zu / vnd ver achtet das Albere / Do
hehr kommen den / die vernunft weisen leute / welche vol
hoffart vnd eigen Ehriger lust stecken / vnd ver brennen sich
nur durch das licht / das in Inen aus gnaden scheinet / vnd
brauchen es zu fleisches lust / also mus Christus ihrer
schalckheit deckel sein. 78 Dise alle seint falsche zweige /
über dehnen die wahl in der Erntte zeit für über gehet /
den sie seint in Christj Geiste beruffen / Er hat sich Inen

ein gegeben / vnd mit Inen gewürcket / Inen ihre vernunft erleuchtet / Aber sie seint nicht aus Christj Geist gebohren worden / sondern in der welt wollust / sie haben Christum nur mit fissen getretten / vnd ihme Nie gedihnet / Christus ist in Inen hungrig / dürstig / kranck / gefangen / Nacket vnd Elende gewesen / vnd sie haben ihme Nie gedihnet / sein Nahme hat wol in ihrem Munde geschwebet / aber ihre Seel hat sich stets in eigen lust der welt vnd des teuffels eingewant vnd haben Christum lassen stehen / vnd das licht halten / zu ihrer bosheit / **79** Dise haben sich aus dem stame der Temperatur aus gewant / vnd seint nicht in der wahren Sonnen Christj auff gewachsen / vnd aus gott gebohren worden / sondern in ihrer Natur eigen willen. Darumb seint ihre früchte auch nur Menschen tant / vnd ob sie gleich in der welt hohe leute werden / viel künste vnd sprachen lernen / so ists doch alles aus der eitelkeit der Natur geboren / vnd seint alle ihre wercke für gott wie ein beflecktes / besudeltes tuch /

80 Welche Seel Aber in einem gutten Acker ihren vrsprung Nimpt / da die Eltern ihren willen in gott setzen / vnd in rechtem liebe Bande stehen / als in der wahren Constellation / vnd ihre hofnung in Gott setzen / da Christus in Ihnen würcket / lebet vnd ist / aus dehnen endspringen ströme des lebendigen wassers / wie Christus saget / Vnd ob gleich nun die Adamische verterbung in ihrem fleische ist / vnd auch offter ein böse Constellation ins fleisch feldt / als in den Sünden qual / so bleibet doch Christus im Inwendigen Seelen grunde in Ihnen / **81** So wirt Nun die Seel von der Seelen gebohren / vnd der leib vom Sahmen des leibes / ob nun gleich der euser sahmen irdisch vnd Böse / vnd in einer solchen Constellation vergifftet wirt / so besitzt doch Christus den Seelischen grunt im Inwendigen Centro / So ist / vnd bleibet doch im Ens der Seelen / der Ens Christj / vnd wirt die Seel in Christj Ens empfangen vnd gebohren /

82 Vnd ahie saget nun Christus / Wer aus gott gebohren ist /

der höret gottes wortt[11] / vnd zu den Stoltzen phariseern saget Er / Darumb höret ihr nicht / den ihr seit nicht aus Gott / das ist / ob sie gleich sein wortt vnd gesetze im Munde führten / so wahr doch ihre Seel nicht im götlichen Ente gebohren / ob sie gleich das licht der Natur hatten / so schein es doch aus einem frembden feuer da Christus wol hin durch schein / Aber sie wahren seiner nicht fehig / den ihr grunt war falsch

83 Also wirt ein gutter sahme geseet / auch wol bis weilen in einen bösen Acker / Noch ist der grunt des sahmens gut / wo aber ein falsch korn in einen bösen Acker geseet wirt / so wechset herraus die gleicheit ihres wesens / Vnd wie nun ein guttes korn mus offter in einem bösen Acker stehen / vnd doch frucht treget / so es die euser ein felle nicht verterben / Also wirt ofter ein glaubens sahme von der einen Tinctur / endweder in Man oder weib geseet / vnd das ander seet darein seine gifft / da durch der euser Mensch wilde / vnd zum argen geneiget wirt / Aber der Inwendige grunt ist noch gutt / vnd thut gar balde edwas böses / das ihn also balde gereuet / vnd in die penitentz ein gehet. **84** Item / mancher wirt also an einem theil mit dem sünden quel ver gifftet / das Er eine böse Neigligkeit in sich hat / wol zu stelen / Rauben vnd Morden / Item zu vnzucht / falscher leumbdung / Aber das ander theil in Christj Ens zeucht ihn Imerdar daruon abe / vnd ob Er in schwacheit durch des teuffels ein griffe über tritt / So kompt ihme doch noch der götliche Ens zu hilffe / so Er nicht bleibet in sünden tott ligen / wie dem schecher am + vnd Maria magda lehne vnd andern grossen sündern mehr / **85** den es ist auch wol kein Mensch / der nicht im fleische einen Sünden quel hette / aus seines thiers begürde

Vnd wie Nun ein Baum mus auff wachsen im streitte vnd wider willen / da allenthalben vn willen auff ihn fellet Bald hitze / Baldt kelte / Bald dürckt ihn der wint / das Er brechen

11 Vgl. Joh 8,47.

Mechte / Balde feldt eine gifft vom gestirne auff ihn / Noch wechset Er in der Sonnen krafft / vnd in seinem In wendigen lichtes Ens der Natur auff / vnd treget gutte früchte / welche nicht der erden schmack haben / sondern die edle Tinctur hat sich also in ein gutt wol schmeckendes Corpus ein geführet.

Also auch mit dem Menschen zu verstehen / **86** Der götliche Ens / welcher geistlich ist / mag nicht offenbar werden / als durch den streit der Natur / Er seet sich mitte in den Seelischen Ens der ewigen Natur / vnd gibt sich in streit der schidligkeit des feuers / da Er den sein licht empfehet / vnd sich aus dem feuer in krafft vnd eigentschaften der liebe begürde aus führet. Im feuer der Seelen empfehet Er eigentschaften / vnd willen / den in gott ist Er einig / vnd nur ein einiger wille / der ist das einige gutte / Aber also ist Er ihme nicht selber offenbar / in der feurischen schidligkeit der Seelen wirt Er ihme offenbar / das die krafft in viel kreffte der würckenden tugent in eine form vnd bildung herfür gehen / gleich wie der Baum im streitte mit seinen Esten vnd frucht offenbar wirt / das man sihet / was im Misterio des kornes zum Baume gelegen ist / **87** Vnd darumb ein eignet sich die götliche krafft der Seelen des Menschen / das sie darinen mitte auff wachse / vnd ihre tugent in der feurischen schidligkeit möge offenbaren / da böses vnd guttes vntter einander würcket / so dringet der geist Gottes in Christo in dem gutten aus / vnd würcket zur frucht / als zur götlichen formligkeit.

Dises mechte / oder mag nun nicht geschehen / das Seelische feuer esse den des götlichen Entes in sich / aus welchem feuer essen eine rechte krafft in dem lichte der Natur aus gehe / **88** Das feuer der Seelen mus ein recht holtz haben / sol es ein schön krefftig licht geben / den aus dem Seelen feuer wirt gottes Geist in seiner krafft schidlich vnd offenbar in der Natur der Seelen / wie das licht aus dem feuer / vnd der lufft aus feuer vnd licht offenbar wirt / vnd aus der lufft ein suptiles wesserlin aus gehet / welchs nach seinem aus

gehen wesentlich wirt / dauon das licht die krafft wider in sich zeucht / zu seiner speise.
Darumb sagte Christus[12] / wer nicht isset das fleisch des Menschen Sohnes / vnd trincket sein Blut / der hat kein leben in ihme. **89** gleich wie der Baum nicht wachsen noch frucht tragen köntte / ohne das licht der Natur / welchs die Sonne / welche darein dringet / lebendig machet / vnd wie das licht der Natur / so wol der Sonnen krafft nicht mechte im Baum offenbar vnd würckende werden / ohne die feurische Scientz / als den feurischen grunt der Natur / welcher des Baumes Seel ist / **90** Also auch in gleichem / mag Christus im Menschen nicht offenbar werden / ob Er gleich in ihme ist / vnd ihn zeucht vnd ruffet / sich auch der Seelen ein drenget / sie esse den des götlichen Entes in ihre feurische eigentschaft / welchs dem hoffertigen feuer schwer ein gehet / das es sol vom wasser quel des libe lebens vnd der Sanftmut essen / es esse lieber von Sulpher vnd mercurio / als von seiner gleicheit / so es aber isset / so wirt der geist der liebe vnd demut / als der götliche Ens feurig / vnd greiffet die feuer wurtzel aus den drey Ersten ahn / vnd Transmutiret sie in sich / gleich wie eine Tinctur auff ein gliend eissen feldt / vnd wandelt das eissen in Goldt / also auch alhie / wirt das Seelische Centrum / aus des vaters feuers Natur / in ein liebe feuer gewandelt. in welchem liebe feuer Christus offenbar / vnd in der Seelen gebohren wirt / Da als denne aus dem Seelen feuer der rechte götliche lufft Geist / aus dem feuer vnd lichte aus gehet / vnd sein geistlich wasser aus sich / aus dem lichte aus führet welchs wesentlich wirt / dauon die krafft des lichtes isset vnd sich in der liebe begürde / darinen in ein heilig wesen ein führet / als in eine geistliche leibligkeit / darinen die heilige drey faltigkeit wohnet / welchs wesen der wahre tempel des heiligen Geistes ist / Ja Gott selber in seiner offenbarung / **91** Vnd das ists / das Christus sagte / Er wolle vns wasser des ewigen lebens geben / das werde vns in

12 Vgl. Joh 6,53.

einen quel Brun des ewigen lebens quellen[13] / Das geschihet Nun / wen die Seel sein wortt an nimpt / das Er selber ist / so geusset Er seine wesentliche krafft / die Er in vnser Menscheit hat offenbar gemacht / in sie ein / das ist ihre Tinctur / die ihre feintligkeit der feurischen eigentschaft / in ein liebe feuer wandelt / Den alda stehet Christus in der gestorbenen Seelischen eigentschaft vom tode auff / vnd wirt die Seel ein Gliedt an Christj leibe / vnd zeucht Christum an sich / Ja sie wirt nach der liebe eigentschaft gantz in Christo ein gepflantzet. Darumb sagte Christus / wer mein fleisch isset / vnd trincket mein Blutt / der bleibet in mir / vnd ich in ihm[14] / Also geschihet das / Item Er saget / wir wollen zu euch komen vnd wohnung in euch machen[15] / das ist / der gantze gott wirt in diser Neuen geburtt in Christo in der Seelen offenbar / vnd würcket gutte götliche früchte. **92** Gleich wie der Sonnen krafft im Baume offenbar wirtt / vnd das licht der Natur im Ens des schwefel Geistes im marcurio / als in der hartzichten eigentschaft ahn zindet / darinen der Baum wechset vnd frucht treget / Also auch wirtt Gott in seinem geformbten aus gesprochenen wortte / als in Menschen / in welchen Er hat seine höchste liebe Tinctur in dem Nahmen Jesu eingeführet / offenbar / vnd Tingiret die feurische Seel / als den geistlichen Sulpher vnd mercurium / darinen das licht der ewigen Natur offenbar / vnd scheinent wirtt / darinnen Christus in seinem geformbten wortte gebohren wirtt / vnd in einen herlichen götlichen Baum / als in das Bilde gottes wechset / vnd viel gutter götlicher früchte treget / **93** Als den / redet diser Mensch aus Gott / Gottes wortt / das seint als den götliche früchte / da gottes geformbtes wortt / als die Creaturliche Seel / wider den quel Brun / des götlichen sprechens aus sich spricht / vnd gottes wortt aus sich aus spricht / vnd in seinem aus sprechen gebühret / Gleich wie der einige Gott sein wortt aus sich aus spricht vnd Imerdar

13 Vgl. Joh 4,14.
14 Joh 6,56.
15 Vgl. Joh 14,23.

gebühret / vnd das sprechen bleibt doch in ihme / vnd ist das sprechen / vnd das aus gesprochene. **94** Vnd ob gleich disem Menschen die verterbte ardt im fleische der irdischen tirischen eigentschaft anhanget / vnd ihn zu wider der Seelen an ficht / das schadet ihm nicht / Den die Seel hat nun in Christo die grime verterbte feurische eigentschaft über wunden / vnd Christus in der Seelen zertritt der schlangen Gifft im irdischen fleische stets den kopff / vnd würcket durch das fleisch / vnd zeucht sich im fleische in einen Neuen leib auff / auff ardt / wie in einem groben steine ein köstlich Goldt Inne liget vnd wechset / da die grobheit mus helffen würcken / vnd ob sie gleich dem Golde nicht gleiche ist.

Also auch mus der irdische leib in sich helffen Christum gebehren / Vnd ob Er gleich nicht Christus ist / noch in ewigkeit nicht wirt auch zum reiche gottes kein Nütze ist. Johan 6. Noch mus Er ein werckzeug helffen sein / vnd ob Er gleich gar andern falschen willen vnd begürde hatt / vnd ein raubschlos des teuffels ist / Noch brauchet ihn gott zu seinem werckzeuge / Vnd dauon sagte Christus / es wehre sein Joch / als vnser irdischer leib / dehne Er in vns hilffet tragen / ist sein Joch in vns / das sol die heilige Seel in gedult auff sich Nehmen / vnd lassen alles vnglücke von aussen / auch mit des fleisches anfechtung vom teuffel vnd der welt bosheit / über sich gehen / vnd sich vntter die + geburth Christj / vntter sein Joch bücken / vnd in gedult fassen / Vnd also in triebsal mit dem edlen perlen Beumlin Christj / vntter allem Bösen wesen / aus wachsen / vnd nach dem wahren gewechse / eitel gutte heilige himlische früchte würcken vnd gebehren / welche nicht von diser welt als von den 4 Elementen / noch von dem spiritj Mundj von aussen sint / sondern wie Paulus saget / Vnser wandel ist im himel[16] / Item / Ich habe euch von der welt beruffen / das ihr seit / wo ich bin / vnd darumb hasset euch die welt / das sie weder mich / noch euch / noch meinen vater Er kennen / Aber seit

16 Vgl. Phil 3,20.

getrost / in mir habet ihr friede / Aber in der welt habet ihr angst[17] / das ist / in mir / im Inwendigen grunde der Neuen geburth / habet ihr friede mit Gott / Aber im eusern fleische in der welt / da habet ihr angst. Aber ich wil wider zu euch komen / vnd euch zu mihr Nehmen / da ich bin / sagt Christus / das ist / Er wil wider komen zu dem Menschen / der aus dem Limo der erden geschaffen wardt / vnd wil ihn wider an sich / als an den Neuen geistlichen Menschen ahn Nehmen / vnd ewig an behalten / Aber Er sol von Ehe in die putrifaction der Erden / vnd der schlangen Ens / sampt dem eingemodelten thir / vnd aller gewürckten falscheit / abe legen / als dene wil Er wider zu ihme komen / vnd den Adamischen leib vom tode auff wecken vnd an sich Nehmen / vnd ihme alle seine trehnen abe wischen / vnd in freude wandeln.[18]

95 Dises ist mein lieber leser der wahre grunt der Neuen wider geburtt / vnd gar in keinem wege wie die vernunfft meinet / das wir von aussen ahngenomne gnaden kinder seint / das wir durch einen götlichen vorsatz von sünden los gesprochen werden / Nein / es mus Neugebohren sein / aus disem ob gemelten wasser vnd heiligen Geist Johan 3.

96 Die Seel mus aus ihrem eignen willen im zuge Christj umb wenden / vnd (sich) ihren begehrenden willen kegen der begürde Christj)welche mechtig kegen ihme / in ihme / mit der begürde in ihn ein dringet(führen / vnd den feurischen rachen auff sperren / als den geistlichen schweffel wurm im marcurio des Geist lebens / so dringet Christy Geist in die Essentz der Seelen Ein / Vnd das heisset Glauben / vnd Nehmen / nicht nur wissen / trösten / kitzeln / vnd Christj Mantel von aussen umb sich Nehmen / vnd Imerdar von gnaden sagen / wollen in der bosheit des teuffels gnaden kinder sein / sondern im Geiste werden als ein kint an seiner Mutter brust / das nur der Mutter bruste begehret zu sau-

17 Vgl. Joh 16,33.
18 Vgl. Joh 14,3.

gen / vnd nichts mehr / In Christj Ens wechset alleine der Neue rechte geistliche Mensch /
97 Das Aber die vernunfft saget / wir werden Erst in (der) der aufferstehung Neugebohren werden / vnd Christum im fleische anzihen / das ist Babel / vnd kein ver stant der wortte Christj 98 Der leib aus der erden / sol Erst in der aufferstehung Christum Essentialitter anzihen / die Seel mus in diser zeit Christum in seinem himlischen fleische an zihen / vnd in Christo mus ihr der Neue leib gegeben werden / Nicht von mannes Blut noch vom fleische / sondern aus dem wortte vnd götlichen Ente / in das ver blichene Bilde / von dem Götlichen Ente / das in Adam ver blich / vnd an gottes würckung stum / vnd vnfühlende wardt / In dehme mus Christus Neugebohren / vnd ein gott Mensch werden / vnd der Mensch / ein Mensch Gott.
99 Also lieben Brüder ver stehets / das an einem theil Christus der götliche vorsatz vnd gnaden wille ist / wer aus dehme gebohren wirt / vnd ihn anzeucht / der ist in Christo versehen vnd ein gnaden kint
Vnd Am Andern theil ist der vorsatz gottes der feurische wille der Seelen / aus dem Centro der ewigen Natur / da sich licht vnd fünsternis im feuer scheidet / da gehet ein theil ins Centrum der fünsternüs / als der grobe fantastische Sulphur / vnd der Suptile reine gehet ins licht / Worein sich nun die Scientz des vngrintlichen willens zur Natur scheidet / darinen wirt Er eine Creatur / endweder in licht / oder fünsternüs. 100 Der vorsatz gottes gehet durch aus / aus dem Seelischen grunde / den der Inner grunt der Seelen ist die götliche Natur zum ewig sprechenden wortte / vnd ist weder böse noch gutt / Aber in der schidligkeit des feuers / als im anzindenden leben der Seelen / da scheidet sich der selbe wille / endwer in gottes zorn oder in gottes liebe feuer / Vnd das geschihet anders nicht / als durch die eigentschafft dehrer die Seelische Essentz in sich selber ist / sie ist selber ihr grunt zu bösem oder guttem / den sie ist das Centrum gottes / da gottes liebe vnd zorn in einem grunde vnaus gewickelt liget /
101 So ist das der vorsatz Gottes / das Er sich durch das aus

gesprochene geformbte wortt / dessen die Seel im sprechen der schiedligkeit ein wesen ist / wil offenbaren / da ver stockt sich die grobheit in den angeerbten (gl) greueln / so wol in den würcklichen in gefasten greueln selber / 102 Den es ist sonst kein ander wille gottes / in diser welt wesen / als nur der aus dem ewigen grunde in feuer vnd licht / so wol in fünsternis offenbar wirtt in ihr selber wirt die Seel zum gnaden kinde Er wehlet / wen sie aus Christo gebohren wirtt aus götlichem Ente / welcher der einige vorsatz götlicher gnaden ist daraus gottes gnade in der Seelen offenbar wirtt.
Vnd in ihr selber wirtt sie zum verdamnis Er wehlet / aus dem grunde ihres eignen wesens / das ein falcher Ens ist / darinen kein licht mag gebohren werden / 103 Gottes vorsatz zur ver stockung ist in ihrem eignen wesen / als der vngrintliche wille zur Natur / Der offenbaret in iedem wesen / wie des wesens eigentschaft ist / als wir den dencken / das Er sich mit seiner In fassung der grobheit hat in die fünster welt / oder helle gefasset vnd geschiden / Den der wille der in der helle ist / vnd dehr wille so im himel offenbar ist / seint im In wendigen gründe auser der offenbarung gantz ein ding / den im aus sprechen des worttes ist Erst die scheidung / ist doch himel vnd helle in einander wie tag vnd nacht / vnd die helle ist ein grunt des himels / den gottes zorn feuer ist ein grunt seiner liebe / als des lichtes.
104 Darumb lieben Brüder / werdet (se) doch sehende / zancket doch Nimmer umb gottes willen / wir seint selber gottes willen zu bösem vnd gutten / welcher in vns offenbar wirt das seint wir / end weder die helle / oder der himel / Vnser eigen helle in vns verstockt vns / als die selbe eigentschaft / vnd macht vns auch vnser eigen himel in vns / so Er mag offenbar werden / selig / Es ist alles ein tant / darumb man bis hehr lange zeit gezancket hatt. Christus ist funden worden / dafür sey ihme ewig lob vnd danck / auch macht Ehre vnd reichtumb / sampt aller gewalt. im himel vnd auff Erden Matej 28.[19]

19 Vgl. Mt 28,18.

Das 9 Capittel
Vom kegen satz der sprüche in der schrifft / Als vom rechten verstande der schrifft.

1

1 Hat Nicht ein tepffer macht aus einem klumpffen tohn zu machen ein gefesse zu Ehren / vnd das ander zu vn ehren. Röm. 9.[1]

Antwortt.

Der klumpffe tohn deutet ahn das Misterium magnum / da sich der einige Gott durchs wortt hat aus gesprochen / da aus einem wesen zwey wesen gehen / als eines in der feurischen scheidung in die fünsternüs / nach der grobheit der impression / vnd das ander ins licht / nach der götlichen eigentschaft wesen / Die komen beyde aus einem grunde.
Item / die falsche Seel / vnd die heilige Seel komen beide aus Adams Seel / als aus einem klumppen des grundes / da man doch nur geist im Misterio magno verstehen sol. Aber eine scheidet sich in Christo ins licht / vnd die ander in die fünsternüs / 2 Diser tepffer macht aus Jeder scheidung ein gefesse wo zu die ap geschidene Materia Nutze ist / Er nimpt nicht heiligen Ens / vnd macht selber einen teuffel drauß / Wie der Ens zur seelen ist / also ist auch der wille zum machen / Gott sitzt nicht über dem willen / vnd macht ihn wie der tepffer den topff / sondern Er gebühret ihn aus seiner eigentschaft. Warumb wolte nun der gotlose sagen / warumb Machstu mich also / das ich böse bin / 3 Gott würcket ein leben aus allen dingen / aus bösem Ente ein böse leben / vnd aus guttem / ein guttes / wie geschriben stehet / bey den heiligen bistu heilig / vnd in dem verkehrten bistu verkehrt[2] / Darumb kan Nimand gott schuldigen / das Er in ihme habe ein Böse leben gewürcket / wehre der tohn besser gewesen / so hette Er ihme ein gefess / zu Ehren daraus

1 Röm 9,21.
2 Ps 18,27.

gemacht / so Er ihme aber zu vn Ehren dihnete so macht Er ihme ein gefesse seines zornes daraus. 4 Den gottes wortt ist aller dinge leben / wesen / vnd anfang / weil aber auch der zorn eiffer darinen ist / so führet Er sich auch in ein leben / wer wil ihme das wehren. Dem Menschen Aber ist Christus zum gehilffen aus dem ewigen wortte kommen / vnd spricht / So war ich lebe / ich wil nicht den tott des sünders / sondern das Er sich bekehre vnd lebe.[3] ob aber der Seelen Ens so böse vnd vn tichtig wehre / vnd des götlichen Entes vnfehig / was mag dessen Christus / Gottes zorn macht keinen willen mehr auser der Creatur / den Christus sprach Matej 28[4] mihr ist alle gewalt im himel vnd auff erden gegeben / so hat Er nun alleine allen gewalt in allen dingen / so spricht Er Johan 3.[5] Gott hat seinen sohn nicht in die welt gesant / das Er die welt richte / sondern das die welt durch ihn selig werde / so Er nun alle gewalt hat / so ist kein ander macher zu vn ehren verhanden / als der im Ente der Seelen aus ihrem Centro endstehet / Den es ist eben der zornige Gott selber / der macht ihm ein Bilde aus seinem wesen / das seines gleichen ist / darumb saget Paulus / hat der tepffer nicht macht zu machen was Er wil. Diser tepper ist gott in dem sprechen seiner schidligkeit / da durch Er seine herligkeit offenbahret . wie forne gnug bewehrt. 5 Den weil Christus alleine allen gewalt hat / so mag kein ander wille zum machen auser ihme sein / so darff der gotlose nicht sagen / gott macht mich Böse / sondern der gott in ihme / in des grunde Er stehet / dehr macht ihn / wo zu Er sein kan / nach der müglígkeit / Der grunt seines wesens dessen Er selber ist / ist der anfang / so balde das leben daraus gebohren wirt / so ist der macher im leben / als der zornige gott wird alda Ime offenbar / der macht ihn / 6 gleich wie Christus seinen kinder (in ihmacht) in ihme seinen willen ein führet / welche in ihme gebohren werden / Also auch Gottes

3 Vgl. Ez 33,11.
4 Vgl. Mt 28,18.
5 Vgl. Joh 3,17.

zorn in ihme mit seinen kindern thut / die aus ihm gebohren werden / den in der Seelen ist gott offenbar / endweder in liebe oder in zorne. Die ewige Natur ist die Seel / vnd das würckende leben nach der krafft ist Gott selber / verstehet / nach dem wortte der schidligkeit / 7 den der Puer lauter gott ohne Natur / ist kein macher der willen / den Er ist nur Eines / Aber in seinem wortte / da sich das in schidligkeit ein führet / da vrstenden die willen zu bösem vnd guttem. aus Jeder schidligkeit des geschidenen / vrstendet ein wille nach der selben eigentschaft / In was qual sich der vngrüntliche wille hat in der schidligkeit eingeführet / ein solch wille entstehet. 8 Adam Aber hat sich selber aus der Temperatur in die schidligkeit geführet / Nun stehen seine zweige in der schiedligkeit / von dehme kompt ein Neu machen der willen ein Jeder Ens bekompt einen willen nach seinem wesen / Der vorsatz aber führet das regiment / Als das feurische wortt der Natur / vnd das liebe wortt der gnaden am andern theil / dise beide seint die macher zu Ehren / vnd zu vnehren des gefesses / vnd die seint beide im Menschen.

2

Die Höchste portten
Von Cain vnd Habel. Item. Von Ismael vnd Isaac / Vnd von Esaw vnd Jacob.

9 Das reich der Natur ist der grunt des sprechenden Worttes / den sol eine Creatur sein / so mus von Ehe Natur sein / so ist Nun das wortt gottes der grunt aller wesen vnd eigentschaften anfang / Das wortt ist gottes sprechen / vnd bleibet in Gott / Aber das aus sprechen / als der aus gang vom wortte / da sich der vngrüntliche freye wille in schidligkeit durch das aus sprechen einführet / das ist Natur vnd eigentschaft / auch eigner wille / Den der vngrüntliche wille scheidet sich vom sprechen / vnd fasset sich in ein selbeigen sprechen in schidligkeit / als in einen anfenglichen willen / aus dem einigen ewigen gantzen willen / Daraus seint die

eigentschaften entstanden / vnd aus den eigentschaften / die Creation / als alle Creaturen /

10 Dises ist Nun der Erste vorsatz Gottes / (da sich das wortt) da sich das wortt der krafft / hat aus sich / für sich gesatzt / als das vngrintliche vnfasliche wortt des lebens / in eine fasligkeit / darinen es lebe / Die fasligkeit ist Natur / vnd das vnfasliche leben in der Natur ist Gottes ewig sprechendes wortt / das in Gott bleibet / vnd gott selber ist /

11 Der Ander vorsatz des wortes ist dises / das die fasligkeit / als der eigne gefaste wille / sol den vn faslichen einigen willen Gottes in sich lassen wohnen / so hat sich das einige leben in die fasligkeit ein gesetzt / vnd wil in der fasligkeit offenbar werden / Die fasligkeit sol das unfasliche leben in sich fassen / vnd faslich machen / wie man dessen ein exempel im feuer vnd lichte hat / Das feuer ist die Natur / als das fasliche leben / das fasset in sich das vn naturliche leben / als das licht / den im lichte werden die kreffte des vn naturlichen lebens / durchs feuer offenbar / so wohnet als den das licht im feuer / vnd wirt das vn naturliche leben im lichte in krafft eingeführet / als in Tinctur lufft vnd wasser.

12 Also auch verstehet / das Gottes heiliges leben ohne Natur nicht offenbar würde / als nur in einer ewigen stille / da nichts Inne sein mechte / ohne das aus sprechen / vnd der fasligkeit / Gottes heiligkeit vnd liebe würde nicht offenbar / Sol sie Nun offenbar sein / oder werden / so mus edwas sein / dehme die liebe vnd gnade Nott thut / das da der liebe vnd gnade nicht gleiche ist / Das ist nun der wille der Natur / welcher in wider werttigkeit in seinem leben stehet / der ist der liebe vnd gnade Nötig / das seine peinligkeit möge in freude gewandelt werden / 13 Vnd in der selben wandlung / wirt das heilige vnfasliche leben im wortte offenbar / als ein mitte würckende leben in der Natur / Den die peinligkeit vr sachet / das sich der wille des vngrundes / welcher sich im aus sprechen hat in eigenheit geschiden / wider dem heiligen vngrüntlichen leben Ein eignet / das Er gesenftiget werde.

Vnd in der senftigung wirtt Er im leben Gottes offenbar / den Er fassets in sich in seine begürde / vnd wirt also auch das heilige leben des vngrundes in ihme offenbar / **14** Vnd in diser offenbarung des heiligen lebens in der Natur / heisset das heilige leben / krafft / vnd die Infasligkeit der Natur / die das begreiffet / heisset Tinctur / den es ist die krafft vom glantze des feuers vnd lichtes / Vnd so dises nicht wehre / so wehre kein feuer scheinlich / den der eigne wille der Natur ist nicht scheinlich / den die fasligkeit ist eine Ein schlissung / vnd ist der grunt der fünsternis.

15 Also führen wir vnsern tiffen grunt auff Adam / vnd ferner auff Cain vnd Abel. In Adam stunt das reich der gnaden / als das götliche leben offenbar / den Er stunt in der Temperatur der eigentschaften / Er wuste es aber nicht / das gott in Ime offenbar wehre / den Er hatte kein böses erkant / so wuste der eigen wille nicht was gutt wehre / den wie wolte eine freude sein / so kein wissen von pein oder trauren wehre / **16** Das ist freude / wen die Natur als der eigne wille von pein erlöset wirt / so freuet Er sich des gutten / welchs ihme wider fehret / So Er aber das selbe gutte in eigner macht hette zu Nehmen / so wehre es keine freude / den der eigne wille lebte wie Er wolte / Er hette keine hoffnung / so Er alles selber ver mechte / so ers aber nicht selber vermag / so freuet Er sich dessen / was ihme aus gnaden wider fehret. oder dessen das Er hoffet / das ihme wider fahren sol / Alle freude stehet in der gnaden hofnung / welche Ihme Imerdar ohne die macht seines können Nehmens wider fehret.

17 Vnd darumb so stehet die Natur in pein vnd streitt / das das gnaden reich der liebe in ihr offenbar werde / vnd sie zu einer freudenreich werde / aus dehme / das ihr Imerdar wider fehret / in dehme gottes leben in ihr offenbar wirtt / vnd sie da durch eine heilige Tinctur erlanget / welche die pein Tingiret vnd in freude / als in ein Bilde des heiligen lebens wandelt /

18 Als Adam in der gleicheit stunt / so wuste Er das nicht / Er wuste nicht was böses in der Natur wehre / so wuste Er

auch nichts vom reiche der gnaden / den sie stunden beide in der Temperatur / Als sich aber der frey wille in die schidligkeit des worttes der kreffte ein fürtte / so ward die peinligkeit des reichs der Natur in Ihme offenbar / So taht Nun Noth / das sich die krafft der gnaden auch in ihme bewegte / welchs das reich der Natur nicht thun kontte / Den es ist keine müglıgkeit in ihrem eigen willen / den Er ist faslich / so ist das reich der gnade vnfaslich / Darumb kontte ihr die Seel / als der fasliche wille nichts von dem vnfaslichen leben Nehmen / Aber also wehre auch gott in disem Bilde verborgen bliben / vnd selber nicht offenbar worden / 19 Darumb sprach sich das vnfasliche heilige leben in seiner liebe in das Seelische fasliche / auff das es edwas hette / das es vrsache zu lieben hette / vnd formbte sich mitte in die eigentschaften / der Seelischen Natur zu einem gehilffen / 20 Vnd das war der schlangen tretter / welcher der schlangen ein gefürtten gifft / vnd dem willen der peinligkeit / wolte mit der liebe begürde den kopff zertretten.
Die selbe In fasligkeit kam dem reiche der Natur zu hilffe / vnd stelte sich mitte in die figur / vnd lis sich die ietzt hungrige Natur nach der gnaden / mitte in fassen / in ein Bilde der Naturlichen Seelen vnd des leibes / 21 Vnd das Bilde war Abel / eine figür im Bilde Christj / bis so lange (sich) in er fillung der zeit / die selbe Infasligkeit der liebe / sich noch eines bewegte / vnd in einen Ens des wesens in Menschlicher eigentschaft In fassete. also / das die gottheit selber ein wesen im Menschlichen wesen wehre / Welchs wesen wol zu vor in Adam lag / aber Er wuste es nicht / vnd do Er sich mit dem eigen willen der Natur aus fürtte von disem wesen / so war die Seel an gott Blint / vnd lebte nur in sich selber.
22 So wir nun ietzt sehen wollen / vnd vns nicht selber Blint machen / so sehen wir Cain vnd Abel. Cain mus der Erste sein / den Er ist Adams Bilde nach dem falle / den Adam war ins reich gottes geschaffen worden / 23 Cain ist das reich der Natur als ein wahres Bilde / was Adam in sich selber auser

der gnade (in sich) war / vnd Abel ist das Bilde / was Adam in der wider eingesprochenen gnade war / Das deutet Christum ahn / der sich wolte in eine Menschliche Natur ein geben / vnd die gnade der verterbten Natur in Cains Bilde ein sprechen / **24** Darumb sagte Christus / Ihme wehre alle gewalt von seinem vater übergeben worden / auff das Er macht hette / die gnade in den willen der Natur ein zu sprechen.

25 So stelte Nun Gott die figur mit Cain vnd Abel / auch mit Ismael vnd Isaac / so wol in Jacob vnd Esaw dar / wie gott wolte Christum ins fleisch senden / dehn Er alhie in der stimeme seines worttes in kraft hatte in Adam vnd Eua ein gesprochen / als einen quel zum leben / **26** Die selbe krafft wolte Er mit Menschlichem wesen er füllen / welchs in Christo geschach. welchem Menschen Christo in der selben krafft vnd stime war macht gegeben worden / die Sünde durch seine eigen stime zu tilgen / vnd die Natur wider in ihme lebendig zu machen / eines götlichen lebens /

27 Solte aber solches geschehen / so muste sich die gnade in der krafft der liebe in die widerwerttigkeit der peinlichen Natur in ihren eigen willen Ein ergeben / das sie die Natur fassete / Vnd in dem In fassen der hohen liebe wart die Natur in den götlichen liebe willen Transmutirt / vnd erstarb des eigen gefasten willens / nicht als ein sterben des todes / sondern als eine verlirung des eignen willens / welchs in Christo in vnser Menscheit geschach. **28** Wen nun der eigne wille sein recht verleuret / so wirt das ein gesprochene wortt wesentlich / Welchs Eher nicht sein mag / der eigne wille der Scientz des vngrundes über gebe den sein recht / sonst zeucht Er den götlichen Ens in die eigenheit / vnd wandelt dehn in seine Bosheit / wie Lucifer vnd sein anhang thete / welche Engel wahren / vnd den götlichen Ens in sich hatten / darinen ihr licht ein schein war / Aber der eigne wille aus der Scientz des vngrundes verterbete das.

29 Wer wil vns Nun ietzt mit grunde sagen / das in Cain nicht sey die götliche stime der gnaden / welche sich in des weibes sahmen ein hallete / gelegen / welche schrifft saget das / wol keine / Den als gott sein opffer vngnedig an sahe / so ergrimete Er in sich über Abel / Als über Christj figur / welche sich hatte von ihme aus Adams Ens geschiden / So sprach Ja die eingeleibte gnaden stimme in ihme / hersche über die sünde / vnd las ihr nicht dehn gewalt / Den das mag gottes vorsatz im zorne in ihme nicht sagen / sondern die eingeleibte gnaden stime.

30 Wie kam es Aber / das Er nicht über sie herschete / kontte Er nicht / Nein / er kontte nicht / Warumb kontte Er nicht / hatte ihn Gott ver stockt das Er nicht kontte / Nicht Gott hatte ihn ver stockt / sondern der Adamische eigne wille aus der Scientz des vngrundes hatte sich in Adam mit der Imagination in die tirische eitelkeit / als in die selbst Bildung in Bösen vnd gutten eingeführet / darein der teuffel hatte der schlangen gifftigen Ens geschmeisset / welchen Eua hatte ein genommen / 31 Diser war die ver stockung im eignen willen / den der vorsatz Gottes nach der grimen Natur hatte sich darinen in Cain gefasset / vnd taub gemacht / das Er die ein geleibte gnaden stime nicht hören kontte / Den ob Er sie gleich von aussen hörete / so hörete Er sie aber nicht im Ens der Seelen sonst hette sich die gnade beweget / das die Seel hette über den schlangen gifft geherschet / Er meinte / Er wolte vnd solte von aussen über die sünde herschen / darumb erhub Er sich wider Habel / 32 gleich wie die ietzige ver nunfft meinet von aussen / in einer von aussen angenomnen weise die kintschaft zu erreichen / als mit aus wendigen wercken / durch eine gnaden decke vntter Christj leiden vnd tott / als eine aus wendige gnug thuung / für die Sünde / dehrer man sich nur von aus wendig dörffe trösten / vnd ahn Nehmen / Ob gleich der eigne wille in der schlangen gifft zur herberge bleibe.

Dises gilt so viel als bey Cain / es werde den der Inwendige grunt gerüget / das die gnade in der Seelen beweglich werde / als die eingeleibte stime Gottes in des weibes sahmen /

welche ist Christus in vns / das die Seel Gottes stime in ihrer Essentz beweglich höret.

33 So spricht die vernunfft / warumb / so die gnaden stime ist in Cain vntter der sünden decke gelegen / bewegte sie den nicht gottes ein sprechen / da Er sprach / hersche über die Sünde / vnd las ihr nicht den gewalt / Den so Er den Inwendigen grunt der Seelen in der eingeleibten gnaden stime hette beweget / so hette Er ihn Inwendig in der Seelen gehöret / welche ein Herr des leibes ist / so hette sich der aus wendige grunt nicht mögen erheben.

34 Antwortt.

Dise stimme welche zu Cain sprach / Hersche über die Sünde / vnd las ihr nicht gewalt / die war gottes gerechtigkeit in seinem vorsatze / als in dem sprechende wortte / da die götliche stime wil / das sich der eigne wille der Scientz des vngrintlichen ewigen willens in eine götliche gebärung zum gutten ein führen sol / Das selbe wortt fodert gottes gerechtigkeit / das Er nicht das böse wil / vnd ist der wahre grunt des gesetzes im Alten testament. Aber Er er reichet nicht die gnade / den Er fodert das eigne ver mögen / Er er gibt sich auch nicht der gnade / den gott darff keiner gnade / die gnade mus sich in ihn ein ergeben als in gottes gerechtigkeit / Wie sich den die gnade / welche in Christo offenbaret wardt / als in der eingeleibten gnaden stime / in gottes gerechtigkeit muste ein ergeben als dem ewigen einigen vorsatze zur offenbarung der herligkeit gottes in seinem sprechenden wortte / als in die schidligkeit des vaters / vnd muste dehn willen des Menschen welcher von dem vor satze der gerechtigkeit war abe gewichen / ins zorn feuer gottes (ein führen) in sich / vnd mit sich ein führen / vnd dem vater / als dem vorsatze Gottes in seine gerechtigkeit / als in den vrstant der Seelen / Ein führen / vnd der Seelen willen / welcher war aus der gerechtigkeit abe gewichen / in seinem Blutte aus götlichem heiligen Ente der liebe erseuffen / auff das die Seel in der gnade im selben liebe Blutte in dem vorsatze der gerechtigkeit offenbar würde / 35 Vnd darumb Muste Christus in der gerechtigkeit gottes / in vnser Menscheit in vns / leiden vnd sterben / auff das die gnade in der gerechtigkeit offenbar würde. Den in Cain war sie nicht in der gerechtigkeit gottes offenbar / den sie hatte noch keine Seel in sich ein genommen / bis die gnade in Christo die Seel an nahm.

36 So lag nun die gerechtigkeit gottes in der Seelen den sie war Gottes Bilde / so foderte gott seine gerechtigkeit von der Seelen / das sie solte über das böse herschen gleich wie Er über den abdrinigen willen der teuffel herschete vnd sie von der gutten ordnung der gerechtigkeit aus sties / als sie ab drinig worden / also auch alhie / solte Cain den sünden quel von sich aus stossen. Aber es war ihme nicht müglich / den die Sünde hatte ihn / als den freyen willen besessen / das Menschliche können war verlohren / vnd lag ietzt Nun an dem andern vorsatze der ein gesprochenen gerechtigkeit in der gnaden / das die Seel ihren willen der selben gebe / vnd dem selben ein sprechen stille stünde / Den im sprechen der gerechtigkeit gottes / war in der Seelen ietzt eitel Nott vnd wider willen / den die gerechtigkeit foderte die Temperatur / als gotte stille stehen / als seinen werckzeug da durch Er seine stime wolte offenbaren / so war der werckzeug zerbrochen / vnd aus götlicher Harmonj aus gangen. Darumb lag es ietzt nicht mehr an Cains wollen / lauffen oder rennen / sondern an der gnade / als am erbarmen / 37 So spricht Nun S. Paulus / Er erbarmet sich welcher Er wil / vnd ver stockt welche Er wil /

In disem ligt nun der gantze grunt der Irrung in der vernunfft / sie ver stehet das gnaden wollen nicht / wie das geschehe / Den was die gnade wil / das ist auch ein willen mit der gnade / 38 den die gnade hat kein wollen im teuffel / oder in der hellen / sondern in dehme / was aus Gott gebohren ist. nicht ist das gnaden wollen in dem willen des fleisches vnd Bluttes / noch im wollen des Mannes eigen sahmen / sondern im götlichen Ente / Nicht in Cains ein gefürtten schlangen sahmen / wolte die gnade einsprechen / sondern der selben den Copff zer tretten / Nicht der armen gefangnen Seelen in

Cain / wolte Er den Copff zer tretten / den sie war auch aus Adams Seelen entsprüssen / sondern der schlangen sahmen in Cains Seelen / Aber der schlangen gifft hatte die Seel also sehr verstockt vnd ein genomen / das sich die Seel in sich also ver wegte / vnd dem zorne der gerechtigkeit ein ergab / das sie der an nahm / vnd zum werckzeuge Brauchete / da die gerechtigkeit in der gnade den Menschen Christum / als in seinem vorbilde in Abel töttete / **39** Den durch Menschliche wercke / war die sünde in die Seel komen / Also muste sie auch durch Menschliche wercke in der gnaden / in gottes gerechtigkeit getöttet werden / als in der Menscheit Christj / durch Menschen tötten / als von den phariseern geschach / welche das gesetze gottes der gerechtigkeit führten vnd hatten / **40** Darumb Muste Abel / als Christj fürbilde / vnd auch Christus selber durch Menschen wercke / des eignen Adamischen willens in gottes gerechtigkeit sterben / Vnd musten die Jenigen welche gottes gerechtigkeit im grime seines vorsatzes er griffen hatte / ein werckzeug dar zu sein / das die gnade von Gott in der gerechtigkeit des vorsatzes / in dem zorne / offenbar würde. Den es stehet geschriben[6] / wehe dem Menschen der Ergernis. Je doch mussen ergernis sein / auff das die gerechtigkeit vnd warheit mitten in der vnwarheit offenbar werde / **41** Den die gnade wehre sonst nicht offenbar / so nicht das falsche ein kegen satz der (wah) warheit wehre. gleich wie der freye wille nicht hette mögen in der gnade offenbar werden / wen nicht die gerechtigkeit den selben hette er töttet / welchen die gnade / nach dehme Er den selb erwelten willen verlohr / in sich lebendig machte / Auff das Er nicht mehr ihme selber wolle vnd lebe / sondern der gnade lebe vnd wolle / welche in Christo offenbaret wardt. **42** Darumb seint wir in Christo in dem gnaden leben alle nur einer / den wir haben das Naturliche leben der gerechtigkeit gottes in seinem ewigen vorsatze verlohren. vnd bekomen die kintschaft in der gnade.

6 Vgl. Mt 18,7.

43 Darumb sagt die schrifft / Gott wil / das allen Menschen geholffen werde[7] / als die gnade wil solches / sie kan nichts anders wollen / als erbarmen / den sie ist sonst nichts in ihrem eignen wesen / 44 Aber die Naturliche gerechtigkeit im vorsatze gottes / fodert die Seel im gehorsam götlicher ordnung ohne gnade / den sie ward nicht in die gnade geschaffen / sondern in die ordnung (der gnade) / Wo sie die selbe nicht da Inne findet / so nimpt sie die selbe in ihre eigentschaft der schidligkeit des worttes / dehrer die seel im wesen ist / Als ist sie ein falscher Ens / so nimpt sie die gleicheit ahn /
Also auch in Cain zu verstehen ist / das sich der ab gewichene Adamische wille habe in eine Creaturliche eigenheit ein geführet / vnd die ein führung des selben Seelen Entes in die schlangen Gifft ist eine distel / welche der gnaden nicht fehig ist / Den ob wol die ein gesprochene gnaden stime darinen im Inern grunde liget / so wechset doch der selbe Ens in eine distel / vnd Creutziget Christum in sich / vnd wirt an seinem tode schuldig / 45 gleich wie der Sonen Ens in der distel sich mus stechen lassen / Aber die sone endzeucht ihr den gutten willen / als das heilige leben / das sie in einem gutten krautte offenbaret / vnd lesset die distel aus ihrem Ens machen was sie wil. Also gehet es auch dem gotlosen distel Ente der Menschen / wie die schrifft saget[8] / Er lesset ihr licht mitten in der fünsternüs verleschen / das ist / das heilige leben in der eingeleibten gnaden stime. 46 Sprichstu warumb das. so Er das heilige leben in ihnen offenbarte / so würde die Seel heilig.
Nein / ein exempel haben wir am teuffel / in welchem das heilige leben offenbar war. Aber sein willen Ens war eine distel. Also auch braucht ein distel kint nur die gnade zu einer hoffardt wie Lucifer. Den Gott kennet die Scientz des vngrundes / wie sie sich hat in grunt geformet / oder

7 Vgl. 1 Tim 2,4.
8 Vgl. Spr 20,20.

offenbaret / ob sie eine wurtzel aus der fünsters / als aus dem fünster feuer leben sey / oder eine wurtzel aus dem scheinlichen feuer leben.

47 So sprichstu / so ist Cain eine wurtzel aus dem fünstern feuer / darumb mag Er die gnade nicht er reichen. Nein / den Er war aus Adams Seel / Aber das fünster feuer aus dem zorne / oder die eigentschaft der fünstern welt / hatte sich in die wahre Seel ein gedrenget / nicht von aussen / sondern aus dem Centro hatte sichs empor geschwungen / vnd solches im val Adams / aus welcher wurtzel / Cain hehr kam / Darumb muste Er ein knecht sein der gerechtigkeit gottes / darmitte (gott) die gerechtigkeit den freyen willen in Abel in der gnade töttet. 48 Den in Adams sahmen schiden sich die eigentschaften / als die wahre Seelische / ver stehet der wahre Seelische wille / welcher im anfange des Bildes gottes / im vorsatze gottes in der einigen Seelen offenbar wardt / welcher ein freyer wille war / vnd aber vergifftet wardt / das Er an gott Blindt war / der scheidet sich Nun in tott seiner selbheit / den gott sagte / du wirst sterben / so du von Böse vnd gutt issest / Der tratt ins sterben / vnd in das sterben sprach gott seine stime Ein / auff das der Erste wille in der gnade wider lebendig würde / vnd aus disem kam Abel.

49 Der Ander in der sünden Neu geborne wille / welcher nicht im anfange war gewesen / sondern im valle endstanden war / der scheidet sich in das Naturliche leben der war Cain. Drumb war diser wille ein distel kint / welchen gott nicht hatte geschaffen. sondern Er war aus dem Centro der Seelen gegangen / 50 nach dehme die einige Seel aus der Temperatur aus ging / das sich der fünster grunt in ihme offenbartte / so kam die fünsternis in ein wollen in der Seelen / welchs im anfange nicht war. Aber nach der Seelen wesen kahmen sie beide / Abel vnd auch Cain aus einer Essentz / aber nach dem willen schiden sie sich / Nicht das abel sei rein ohne sünde gebohren / den die Sünde hing am willen des todes ahn / do es doch kein tott recht ist / sondern die stime der gnaden töttet ihn / auff das sie ihn in ihr lebendig mache /

Aber im fleische war der wille der Sünden offenbar / darumb töttet ihn die gerechtigkeit gottes durch Cain / den Er war auch nach dem fleische dem gesetze der sünden vnttertahn / Aber den willen der Seelen hatte die gnaden stime getöttet / vnd in sich lebendig gemacht / darumb war Er Christj forbilde / vnd im Bilde Christj Ine stehende.
51 Darumb ist das der wahre grunt von Cains ver stockung / das ihn nicht Gott / aus seinem götlichen willen verstockt hat / den er kahn auch nicht / den Er ist allein gutt / Alleine der Neu entstandene wille aus dem Centro der Seelen / verstockte sich in eigner begürde / als die begürde in grim der Natur in seine gleicheit einging / so fandt Er in dem vorsatze der Natur / als in der schidligkeit der fünsternis vnd des lichtes / seine gleicheit / Die nahm in Ein / vnd besaß ihn / verstehet den Neuen endstandenen falschen willen / welcher ein Mörder / vnd knecht gottes zornes war. Aber die wahre geschaffene gebildete Seel / aus Adams Essentz / darinen die ein gebildete stime gottes lag / war noch nicht gerichtet / oder zur verdamnis predestiniret. wie die vernunfft also irret. welchs gerichte keinem Menschen zu stehet / sondern der gerechtigkeit Gottes. **52** Vnd ist gar nicht also / wie edliche meinen / als ob Cain sey aus des teuffels wille / aus der schlangen sahmen gebohren worden / sondern aus Adams Seel und leib / Aber Adams angenomner Naturlicher wille regirtte ihn / Er war ein Bilde des gefalnen / vnwider gebornen Adams / in dehme die ver heissung / vnd die ein gesprochene götliche stime / ohne ein würcklich leben Inne lag / Als eine wahre müglіgkeit zur Neuen geburth. Aber die selbe müglіgkeit stunt nicht in Cains gewalt / nach dem falschen willen / sondern im grunde der Seelen lag sie / vnd warttet auff Christj stimme / der in der selben müglіgkeit sich in dem teuren Nahmen Jesu erweckte / vnd die armen sünder zu gnaden ahn Nahm / vnd mit seiner stime in die verschlossene Sünder ein rieff / vnd den selben stille stehenden grunt der ersten ein sprechung er weckte / wie am schecher am + vnd vielen mehr also geschehen ist / **53** Den

so das wehre das Gott in seinem vor gesetzten willen hette Cain verstockt / so mechte kein gerichte durch die gerechtigkeit Gottes über Cain gehen / auch hette kein fluch in ihn mögen ein gehen / den was Gottes vorsatz macht / das ver flucht nicht gottes gerechtigkeit / wie Cain geschach / **54** Den die gerechtigkeit ist die ordnung des anfenglichen aus gesprochenen worttes / das alle dinge in der ordnung bleiben stehen / wie sie das sprechen hat in ein leben eingeführet / vnd fellet nichts in das gerichte / was in seiner ordnung / darein es ist geschaffen worden / bleibet stehen. **55** So Nun ein willen aus gottes vorsatz / verstehet aus götlichen vorsatze hette Adam vnd Cain verstockt / so hette die gerechtigkeit keinen ein spruch / den diser wille der ver stockung stunde in götlicher ordnung.

56 Darumb so ist der wille zur verstockung in Adam vnd Cain im apfahl endstanden / in der vngleicheit der zertheilten eigentschaften / da sich Jede eigentschaft in wesen fassete / vnd das Bilde gottes im lichte ver tunckelten vnd tötten / **57** Gottes vorsatz der ver stockung ist das Centrum des Menschlichen grundes / welchs das aus gesprochene / vnd wider sprchende wortt Gottes ist / welches auch ein grunt der gantzen Creation ist / vnd ist der selb gefaste Menschliche wille recht in dem selben Gottes vorsatz ver stockt worden / wie die schrifft saget Aber Nimandt wil den grunt verstehen / man saget Nur Gottes vor satz thut es / vnd Nimand wil forschen des vorsatzes grunt / das Er im Menschen selber lige / vnd nicht in Gott / **58** so gott hette einen vorsatz zum teuffel gehabet / so wehre der selbe vor satz ein wille des teuffels / Aber in der schidligkeit des sprchens ist der vorsatz zur bosheit in ein principium getretten / vnd ist in sich selber in der gefasten schidligkeit aus dem Misterio magno offenbar worden. Darnach sich Gott einen zornigen Gott Nennet / vnd ist doch nicht gott / sondern das Centrum der Natur / als die vrsache götlicher offenbarung zur freudenreich / den in gott ist kein zorn offenbar / sondern nur eine Brennende liebe / **59** Den so in gott ein wille zur ver stockung wehre / so wehren dise spriche Nicht war / die da sagen Du bist nicht ein gott / dem gottlose wesen gefellet / spalm 5.[9] Item So war ich lebe / Ich wil nicht den tott des Sünders[10] / Item die zehen gebott so das böse verbitten / **60** so gott hat wollen haben das Cain Abel töttet / so ist das 5te gebott nicht recht / Auch setzte gott beim Cain eine schwere straffe ein / wer Menschen Blut ver gisse / des Blut solte wider ver gossen werden durch Menschen[11] / so Ers wil haben / so derffte Nimand sein gebott halten /. wo blibe den seine gerechtigkeit vnd das gerichte in der warheit. Die schrifft saget.[12] O Israel dein vnheil kömpt aus dirselber. **61** So sollen wir nun Nimand verdammen / als nur die laster vnd sünden / so an den gotlosen offenbarlich erscheinen / Die gehen aus dem Cainischen vnd Adamischen endstandenen eigen willen / aus dem Centro der fünstern welt / welchen willen gott nicht im Menschen im anfange hat offenbaret / oder erbohren / sondern der teuffel ist schuldt daran / **62** Disen falschen willen in seinem wesen vnd thun / sollen wir verdammen / vnd nicht die arme Seel / welche in diser schweren gefengnis in der Ersten ein gesprochenen Gnaden stime / verborgen liget. Welche gnaden stime der Ersten einleibung im paradis nach dem valle / wol mag durch Christj stime er weckt werden / durch seine kinder in dehnen der Geist Christj wohnet / wie am armen zölner / auch am schecher am + / auch Maria magdalena vnd viel hundert tausent Armen gefangnen Seelen geschehen ist. Den die schrifft saget[13] / Es ist ein teures werdes wortt / das Jesus Christus in dise welt kommen ist / Alle Arme Sünder Selig zu machen Vnd Apoc. 3[14] stehet / Er stehet für der thür vnd klopffet ahn / Als an der armen gefangnen Seelen thür Vnd

9 Ps 5,5.
10 Vgl. Ez 33,11.
11 Vgl. Gen 9,6.
12 Vgl. Hos 13,9.
13 Vgl. 1 Tim 1,15.
14 Vgl. Offb 3,20.

Matej. 11[15] spricht Er Kompt zu mihr / ihr Müseligen vnd von der Sünden beladenen / Ich wil euch er quicken
63 Er stehet in dem Inwendigen in Adam ein gesprochenen Grunde der gnaden / im Centro der Seelen / vnd Ruffet ihr / so lange die Seel den leib auff Erden treget / ob die arme Seel sich wolte kegen ihme wenden / So spricht Er als dene / obes geschicht / das sie sich zu ihme wendet. Klopffe ahn / so wirt dir auff getahn / klopffe an die ein geleibte Erste gnaden stime / so wirt sie sich bewegen / Item Bittet / so werdet ihr Nehmen / Item / Mein vater wil den heiligen Geist geben / dehnen die ihn darumb bitten.[16] **64** So ligt es Nun ietzt nicht am selber können Nehmen / sondern am Bitten vnd an klopffen / den die Gnaden verheissung hat sich in Christo Jesu in das Bitten ein gesprochen / das sie sich wil dem Bitten ein ergeben / Den es stehet geschriben / Christus ist komen zu suchen vnd seelig zu machen das ver lohren ist / [17]
65 Wer seint nun die ver lornen . Cain . Ismael . Esaw . vnd alle in der sünden gefangne verstockte Menschen . Dise ist Christus kommen zu suchen vnd selig zu machen / vnd wil nicht das sie ver lohren werden / Aber den selb erbornen falchen Mörder in Cain wil Er nicht / Auch den falschen spötter in Ismael. So wol den Jeger in Esaw / (welcher die Erste geburth umb) wil Er auch nicht / sondern den wahren grunt der ersten erbornen Seelen / in dehme die gnaden stime Inne ligt / **66** Darumb das Er den spötter Ismael nicht wil / so sties Er ihn mit seiner Mutter aus dem hause / verstehet den spötter in Ismael / als den selb gefasten vnd in Adam entstandenen Bösen willen / sampt Agar / als die schidliche Natur / ver stehet / die zertrenete eigentschaft der Natur / (Vnd als Er ihn hatte hin aus gestossen aus dem Erbe der kintschaft / So schickte Gott seinen Engel zu hagar in die wüste Bersaba / vnd riff hagar vnd tröstet sie / sie solte nicht verzagen / den gott hette die stime des knabens sein weinen

15 Vgl. Mt 11,28.
16 Vgl. Lk 11,9 ff.
17 Vgl. Mt 18,11.

Er höret / Er wolte ihn zu einem grossen volcke machen / 12 fürsten solten aus ihme komen / Vnd sie his die Stette / hie ist der Herr / der mich her nach angesehen hatt. verstehet / nach dehme der spötter aus gestossen wardt. Vnd die schrifft saget / sie wohneten bey dem Brunen des lebendigen vnd sehenden.)

67 Erstlich entliff Agar von Sara (mit Ismael) / vnd wolte sich nicht zichtigen lassen / den sie wolte mit dem spötter herschen in Abrahams güttern / Als sie aber in die wüsten kam / sprach der Engel gottes zu ihr / wo kompstu hehr Saraj magt / vnd sie sprach / Ich bin von meiner frawen entflohen. Vnd Er hies sie wider umb kehren / vnd sich für der frawen demüttigen / vnd sprach weiter zu ihr / Ich wil deinen Sahmen also Mehren / das Er für grosser menge nicht sol gezehlet werden / du bist schwanger / vnd wirst einen Sohn gebehren / des Nahmen solstu Ismael heissen / darumb das der Herr dein Elende er höret hatt / Er wirt ein wilder Mensch sein / seine hand wider Jederman / vnd Jedermans hand wider ihn / vnd wirt kegen allen seinen Brüder wohnen.[18]

68 Dise figur stellet vns den wahren grunt für / wie Adam mit dem Reiche der Natur sey von Gott aus gelauffen in die wüste der thirischen eigentschaft / als von der freyen / welche ist die Temperatur / vnd ist in der eignen begürde / als in dem eignen entstandenen willen des spötters schwanger worden / als das reich der Natur hatte sich in den eigentschaften getrant / das Je eine wider die ander ging / wie alhie vom Ismael gesaget wardt / seine hand wider Jederman / vnd Jedermans hand wider ihn / Aber die eigentschaften der Natur wahren darumb nicht von Gott abe getrant / wie alhie bey Agar zu sehen ist / den der Engel sprach zu ihr / Er wolte ihren sahmen also mehren das Er für grosser Menge nicht solte gezehlet werden. Aber sie solte wider umb kehren zu der freyen / vnd sich vntter ihre hand demüttigen.

18 Vgl. Gen 16,8–12.

Das deutet ahn die Busse vnd umb kehrung des armen Sünders / das ihme Christus mit seiner stime in ihme / in seiner wüsten der welt begegnet vnd tröstet / vnd spricht ihme ins gemütte ein / Ich habe dein Elende erhöret / du arme gefangne Seel in diser wüsteney / kehre wider umb / du bist Ja des spötters schwanger / aus dem reiche der Natur / deiner Constellation vnd wirst ihn gebehren / Aber ich wil dich segnen / vnd solst aus dem reiche der Natur 12 fürsten gebehren / welche sollen in meinen segen komen / Deutet ahn die 12 Apostel Christj / welche in seinen Segen komen / dehrer sahme nicht mag gezehlet werden / für grosser menge / vnd wie der arme Sünder / wen Er nur in disem Ruffe des Engels wider umb kehret / in die selbe 12 Apostolische Gnade kompt / Aber Er mus wider zur freyen gehen mit der Seelen willen / Der spötter Aber wirt in seiner Constellation gebohren / mit einem eignen willen / welcher willen nicht sol gottes reich erben / **69** den Abraham muste den spötter hin aus aus der erbschaft der gütter stossen / Aber nicht ohne geschencke. Den solches wolte die freye / Als die Temperatur im reiche gottes haben / das der spöttige eigen wille ver stossen würde / welche freye / die Sara an deutet / Welchs gott den Abraham in Christj figur his willigen.

Das geschencke Aber / das Abraham Agar vnd Ismael mitte gab / das deutet Nun ahn / das wahre geschencke im paradis / **70** Als Adam aus gestossen wardt / so gab ihme von Ehe gott das geschencke / als das ein gesprochene Gnaden wortt / vnd in dem selben geschencke stunt der Segen / Aber das reich der Natur muste die 12 fürsten geben / Das deutet ahn / das die Seel aus der ewigen Natur hehr sey / vnd die selbe ordnung müsse bleiben / es köne keine Neue Creatur in dem Menschen herfür komen / ob sie gleich in den zertheilten lebens gestelten einen spötter geben / so sey doch der In wendige grunt Gottes wortt / **71** darumb solle nicht die Natur vergehen / sondern nur der falsche selb erstandene wille aus der vngleicheit solle aus gestossen werden / vnd sterben /

Dessen haben wir alhie die figur / Den Als Agar mit Ismael aus (gestossen wardt) gelauffen war / vnd sie doch noch des Ismaels schwanger war / das sie der Engel tröstet / so his sie den Namen des herren / der mit ihr redet. Du Gott Sihest mich / das ist / du Sihest meinen Inwendigen Grunt der Seelen / darinen das Adamische geschencke Ine liget / Den sie sprach / gewislich / hie habe ich gesehen dehn / der mich hernach angesehen hat . das ist / die arme Seel sprach / Ich war von der freyen der Temperatur von gottes reich aus gelauffen / vnd war blint worden an gott. Nun aber / habe ich den gesehen / der Mich in meinem Elende mit seinem ein sehen der gnade angesehen hat / das ist hernach sahe Er in mich / da ich schone Blint war an gottes sehen / Das heisset / Hernach an sehen / da schone das reich der Natur war ein spötter worden / mit dem Neuen eignen willen.

Darumb hies sie den selben Brunen / einen Brunen des lebendigen / der mich angesehen hat / welcher Brunen ist zwischen Kades vnd Bared.

72 Diser Brunen ist Christus in dem ein gesprochenen gnaden wortte / In dem selben gnaden wortte des schlangen tretters ist der Brunquel der süssen liebe Gottes in dem Nahmen Jesu / aus Jehoua / Der ist der Brun des lebendigen / der die arme Seel Nach dem valle an sach / vnd der Agar vnd Ismael in Mutter leibe an sach / Den der spötter aus den zertheileten eigentschafften der Natur / als der selbige spöttige wille ward ihr angedeutet / das Er würde aus dem reiche der Natur vrstenden / welchen die arme Seel in ihrer schweren gefengnis vnd Blintheit würde mussen tragen / Aber Gott habe ihr / vnd des knaben Elende angesehen / aus dem Brunen des lebendigen / als im Centro der Seelen / in ihrem Inwendigen grunde / Der auswendige werde ein spötter sein / Aber gott wolte ihme aus dem Inwendigen grunde / da sich die gnade hatte darein ver leibet / 12 fürsten herfürbringen / dehrer sahmen vn zehlich sein werde / Aber aus wendig würde die Natur in 12 fürsten der verterbten Natur im regiment stehen / Als den 12 fürsten euserlich aus ihme

kahmen / so deutet der geist gottes in Mosy auff den Inren grunt. Vnd sehen das klar für augen / **73** Den als Ismael gebohren war so war der auswendige grunt / nach dem verterbten reiche der Natur ein spötter / den his gott aus stossen / Als Er aber den spötter hatte aus gestossen / vnd die hagar hatte den knaben von sich weg getahn / das sie nicht sehen dörfte wie Er stürbe in der wüsten / so lag der knabe Ismael vnd weinete / Da Erhöret Gott die stime des knabens / vnd der Engel Gottes Rieff vom Himel / Hagar / vnd sprach zu ihr / Was ist dir Hagar / fürchte dich nicht / den Gott hat Er höret die stime des knabens / da Er ligt / stehe auff / Nim den knaben vnd führe ihn an deiner handt / den ich wil ihn zum grossen volcke machen / Vnd Gott thete ihr die augen auff / das sie einen wasser Brunen sahe / da ging sie hin / vnd fillet die flasche mit wasser / vnd trencket den knaben / vnd gott war mit dem knaben.[19] Vnd sie wohneten in der wüste Bersaba / bey dem Brunen des lebendigen vnd Sehenden.

74 Dise figur ist also Sonnen klar vnd offenbar / wider die irrigen Meinungen / die Ismael richten vnd verdammen / das sie nicht klerer sein köntte / ob sie ihre irrige meinung sehen möchten / Den der spötter Ismael im eusern reiche der Natur war böse / vnd aus der kintschaft verstossen / Aber als Er lag vnd weinet / welchs die Busse an deutet / so thete gott der hagar / als dem reiche der Inren Natur nach der Seelen die augen in dem ein geleibten gnaden Brune auff / das sie den Brunquel Christj sahe / vnd trenckete den knaben / als die arme Seel aus dem Brunen zu Bersaba / als in den zertheilten lebens eigentschaften / **75** Welchs trencken die tauffe Sampt der beschneidung an deutet / da Christus aus seinem Brun wolte die zertheilten lebens gestelte in ihrem dürste trencken / Aber Ismael der spötter nach der eusern Natur solte von Ehe durch die beschneidung abe geschnitten werden / welchs durch Busse vnd ab werffung des spöttigen

19 Gen 21,17–20.

willens geschicht / als dene tauffet Christus aus dem Brunen des lebendigen vnd sehenden / mit dem heiligen Geiste / so wohnet als den die Seel Bey dem selben Brune / vnd Gott ist mit ihr / wie mit disem Ismael. 76 Den nicht der spöttige wille ist der Sahme / dehn gott segnete / Sondern der Inner grunt / in dem gnaden geschencke den Gott sprach zu Abraham / In Isaac sol dir der Sahme gemet sein / Als in Christo sol Ismael den segen haben / Den nicht der verterbte Natur wille sol der erbe sein in gottes reich / der sol alle zeit verstossen sein / Aber die Natur in ihrem grunde vnd vrstande ist gottes wortt / als das aus gesprochene wortt in seiner schidligkeit / darinen der Brunquel des lebens aus Jehoua / als der quel der liebe im Nahmen Jesu ist endsprossen / der sol es Erben. 77 Dise Innerliche Natur deutet auch ahn / Japhet / welchem der Geist Mose saget[20] / Er solle in Sems hütten wohnen / als in Isaacs / das ist / in Christj (hütten) Brünen / Die hütten Sems / deutet ahn die Neue geburth aus Christo / darein Japhet vnd Ismael solten komen / den der text saget in Mose / Vnd Gott war mit dem knaben Ismael. Aber nicht in dem (Jeger) Spötter / sondern im Inwendigen grunde / welcher solte in Christo offenbar werden / so den gott mit ihme ist gewesen / vnd Er sampt seiner Mutter haben bey dem Brunen des lebendigen / als bey Christo / in seinem gnaden geschencke gewohnet / wer wil ihn den verdammen / wie die irrige welt thut / Wol recht wirt der euser Ismael der wille der spötterey ver dampt / Aber nicht Abrahams angeerbte rechte Natur aus dem Segen / Sondern Abrahams irdischer wille / aus der schlangen Sahmen / 78 Den Ismael ist ein Bilde des reichs der Natur / nach dem armen verterbten Adam / welcher in vns mus sterben vnd verwesen vnd aber nach dem Ersten geschaffenen Bilde / in Christo wider auff stehen / vnd den spötter Ismael in der Erden lassen. Vnd Isaac ist ein Bilde des Neuen Menschen / in der Menscheit Christj / da Adams Natur / vnd

20 Vgl. Gen 9,27.

Christus in einander seint / da der falsche wille in Christo tott ist / ob wol Adams Natur alda ist / so lebet sie aber im Geiste Christj[21] / **79** Darumb Nahm Jesus Adams Natur an sich / Aber nicht Adams selb erbornen falschen willen / sondern die arme zertrennete lebens gestelte der Natur / in gottes gerechtigkeit vnd vor satze / auff das der Erste Adam in Christo in seiner gerechtigkeit bestünde / **80** So war Ismael aus dem Bilde Gottes gerechtigkeit / das Er in Adam schuff / vnd Isaac in dem Bilde der Gnaden / das sich in Christo in gottes gerechtigkeit ein gab / vnd sie mit liebe er fillete / vnd den zorn stillete / Den Christus solte den spötter in Ismael / welcher war in gottes gerechtigkeit offenbar worden / mit seiner liebe Tinctur seines Bluttes ver wandeln / das Er köntte wider in Christo zur kintschaft kommen / daraus ihn die gerechtigkeit aus Abrahams güttern hatte aus gestossen / als vom Erbe der Natur / des geformbten vnd aus gesprochenen worttes Gottes.

81 Die figur mit Jacob vnd Esaw ist Nun das kegen spiel / wie Christus solte aus dem Reiche der Natur / ihres erbornen falschen willens / aus gestossen werden / Den als Er hatte vnser Sünde in der Adamischen Natur / ver stehet den quel / daraus die Sünde qual / als die zertheilden lebens gestelte in Menschlicher Natur auff / vnd an sich genommen / so sprach Er dennoch[22] / Mein reich ist nicht von diser welt / als in den zertheilten 4 Elementen / sondern in der temperatur / **82** Weil Aber Christus hatte die Menscheit in den zertheilten eigentschaften an genommen / So wolte ihn die gerechtigkeit der eusern ordnung in sich auch nicht dulden / den Er war aus einer Andern / als himlischer gerechtigkeit enspruссen / vnd komen in vnser arme Menscheit in diser welt eigentschaft / vns zu helffen / **83** Darumb sagte Er / des Menschen Sohn hat nicht da Er sein heupt hinlege[23] / vnd sagte doch auch Matej[24] ihme sey alle gewalt im himel vnd

21 Vgl. Gal 2,20.
22 Joh 18,36.
23 Mt 8,20.
24 Vgl. Mt 28,18.

auff Erden von seinem vater gegeben worden / da meinet Er den Innern grunt aller wesen / als die ewigkeit / welche in diser welt verborgen ligt vnd in Christo war offenbar worden / Die selbe offenbarung war nicht in diser welt daheime / vnd besaß nichts von diser welt wesen zum besitz oder eigenthumb.

84 Dises Bilde war Jacob / wie Christus solte von der welt aus gestossen vnd vertriben werden / den sein Bruder Esau / als das reich der eusern Natur gerechtigkeit Immerdar wolte tötten / das Jacob fur Esaw muste flihen / wie auch Christus für der phariseischen gerechtigkeit / im reiche der Natur / bis so lange das Jacob mit seinem geschencke von laban kam / vnd zu Esaw ein ging / vnd sich ihme ergab / ob Er ihn töttete oder leben lisse. Aber Jacob war noch nicht der rechte / dehn die gerechtigkeit der Natur in gottes vorsatze solte fassen vnd tötten / sondern Christus war es.

85 So sehen wir Nun alhie abermal die figur Christj vnd Adams / Als Jacob zu Esaw ging / vnd ihme das geschencke entkegen schickte / so ward Esaus zorn zer schellet / vnd in grosse erbarmde gestellet / das Er Jacob umb den hals fihl vnd weinete[25] / vnd ihme nichts that / sondern in liebe an nahm /

Also ist es die figur von Christo in vnser Menscheit / **86** In vnser Menscheit lag der zorn des vaters / als der zornige Esaw in der gerechtigkeit im zorne er wecket / wie Esaw wider Jacob. Aber Christus schickte sein gnaden geschencke / als die liebe in seinem Blutt / von der himlischen welt wesen dem zorne des vaters in vnser Natur in gottes gerechtigkeit / als in die Erste Adamische geburth der Natur entkegen / Vnd als sie dise in sich sahe / vnd fühlete / so ward gottes zorn in seiner gerechtigkeit der Natur in grosse erbarmbde gesetzt / dauon sein zorn alle sein recht verlohr vnd zer schellet wardt / dauon die Sonne ihren schein in gottes gerechtigkeit verlohr / vnd die Erde in diser zer

25 Vgl. Gen 33,4.

schellung erbebete / die felsen zer kluben / vnd die totten / welche gottes gerechtigkeit hatte in tott ver schlungen / in diser er barmde auff stunden /
87 Den dem Esaw war es umb die gerechtigkeit der ersten geburt zu thun / welche Er hatte Jacob verkauffet / vnd doch nicht wuste / wie es gott hatte also geschicket / das Er die figur Adams vnd Christj also für mahlete / Vnd darumb feindet Er Jacob / das Jacob den Segen Abrahams hatte den die gerechtigkeit der eignen Natur willen / wolte ihn in Esaw in Adams verterbte Natur haben / Aber die Natur des eignen willens / hatte das erbe gottes verlohren / Das brachte der ander Neue Adam in Christo wider in die Natur / so Muste Nun das Erste recht / als das Erste Naturliche leben sterben / vnd in Christo wider lebendig werden / Vnd kontte Esaw nicht in seinem Jeger Gottes reich in der gerechtigkeit erben / vnd war aus gestossen / auch noch in Mutter leibe / da die kinder weder Böses noch guttes getahn hatten / auff das gottes gerechtigkeit in seinem vorsatze der schepffung der Creatur gnug geschehe / 88 Aber in Christo nahm Er ihn nach dem gnaden geschencke (wider ahn) / nach dem Inren grunde des rechten Adamischen Menschen wider ahn / Nicht nach dem rechte seiner lebens Natur des eignen willens / darinen Er Esaw hieß / Den das E ist der Inner grunt da das paradeisische geschencke Inne lag / Aber die Saw war das ver worffne thier des reichs des eignen willens nach der irdigkeit / von dehme die schrifft saget[26] / Esaw habe ich gehasset / da Er noch in Mutterleibe lag / auff das die wahl Gottes bestinde / das nicht Esaw solte gottes kint sein in seinem falchen eignen Natur leben / sondern Christus in der rechten Adamischen Natur in Esaw / 89 Die Adamische Natur solte ihr recht gantz in saw verlihren nach ihrem willen vnd leben / Aber das wesen der Adamischen Natur / welches war das geformbte aus gesprochene wortt gottes solte (das wesen) in Christo bleiben / vnd solte mit dem

26 Vgl. Röm 9,13.

geschencke Christj im zorne versöhnet werden / welchs Bilde war / da Jacob dem Esaw das geschencke entkegen schickte / vnd ihn seinen herren hieß / Da ward der zorn des vaters in Esaw wegen des Natur rechtes ver söhnet / vnd hub an sich in die gröste erbarmde ein zu stellen / vnd fihl Jacob umb seinen hals vnd küsset ihn / vnd gab seinen willen in die Erste geburth in Jacob.[27] **90** Den Christus Muste sich gantz in den tott ein geben / vnd das Menschliche Natur recht seinem vater / als der gerechtigkeit über geben / Da starb Esaw abe / so weckt gott den Ersten Adam / als den rechten Menschen / der in gottes vorsatze war geschaffen worden / in der gnade der liebe / welche hatte die gerechtigkeit für gott er füllet / auff / Da war es nicht mehr Esaw / sondern ein glied Christj / **91** Das Aber die schrifft also auff die predestination gehet / das ist gar recht / Den Esaw ist das Bilde gottes zornes das in Adam entstunt / das ist ver dampt / auff das der gerechtigkeit gottes gnug geschehe / vnd der reichtumb seiner gnade in Jacob / als in Christo in gottes gerechtigkeit offenbar würde / Den das leben in dem Natur willen / das Esaw hieß / das war Adams Neu leben nach der auff gewachten eigentschaft der finstern welt / wie auch bey Cain / vnd Ismael also / das hatte gottes gerechtigkeit im zorne ergriffen / vnd sich darinen offenbaret / vnd das war verdammet / Aber nicht der Seelische grunt / als das gantze Centrum der Natur / als das geformbt wortt nach der Seelen / war darumb von gott verstossen / Nein Nein / sie wahren aus den kindern der heiligen entsprüssen / Nicht von der Saw / wie ietzo in vielen geschihet / da der Inner grunt vol teuffel ist. **92** Das gnaden geschencke der ein geleibten stime lag im Innern grunde / Aber nicht im Ens des lebens als wie im Jacob Isaac vnd Abel welcher Ens Christus war / der sich wolte mit seiner stime in dises ein gesprochene wortt in den Inren grunt der armen im zorne gottes gefangenen Seelen ein sprechen / wie geschriben

27 Vgl. Gen 33,4.

stehet / Ich bin kommen / zu suchen vnd selig zu machen das ver lohren ist. Als Esaw Ismael vnd ihres gleichen / welche in Gottes Haß er griffen vnd ver lohren wahren / so sagte Christus / Er wehre kommen den armen sünder zu suchen der ver lohren wehre / vnd nicht den gerechten[28] / **93** Den Jacob Isaac vnd Abel wahren die gerechten / den die gnade hatte sich In Ihnen offenbaret / vnd den eignen willen der Sünden im leben er töttet / vnd sich dem wahren Ersten gehabten lebens grunde zu einem Neuen leben ein gegeben / So wahren sie Nun in dem selben Neuen leben gerecht / vnd hatten friede mit gottes gerechtigkeit / ver stehet / nach der Seelen / Aber nach dem eusern leben wahren sie noch vntter dem fluche / darumb muste der euser leib sterben. Den nicht sie selber von Natur wahren die gerechten / sondern die gnade machte sie gerecht / welche gnade sich in Inen in einen Ens des lebens ergab / darinen das Seelen leben Brantte / welchs Neue götliche feuer den Haß gottes zornes in liebe wandelte / darinen sie gerecht wahren.

94 So sprichstu / warumb nicht auch also in Cain / Ismael vnd Esaw.

Nein / der vorsatz Gottes muste bestehen / als die ordnung seines aus gesprochenen worttes / Er wendet das selbige nicht wider zu Rücke / sein zorn Muste nicht getöttet vnd zerbrochen werden / den Er ist eine vrsache das die gnade offenbar würde / darzu ist Er die vrsache / das die gnade in freudenreich gewandelt wirt / Auch ist Er die vrsache das die gnade eine feurische liebe wirt. Christus aber ist der ander vorsatz (seiner Gnade) / den offenbarte Er in Abel Isaac vnd Jacob / vnd stelte die figur dar / wie es gehen solte. **95** Den Christus solte in der gerechtigkeit gottes zornes offenbar werden / das Erkant würde / was gnade wehre / Adam stunt in gottes Gnade vnd in seinem zorne in der Temperatur / vnd war keines in seinem leben offenbar / den sie stunden in gleichem gewichte / Solte Nun die gnade offenbar werden /

28 Vgl. Mt 9,13.

so muste der zorn vor hin offenbar werden / auff das die gnade geursachet würde / sich im zorne zu bewegen / vnd dem zorne zu ergeben / vnd ihn zu tilgen / welche ein ergeben vnd tilgen die vrsache der götlichen freudenreich / vnd feurischen liebe / im leben des Menschen ist / daraus Gottes Erbarmen / auch Glauben / liebe vnd hoffnung / als das vertrawen in Gott seinen vrstant im Menschen genommen hatt. Welchs in der Temperatur nicht sein mochte /
96 den ein ding das in gleichem gewichte Inne stehet / das hat kein bewegen / oder begehren zu edwas / es ist Eines / vnd ist sein selber / Wen es aber aus der Temperatur aus gehet / so ists viel / dazu zer brechlich / vnd verleuret die selbheit / dehme thut Noth hilffe / als Gnade vnd erbarmen. Den so das nicht balde geschihet / das ihme geholffen wirtt / so tritt es doch in die hoffnung / So aber der hoffnung zu gesaget wirtt das ihr sol hilffe geschehen / so tritt es in glauben / vnd der Glaube vrsachet die begürde in der hoffnung / vnd die begürde Nimpt die zusage in sich ein / vnd fasset die selbe in sich / das sie wesentlich wirtt / Vnd in dem selben wesen ist Nun die Gnade vnd das Erbarmen / den das selbe wesen wirt in der zusage genomen / vnd in wesen gefasset welchs wesen sich mus dem Ersten rechte das das ding in sich gemacht hat Ein ergeben / Vnd so das geschihet / so findet das Erste machende ein Neu leben in sich / das aus der hofnung / vnd aus dem glauben / vnd der begürde / mit dem in sich fassen / entstanden ist / vnd findet das es mehr Geistlich ist / als das Erste / dar aus das ding enstanden ist / darumb kans ihme nicht widerstant thun / sondern mus das geistliche leben lassen in sich wohnen / **97** Vnd alhie vrstendet die wider bringung des Ersten wesens / das sich zer brochen hatt / das der letzte leib besser ist / als der Erste / den Er ist gantz geistlich / aus Glauben hoffnung vnd begürde erbohren / Dehn entzindet das Erste feuer mit seiner begürde / dauon die feurinde liebe entstehet.

98 Also verstehet vns doch nur recht. Adam war das gantze Bilde gottes in liebe vnd zorn / Aber Er stunt in der gleicheit der eigentschaften / vnd war keines fürm Andern offenbar / Als Er sich aber durch des teuffels trug in lust ein fürtte / so zerbrach das selbe Bilde vnd entschiden sich die eigentschaften der Temperatur / Nun thete ihme hilffe Noth / so sprach ihme Gott das wortt Ein / das Nam die hungrige begürde nach hilffe / ahn / vnd fasset das / vnd setzte seinen willen darein / als in eine hofnung / das ihme würde gerahten werden / Vnd die begürde fassete die hoffnung in einen Ens des wesens / ietzt war das ein gesprochene wortt wesentlich / vnd hieß Glauben / als ein Nehmen / das die Scientz des ewigen willens in sich Nahm / vnd sich darein ergab / den dises wesen war edler / als das Erste aus dem vorsatze des gesprochenenworttes / so ging die feurische liebe aus dem zorn feuer in dem vorsatze der ewigen Natur ahn / Den diser Ens des glaubens war vnzerbrechlich / vnd bestunt im zorn feuer / vnd in disem ein Nehmen des zorn feuers / ward das feuer des grimes in die freuden reiche liebe gewandelt / **99** Vnd dises ist der grunt Christj / aus dem ein gesprochenen wortte / Der scheidet sich in Adam in eine eigne figur in dem Ens der Natur / dar aus kam Abel vnd aus der zerbrochenen figur kam Cain / Nun hatte aber Abel auch Cains Natur in dem glaubens Ente darinen die seel stunt / Aber der zerbrochene wille war ver wandelt in einen gantzen / den die zerbrehung ruhet im Ens des glaubens / das war Christj figur.

Nun war Aber Adams Seele zu gesaget / ver stehet der zer brochenen Natur der See(lisch)lischen / vnd des leibes eigentschaft / das des weibes sahmen solte der eingefürtten schlangen eigentschaft / den Kopff zer tretten / vnd Adam helffen / So Muste der selbe schlangen tretter eine Ander per sohn sein / Als Adam / in welchem Gott offenbar wehre / der das thun köntte / der Adam das ein gesprochene wortt er weckte / das ist / der auch die macht vnd krafft des ein sprechens hette / **100** Den ob wol das ein sprechen in Adam lebendig vnd offenbar war / so war es Aber doch umb seine Kinder zu thun / welcher ein gesprochene grunt mit der

Sünden bedeckt / vnd noch nicht geschiden wehre / wie mit Cain vnd Abel. Vnd auch darumb / das der Menschliche Ens in dem Sünder / als dehn gottes gerechtigkeit im zorne hette ergriffen / Eine gnaden stime hette / die in ihn ein spreche / vnd den Inren Ersten ein gesprochenen grunt des worttes götlicher krafft er weckte /

101 Den der Gott Jehoua / sprach den Nahmen Jesus in Adam Nach dem valle in ein würcklich leben / das ist / Er offenbarte ihn / im himlischen Ente Adams / welcher verblichen war /

Der selbe Nahmen Jesus ward / in dehme ihn gott in die Seele einsprach / durch welch ein sprechen die Seel Adams wider einer götlichen begürde aus dem sterben er weckt wardt / in der Seelen ein leben . das fassete der Seelen er weckte begürde in sich / vnd die selbige er weckte begürde / war der anfang des glaubens / Die scheidet sich von der falschen begürde eigentschaft in ein Bilde / als in einen Ens / daraus kam Abel vnd aus der (Seelen) Adamischen Seelen eigenheit nach der irdischen lust kam Cain / 102 Nun lag aber im grunde der Seelen eigenheit in dem Cainischen Ente auch der schall des worttes / das gott ein sprach / Aber diser Ens war des götlichen lebens im ein sprechen des worttes / nicht fehig / den der auff gewachte grim gottes in seinem vorsatz / des aus sprechens zur Natur / in der schidligkeit war darinen offenbar worden / So dorffte ietzt der selbe Seelische Ens eines andern vnd Noch mehr ein sprechens in das ein gesprochene wortt / das es auch lebendig im Seelen Ente würde /

103 Dises mochte nun nicht geschehen / es kehme den aus einem götlichen halle / oder ein sprechen / da das sprechen zu gleiche aus götlichem leben / vnd auch aus Seelischem lebens grunde ginge / da eine götliche heilige Seele wehre / die sich der (totten) ver terbten vnd an gott blinden in Seelischer vnd in götlicher krafft ein spreche / das die Seelische kraft in das Seelische / vnd das götliche / in das götliche ein ginge / vnd sich eines im andern auff weckte.

104 Den darumb war es gott zu thun / das Er die arme ver terbete rechte Adamische Seel nicht wolte verlassen / sondern stellete sie in Cains Bilde dar / vnd stellete den Nahmen Jesus in der andern linie kegen ihme darinen auch der Seelische grunt war / das sich der Nahme Jesus mit dem Neuen leben des Seelischen Grundes solte in Cains Seel ein sprechen / Vnd dises Bilde war Abel / aus welcher linie Christus nach vnser Menscheit kahm / vnd dehr war kommen / den armen im hasse gottes gefangnen Sünder zur Busse zu ruffen / Der hatte eine Menschliche in gott Neu geborne Seel / vnd kontte in die Seel / vnd auch in das ein gesprochene wortt gottes im paradis geschehen / Ein sprechen / vnd die Seel in einem Neuen götlichen hunger in sich er wecken / das sie das ein gesprochene an geerbte wortt in sich Ein Nahm / dauon ihr auch ein Neu leben entstunt.

105 Darumb verstehet vns Recht / wir reden teuer / als wir wol er kennen in gottes Gnade. Das Bilde Cains / Ismaels / Esaues / vnd ihres gleichen / seint alle vn wider geborne Menschen / sie seint der rechte Adam nach dem valle / Die ruffet Gott mit seinem ein sprechenden wortte / das Er vns in Christo gelehret hat / vnd das Er noch heutte in den Neu wider gebornen kindern / in dise verterbte Adamische kinder ein spricht / vnd sie dar mitte Ruffet / Matej 11. kompt alle zu mihr / nicht nur edliche / sondern alle.

106 Vnd das Bilde Abels / Isaacs vnd Jacobs / seint alle Menschen / welche sich durch das ein sprechen lassen erwecken / in dehnen das götliche ein sprechen fehet / Die bekomen in der Seelen ein Neu leben vnd willen / als einen götlichen hunger / welcher hunger das Erste paradisische ein geleibte wortt in sich / in dem Nahmen Jesu fehet / in fasset vnd wesentlich machet / da als den / Christus in Ihnen gebohren ist / vnd sie nach dem selben Neuen gebornen grunde / nicht mehr in diser welt seint / sondern im himel / Den es ist selber der heilige himel / als der wahre tempel Gottes / da Gott Mensch vnd Gott Inne ist / da das wortt fleisch / ver stehet himlisch geistlich fleisch wirtt / welchs

heilige Seelen feuer von Christj fleische isset / vnd (ihr) sein leben dauon hat. Johan 6.
107 Also stellen wir euch Nun das ver stentnis mit Esaw für / da die schrifft saget / Er habe Esaw gehasset / vnd Jacob geliebet / da die kinder noch weder böses noch guttes getahn hatten / auff das der vorsatz gottes bestinde[29] / Esaw war Adams verterbtes Bilde / vnd Jacob das Bilde Christj / Das zeigte alhie gott in der figur / wie der haß im vorsatze des aussprechenden worttes sey in Adam offenbar worden / darinen Er im tode vnd gottes zorne lag / vnd ein lautter has gottes war / den das heilige leben war tott oder ver wandelt / Dessen Bilde war Esaw / Er war in gottes haß in Mutter leibe empfangen / den das Bilde Christj hatte sich von ihme in Jacob geschiden / Das stunt Nun mit einer heiligen Seelen kegen Esaw / vnd solte Esaw ein sprechen / vnd die arme krancke gefangne Seel mit seinem Inne wohnenden götlichen halle bewegen / das die verterbte Adamische Seel in dem Einsprechen des Nahmes Jesu er weckt würde / 108 Aber das ein sprechen solte nicht für über gehen / sondern sich in gottes gerechtigkeit in haß vnd zorn ein ergeben / wie Christus sich in gottes has in die gerechtigkeit Muste ein ergeben / vnd das erbarmden mit seiner liebe in dem Nahmen Jesu erwecken / vnd das zorn feuer mit seinem ein ergeben in ein liebe feuer / als in die grosse sehnende Erbarmde / der lieben kintschaft ver wandeln. Wie Jacob seines Bruders Esaw zorn in grosse erbarmde wandelte / als Er ihme sein geschencke zu vorhin schickte / vnd lis ihme sagen / Er er gebe sich in seine gnade / als in seinen gerechten zorn in ihn ein / das Er ihme hatte die Erste geburt hin weg genomen / vnd das Er mechte durch dises geschencke gnade bey ihme erlangen / so wolte Er sich mit allem dehme was Er hette dem Esaw seinem Bruder zum eigenthumb ergeben / Welchs in Christo erfüllet wardt / der hatte vnser Seel in sich ein genomen / Aber Er hatte das heilige kleinot Gottes / das

29 Vgl. Röm 9,11.

in Adam verborgen lag mitte aus Adam in sich genomen / Darumb der has gottes entstanden war / umb die Erste geburth / als umb die gerechtigkeit Gottes / den das kleinot gebührete dem Ersten Adamischen Bilde in gottes gleichnis. Das Nahm gott mit Abel in eine Neue figur aus Adam /
109 vnd alhie was nun der haß in dem Bilde wegen gottes gerechtigkeit umb das kleinot / darumb Esaw mit seinem Bruder Jacob in Christj Bilde zürnete. Darumb Muste sich Jacob dem Esaw mit sampt dem kleinot vnd allem dehme das Er hatte ein ergeben / Also auch Muste sich Christus mit dem selben kleinot des Nahmes Jesu / der gerechtigkeit des vor satzes gottes gantz ein ergeben / vnd das kleinot wider in has des vorsatzes ein ergeben /
110 So sprichstu / warumb führte Gott solchen proces / mochte Er das kleinot nicht Adam lassen / der es in Natur recht / als der Erste geborne im wortte des vorsatzes gottes in götlicher Bildung war hatte. Nein / Warumb / Darumb / das das kleinot in der höchsten liebe gottes wehre im Menschen / als im Bilde gottes verborgen bliben / so Muste es durch solchen proces in der wider geburth offenbar werden / auff das die liebe vnd gnade gottes erkant vnd im Menschen offenbar würde . das der Mensch vrsache hette Gott zu lieben / vnd sein lob in der gnade zu erheben / Welches erheben eine eitel götliche formunge vnd gebärunge in der weisheit gottes ist / da das wortt Gottes da durch auch im Menschen gebohren wirtt / vnd der Mensch auch Gott gebühret als der vater gebüret den Sohn im menschen / das Er also ein wesentlicher Gott sey / als eine Harmonj der götlichen freudenreich.
111 Den als Christus das kleinot gottes gerechtigkeit in haß ein ergab / so wandelte sich der zorn in eine hoch triumpffirende freudenreich / vnd ward das lob gottes offenbar / welchs in Adam nicht sein Mochte / als Er in der Temperatur stunt / den der grim erfreuete sich nun / das Er war aus der feintschaft in ein feuer der liebe verwandelt worden.
112 Vnd dises ist Nun die auff erstehung Christj vnd seiner

kinder / die Er also in ein liebe feuer durch seinen proces wandelt. Das wen sich die Seel lesset zihen / wen ihr Christus in ihr ruffet / so mus sie sich in ihn ergeben / als dene so stehet Christus in dem zorn feuer der Seelen auff / vnd wandelt das selbe in götliche freuden reich / in das lob gottes.

113 So Ver Nehmets doch nur lieben Brüder / wie gott habe Esaw gehasset / wie wol nicht gott / sondern gottes fürsatz als die gerechtigkeit in der schidlichen Scientz hassete das Bilde / das es nicht das Erste rechte Bilde war / das in der gerechtigkeit war geschaffen worden / Den das kleinot / als der Ens götlicher liebe war darinen verloschen / vnd Jacob hatte dehn / so hassete Nun der vorsatz gottes dises Bilde Esaw / das es nicht gottes Erstes Bilde in der liebe war / sondern im zorne / **114** Esau was das Bilde des hasses selber / den nicht gott kontte ihn hassen / sondern der vorsatz / als die feurische Natur / in der schidligkeit seines sprechens / da sich das feuer ahn zindet / vnd in ein principium zur offenbarung gottes in fasset / darinen das Creaturliche leben stehet. **115** so ver stehets doch nur / das das Creaturliche leben / ohne die offenbarung des lichtes / ein lauter feuer / haß / zorn vnd Neidt ist / Das war Adam nach dem valle / ohne das wider gnaden ein sprechen / So wol Cain / Ismael Esaw / vnd alle Menschen auser dem gnaden Ente der liebe / daraus das licht vrstendet.

116 Nun ist ietzt die frage . ob gottes gerechtigkeit in dem vorsatze habe Esaw zum ewigen verterben gehasset / Ja . in eigner macht kontte anders nichts mehr sein / Mehr fraget sichs / war das des wahren lautern gottes wille / das Esaw Cain vnd viel tausent ewig verterben sollen / Nein / sondern Christus war gottes vorsatz / so vns gott ein Gott heisset / **117** in Christo wil Gott / das allen Menschen geholffen werde[30] / Aber sein zorn wil sie alle verschlingen / in dehnen Er offenbar ist / Aber die schrifft saget / Gott hat seinen

30 Vgl. 1 Tim 2,4.

Sohn nicht in die welt / als in die Menscheit gesant / das Er sie richte / ver stocke / vnd verterbe / sondern das Er sie selig mache.[31] So sprichstu / welche Er wil . Ja / Er ruffet sie aber alle zu ihme / sie sollen alle komen / Warumb komen sie nicht alle / So sprichstu / Er zeucht sie nicht in ihnen zu sich / Das ist nicht warr / Er zeucht sie alle / Er lehret Inen alle in Inen / den sie wissen im lichte der Natur / da Er dem Gottlosen im verstande entgegnet / vnd ihme das recht weiset / was recht ist / welchs sie auch selber lehren vnd bekenen / das es recht sey / Aber nicht thun / Warumb aber das / Christus sprach / Vater ich wil das die du mir gegeben hast seint wo ich bin[32] / Item / es kompt Nimand zu mir / es zihe ihn den Mein vater zu mir.[33]

Wie gehet das zu / das Er sie nicht alle zeucht / Da ligt der grunt liebes besudeltes höltzel / Reuch in Bosen / wornach reuchestu / bistu nur in dem vorsatze des grimes in seiner Constellation ergriffen wie Esaw Ismael vnd der gleichen / So ist wol raht / Bistu aber eine distel aus den angeerbten würcklichen Sünden / da sich gottes vorsatz im zorne hat in eine figur des lebens ein gemodelt / dauon Gott sagte in seiner gerechtigkeit des vorsatzes / Er wolle die Sünde der Eltern an den kindern straffen / bis ins dritte vnd vierde Gliedt / so ists ferlich / Den diser lebendige vorsatz im zorne Gottes hat schone vorhin eine figur in der Scientz des sprechenden worttes / vnd ist auffs Neue von dem ein geleibten grunde der gnade geschiden / Nicht aus gottes vorsatz / sondern durch den quel der Sünden / welcher quel sich hat gantz mit dem zorne im vorsatze vereiniget / vnd in ein leben der finsternis ein geführet / alda ligt die eingeleibte gnade ferne / vnd ist Christus gestorben / vnd ruhet im grabe / vnd Ehe Er auff stehet / so ist diser Böser geist in ap grunt gefahren /

Diese Nun / heldt der vorsatz Gottes / vnd gibt sie nicht der

31 Vgl. Joh 3,17.
32 Vgl. Joh 17,24.
33 Vgl. Joh 6,44.

Gnade Christj / den sie seint distel kinder / ihr wille ist ein lebendiger teuffel in Engels gestalt vntter andern Meschen /
118 Der vorsatz gottes kennet einen Jeden Ens / weil Er noch ein Sahme in Mane vnd weibe ist / vnd weis wo zu dises holtz / wen es wirt zu einem Baume werden / Nütze ist / Vnd Nicht alleine kompt die distel von Mutter leibe / aus dem Ersten grunde / sondern auch durch euserlich ein felle der zeit / da den die Meisten verterben /
119 Dise alle ruffet Christus / ihr viel haben auch noch ein fünckel götliches zuges in Ihnen / das sie der vorsatz Christo / als seiner stime gibt / das sie zu zeitten Christum in Ihnen hören lehren / vnd die seint Nun beruffen / vnd geruffen / Aber die eusern ein felle verterben das wider / vnd Creutzigen Christj stime vnd ein ruffen / Ehe Er in Inen Mensch gebohren wirtt / vnd führen an Christj stette der schlangen Ens Ein / Vnd wen es den zur wahl kompt in der Erntte zeit da man das korn aus dreschet / vnd würffelt / so ist dises nur eine spreu eines kornes / vnd hat nicht götlich gewichte vnd schwerde in sich / so bleibets als den dahinden im Centro der fünsternis / in gottes gerechtigkeit im zorne / So heissets als denne / Wenig seint aus Erwehlet / den der haus vater wehlet ihme nur die gutte frucht zu seiner speise / das ander gibt Er dem viehe / Also auch alhie / was nicht im götlichen Ente auff wechset / vnd aus Gott gebohren wirt / das kan gott nicht schawen / Joh. 3.
120 So sprichstu / ist den Esaw aus gottes Has entlich Neu gebohren worden / vnd selig worden.
Dises sollen wir nicht Richten / den Gott spricht / die Rache ist meine / Ich wil in meiner gerechtigkeit vergelten.[34] Wir sagen mit grunde / das Esaw ist in Adams Sünde als ein wahres Bilde Adams nach dem valle / gebohren vnd in Mutterleibe im vorsatze gottes zornes er griffen gewesen / wie alle arme sünder / vnd Jacob im Bilde Christj in der Neugebornen liebe / als ein forbilde Christj / Welcher

34 Vgl. Röm 12,19.

Christus war komen dem armen sünder zu ruffen / vnd ihn selig zu machen / do ferne ihn die gerechtigkeit gottes im zorne folgen lesset / wegen der angeerbten / vnd in die ewige Scientz eingefasten greuel / so wol der würcklichen greuel / welche das halten seint. wie geschriben stehet / Euer sünde scheiden euch vnd euren gott von einander.

121 Weil aber Esaw von heiligen Eltern hehrkomen vnd gebohren ist / vnd nur in der schidligkeit / als ein Bilde der verterbten Natur alda stunt / vnd Gott auch das Bilde Christj aus dem selben seiner eltern sahmen geschiden hatte / als seinen Bruder Jacob / vnd kegen ihm gestellet / welcher Jacob ihn auch letzlich in die gröste erbarmbde durch sein geschencke vnd demut brachte. welchs das geschencke Christj in Esaw an deutet / das ihn also wolte umb wenden / vnd aus dem zornigen er griffenen vorsatze gottes gerechtigkeit zihen / das Er in reue seines Bösen willens solte also weinen vnd Busse thun / wie Er thete. da Er Jacob umbfing / vnd an seinem halse weinete / vnd den Mordt geist sincken lies wider Jacob / So sollen wir ihn mit Nichten verdamen / Wir verdamen ihn nur nach der schrifft / welche ihn in Adams Bosheit / als Er noch nicht Neugebohren war / verdamet / in welchem begriff gottes gerechtigkeit gnug geschihet / vnd die gnade aber in der Busse offenbar wirtt /

122 Wir wissen nicht / ob ihn nicht gott habe bekehret / welchs die figur / als Jacob von laban zu ihme kam / wol an deutet / Den in Adam war Er tott / Aber in Christo mochte Er lebendig werden / den die gnaden portte stunt kegen ihme offen / so wol als seinen Eltern . welche zwar in Christj linie waren. Das sie Aber auch haben Adams gifft vnd tott im fleische gehabet / vnd den quel der sünden von Adam / das bewehret sich an Esaw / Ismael vnd Cain.

123 Aber der vernunfft sollen wir alhie nichts glauben / die da saget / Gott habe Esaw verstockt / vnd zur ewigen verdamnis ge urtheilet / es ist nicht in Heiliger schrifft zu beweisen / das ihn gott verstockt habe / das es der götliche wille sey / sondern der vorsatz in gottes gerechtigkeit hat es

getahn / nicht durch einen eusern ein griff eines gefasten götlichen willens / sondern aus der verterbten Natur / aus Adams eigentschaft in Esaw seinem wesen selber / vnd nicht ein frembder zu fahl / oder ein griff / wie die vernunfft richtet welche nichtes von Gott weis was Er ist / vnd Imerdar den Menschen weit von Gott mahlet / do doch gott in allen Menschen offenbar ist / in iedem menschen nach seiner eigentschaft seines lebens.
Disen Grunt haben wir dem lehser also weitleuffig er kleret / das Er vnsern Sin / in nach folgenden kurtzen schlussen verstehe.

Das 10 Capittel
Kurtze Ver fassung der schrifft ein würffe welche ein würffe die vernunfft gefangen halten / wie die zu verstehen seint.

1 Die Epistel an die Römer / als das 9te vnd 11te Capittel irren die vernunfft / vnd seint den gotlosen ein stein des anstosses / vnd ein (fle) fels der Ergernis / Aber den heiligen ein licht des lebens / Den alda stehet[1]. sie seint nicht alle Israeliter / die von Israel seint / Auch nicht alle die aus Abrahams sahmen seint / seint darumb auch kinder / sondern in Isaac sol dir der same genennet werden / Den das seint nicht kinder / die nach dem fleische kinder seint / sondern die kinder der ver heissung werden für Sahmen gerechnet / den dis ist ein wortt der ver heissung / da Er spricht / umb dise zeit wil ich komen / vnd Sara sol einen Sohn haben.

2 Antwortt.

Die vernunfft verstehet / als ob die verheissung in disem Abrahams sahmen an fahe / Wir aber sehen / das sich die verheissung hat im paradis angefangen / vnd alhie beim

1 Vgl. Röm 9,7 ff.

Abraham in eine figur / Nach dem Reiche der Natur in Ismael / vnd nach dem Reiche der gnaden in Isaac geformet / als in ein Bilde des künftigen / wie den auch in Cain vnd Abel. **3** Das reich der Natur war im Menschen im vrsprunglichen vorsatze zum Menschen Bilde im zorne ergriffen worden / vnd das kontte mehr nicht gottes kinder vnd rechten sahmen gottes gebehren / sondern kinder des zornes / vnd des verterbten fleisches Darumb sagte S. Paulus / das nicht alle kinder vnd Sahmen Gottes von Abraham werden / sondern die aus der ver heissung Neugebohren würden / als aus dem ein geleibten wortte im paradis / welchs Gott mit Abraham verneuerte / als Er wolte sein Bildnis aus der verheissung dar stellen / **4** Den ein Jeder Mensch der da sol selig werden / In dehme mus das wortt der verheissung von der gnade / Ein Ens vnd wesen werden / welchs nicht allen in Mutterleibe / wie Isaac / geschihet / sondern in der Busse vnd bekehrung / wie Gott im Esaia saget.[2] Ob Euer sünde Blutt Rott wehre / so ihr euch bekehret / so sol sie schne weis als wolle werden / Das geschihet / wen sich das Reich der gnaden / im Reiche der Natur offenbaret / das heisset recht / wie zu Abraham gesagt wardt / das ist der Bunt / umb dise zeit wil ich komen / so sol Sara einen Sohn haben[3] / **5** Das ist / wen der arme sünder Busse thut / so kompt gott in Christj geiste vnd gebühret einen Neuen Sohn aus Christj fleische vnd Blutte in ihme / das ist / die Seel Er greiffet Christum in sich im glauben vnd in der hoffnung / vnd impresset die hoffnung in einen Ens / darinen das lebendige verheisne wortt Inne ist / alda gehet die schwengerung der Neuen Menscheit aus Christo ahn / Das ist als dene ein rechter glaubens sahmen / daraus Gottes kinder gebohren werden / als der taw aus der morgen Röte / als den henget Inen der alte Adam nur ahn / wie Abraham Isaac vnd Jacob / welche nach dem eusern Menschen auch sterblich vnd Sint-

2 Vgl. Jes 1,18.
3 Vgl. Gen 18,10 und Röm 9,9.

lich wahren / Aber der tempel Gottes des Inwendigen Menschen in Inen / war heilig Also auch in vns.

6 Weiter im texte Röm. 9.[4]

Nicht alleine aber ist mit dem also / sondern da Rebecca von dem einigen Isaac vnserm vater schwanger ward / Ehe die kinder gebohren worden / vnd weder guttes noch böses getahn hatten / auff das der fürsatz gottes bestünde / nach der wahl / ward zu ihr gesagt / Nicht aus verdinste der wercke / sondern aus gnade des beruffers . Also / Der grösser sol dinstbar werden dem kleinern / wie den geschriben stehet / Jacob habe ich geliebet / Aber Esaw habe ich gehasset.

Antwortt.

Alhie ligt nu die vernunfft blint / vnd ist eben wie forne nach der lenge er kleret / den das war gottes vorsatz / dehn Er Adam nach dem falle schenckt / Der Erste vorsatz ist der Naturliche Erste Adam / der war der grösser / als das Erste Bilde gottes im vor satze der götlichen Scientz aus dem sprechenden wortte der schidligkeit der kreffte / Aber in ihme war die gnade nicht offenbar / viel weniger die grosse liebe vnd demut in Jesu / **7** Darumb kam Gott mit dem Andern vorsatze / der in der gnad verborgen lag / vnd gab ihn in das Erste Bilde ein / vnd offenbaret die gnade durch das Erste Bilde / vnd töttet des Ersten leben mit der gnade / vnd erhub das leben der gnade in dem ersten vorsatze / über den vor satz des grössern Bildes / als des ersten Naturlichen / **8** Darumb saget der text in Mose genesis 25[5] zu Rebecca / der grösser sol dem kleinern dihnen / auff das der vor satz in der gnaden offenbarung bestunde / Den Esau in dem grössern Ersten Bilde Adams habe ich gehasset / da Er wolte ein eigen Herr sein / vnd in Bös vnd gutt leben / vnd die gnade nicht erkenen / Aber Jacob in meinem rechten götlichen vor satze / den ich aus meinem götlichen willen der gnade von ewigkeit habe gebohren / dehn habe ich gelibet / vnd ihn zum

4 Vgl. Röm 9,10 ff.
5 Vgl. Gen 25,23.

Herren über die Natur gesetzt / Darumb sagte Christus ihme were alle gewalt gegeben worden[6] / den Er war der kleiner / als aus gottes demut vnd liebe / die setzte gott über das reich seines zornes / auff das das reich seines zornes in dem kleinern / als in gottes gnade Gott dihne / vnd offenbar werde / 9 Vnd darumb ward auch Ismael euserlich das Erbe entzogen / an zu deuten / das gott hette das Erbe dem Menschen so aus der gnade gebohren würde gegeben. In disem hassen irret Nun die vernunfft / vnd ver stehet nicht den grunt / wie oben gemeldet.

10 Weiter im texte Röm. 9.[7]

Was wollen wir den hie sagen / ist den gott vngerecht. Das sey ferne / den Er spricht zu Mosj / Welchem ich gnedig bin / dem bin ich gnedig / vnd welchs ich mich Erbarme / des Erbarme ich mich / So ligt es Nun nicht an Jemandes wollen / oder lauffen / Sondern an gottes erbarmen / Den die schrifft saget zu pharao / Eben darumb habe ich dich er wecket / das ich an dir meine macht erzeige / auff das mein Nahme verkindiget werde in allen landen / so Er barmet Er sich nun welchs Er wil / vnd ver stockt wehe Er wil.

Antwortt.

Alhie ligt die ver nunfft gar tott ohne götlich licht / wie den geschriben stehet / Der Naturliche Mensch ver nimpt nichts vom geheimnis gottes / es ist ihr eine thorheit.[8]

11 Hie vertehdiget S. Paulus Gott / vnd saget / das Er recht richte / In dehme Er sich erbarmet welcher Er wil[9] / vnd das ist auch eben der grunt. Den Er wil keiner in seinem erbarmen / als Nur diser / die aus seinem vor satze der gnaden aus Christo gebohren werden / dehrer armen gefangnen Seelen Erbarmet Er sich / Das ist / wen die Seel das wortt der ver heischung ergreiffet / vnd fassets / wie Abraham / so wirt ihme die selbe fassung des Neuen gnaden

6 Vgl. Mt 28,18.
7 Röm 9,14–18.
8 Vgl. 1 Kor 2,14.
9 Vgl. Röm 9,14 f.

Entes zur gerechtigkeit gerechnet / wie Abraham / da geschriben stehet[10] / Abraham glaubet gott / vnd das ward ihme zur gerechtigkeit gerechnet / **12** Den glauben heisset Nehmen / vnd in fassen / als das wortt der verheissung in sich fassen / das es wesentlich wirt / so gehet das erbarmen darinen auff / Den der kleiner / welcher anfenglich nur ein wortt der krafft ist / der wirt also gros / das Er den grossen / als die feurische Seel der ewigen Natur in gottes Ersten ewigen vorsatze über waltiget /

13 Das Aber stehet / Er erbarmet sich welcher Er wil / vnd verstockt welche Er wil / das verstehet man in den zweyen vorsetzen / Als in Christo ist der götliche / der erbarmet er sich / den Christus ist sein wollen zum erbarmen / es ist sonst kein ander wollen in gott zum erbarmen / als nur das einige / das Er in Christo hat offenbaret / **14** Den das Erste götliche wollen in Adams Ersten Bildnis / da Er in vnschuld war / ist im Menschen verblichen / als ein licht in der kertzen aus lischt / Das selbe wol wollen ist ver lohren / nicht in gott / sondern im Menschen / vnd aus dem selben wol wollen / welch wollen der Nahme Jehoua ist / hat sich das wollen der liebe vnd gnade in dem Nahmen Jesu in Adam nach dem valle eröffnet / durch das ein sprechen vom schlangen tretter / Den mit disem Neuen wol wollen in dem Nahmen Jesu / gab gott das wol wollen im Menschen / seinem Sohne Jesu / wie Christus sagte[11] / Vater / das ist Jehoua oder du grosser Gott in feuer vnd lichte / die Menschen wahren deine / vnd du hast sie mir gegeben / vnd ich gebe Inen das ewige leben.

15 Das Ander wollen ist in dem vorsatze des Ersten grundes des gottes Jehoua / Da das theil des lichtes in Adam verbleich / so ward die feurische eigentschaft in disem wollen / als der zornige Gott offenbar / der wil nun nach seiner eigentschaft / alles ver zehren / vnd in die fünsternis setzen / **16** So redet

10 Vgl. Röm 4,3.
11 Vgl. Joh 17,6.

Nun alhie der geist in Mose vom (vom) wollen Gottes nach liebe vnd zorn aus Beiden vorsetzen / als aus der Ersten gerechtigkeit / darinen Gott Adam schuff / vnd den aus dem vorsatze Christj aus der gnade / Als welchs ich mich in der liebe erbarme / welchen ich darinen ergreiffe / des erbarme ich mich / vnd welchen ich in meinem zorne finde / mit der tott sünden befleckt / vnd im sünden quel eines falschen lebens einer distel / als teuffels willen / dehn verstocke ich in meinem vorsatze des eiffers. Er kennet sie wol / wo zu ein Jeder dihnet.

17 So sol man alhie durch aus nicht wehnen / das in gottes vorsatze / so viel Er gott heisset / ein wille zur verstockung von aussen in Menschen ein fahre / sondern in des Menschen eigen grunde / im vorsatze gottes gerechtigkeit ist der quel vnd vrstent zur verstockung / den es ist des zornes wollen / dehn verstockt Er / wehn Er wil / Den die gantze Creatur des Menschen in gottes zorne / ist das selbe wollen zur verstockung / den sie wil nur die eitelkeit / vnd die ver stockt sie auch.

18 So ligt es Nun nicht am wollen / das der gotlose wil selig werden / auch nicht an seinem wercke seiner hende / sondern an gottes Erbarmen / das Er umb kehre / vnd werde mit dem falschen willen als ein kint / vnd werde aus dem Erbarmen der gnade Neugebohren / Den so es am wollen der eigen Natur lege / so köntte die Adamsche verterte Natur zur kintschaft komen / Aber Nein / sie mus des eigen wollens sterben / vnd aus dem wollen der gnade gebohren werden / das die gnade Christj in gottes wollen offenbar werde / darinen ist alleine das erbarmen / vnd wol wollen. Das heisset welcher Er wil / in liebe vnd zorne / den gotlosen wil Er im zorne / vnd den heiligen in der gnade / einen Jeden aus / vnd in seinem grunde / 19 Das verstehet recht.

Zu pharao ward gesaget / darumb habe ich dich verstockt vnd er weckt / das ich meinen Nahmen kunt mache allen landen.[12] pharao war nicht aus der gnade als aus dem gnaden

12 Vgl. Röm 9,17.

wollen gebohren / sondern aus dem zorn wollen / Vnd do gott wolte seinen Nahmen kunt machen / wie Er ein Herr sey / vnd wie seine gnade über den zorn hersche / so er weckte Er den zorn in dem ver stockten pharao / vnd Er greiff ihn im vor satze seines zornes in ihme / vnd hild ihn / das Er die wercke gottes nicht sehen mochte / den Er war an gott blint / Bis Gott die gestelte seines grimes in Turba magna sehen lis. 20 Das Aber die Missetat der egibter sey dis mal zu ihrer straffe alle gewesen / saget die schrifft / da sie deutet das Israel würde den egibtern mussen 400 Jahr dihnen / vnd als den wolte gott das selbe volck richten / den ihre Missetaht zur verstockung sey noch nicht alle.[13] Aber beim pharao war sie alle / vnd die ver stockung in Inen verhanden / Darumb so Brauchte ihn der vorsatz gottes im zorne zum werckzeuge / den die egibter hatten die plage erwecket / so Muste sie auch zur herlichen offenbarung götlicher gnade über gottes kinder dihnen das Gott lisse also an den gottlosen seinen zorn / vnd an seinen kindern die gnade sehen / 21 Den die zeit pharao / war eine zeit eines zihles / da alle ding in zeit / ziel masse vnd gewichte Ine ligen.[14]

22 Der vermeinte vorsatz von aussen / wirt in disem einigen texte S. Paulj gewaltig zu boden geworffen da die vernunfft meinet / Gott erwehle ihme edwan ein sonderlich volck / sonderliches Nahmes / wie die Secten in ihrem streitte also wütten / vnd wollen in ihrem Namen selig / vnd beruffne kinder sein für andern velckern / 23 da S. Paulus zum Röm 9 Cap. vers 24 saget / Welche Er beruffen hat / Nemlich vns / Nicht alleine aus den Juden / sondern auch aus den heiden / vnd beweherts mit dem propheten Osee. Ich wil das mein volck heissen / das nicht Mein volck war / vnd meine liebe / die nicht die liebe war / vnd sol geschehen an dem ortte / da zu Inen gesaget war / Ir seit nicht mein volck / sollen sie kinder des lebendigen Gottes genennet werden.[15] Etc.

13 Vgl. Gen 15,13.
14 Vgl. Weish 11,21.
15 Röm 9,25 f.

Antwortt.

Alhie sehen wir den Ersten beruff im pardeis durch das ein gesprochene gnaden wortt gewaltig / welchs von einem auff alle dringet /
24 Den die heiden wahren nicht aus Abrahams sahmen / mit dehme gott einen Bunt machte / es lag aber der Erste Bunt des gnaden ein gesprochenen worttes in Inen / als ein grunt / Darumb saget S. Paulus / das Er nicht alleine die Juden in ihrem Bunde / sondern auch die heiden im Bunde Christj beruffen vnd Er wehlet habe / vnd habe das volck seine liebe geheissen / das ihn nicht kantte / vnd von aussen in der vnbekantnis nicht sein volck war / Aber der vor satz der gnade / welcher sich im paradis nach dem valle hatte ein geleibet / durch das ein sprechen / der lag in Inen / darnach Nennet sie Gott seine liebe / Welchs ein geleibte wortt Er in Inen durch den Geist Christj / als die selbige gnaden stime hatte eine Seel an genomen / erweckte / das ihre Seel / welche in der fünsternüs verschlossen lag / die eingeleibte gnaden stime in der stime Christj / als durch ein erwecken eines Neuen einsprechens / Hörete / vnd die liebe in der Seelen an gezindet wardt. Vnd das gott nicht nur auff der Menschen wissen sehe / vnd ihme also ein volck aus seinem vorsatze zur kintschafft er wehle / das für andern velckern von seinem Nahmen wisse zu reden / sondern das Er auff seinen vor satz im paradeis auff gerichtet / welchen vorsatz Er von ewigkeit in der vnbildlichen figur des Menschen gehabet / sehe / als auff den Ersten grunt zur Menscheit / da der Mensch im Nahmen Jesu in götlicher weisheit ohne Creatur / in magischer in bildung gesehen worden ist / Welche in bildung auch nach dem Inren grunde in den heiden gewesen ist / als von einer ein bildung auff alle / Aus genommen die kinder des zornes / da sich die selbe inbildung im zorne gebildet hat / welche Inbildung des zornes nicht über gantze velcker gehet / sondern über die distel kinder im vorsatze des zornes in ihren angeerbten vnd würcklichen Sünden ergriffen /
25 Wie zu Elia gesaget wardt / als Er zu Gott sagete / Israel ist gantz von dir abe gewichen vnd Ich bin alleine über

bliben / vnd sie stehen mir auch nach dem leben / Ich habe mir noch lassen 7000 tausent über bleiben / die ihre kny nicht haben für Baal gebeuget / Das sint dise / welche / ob sie wol von aussen mit den heiden liffen / vnd vntter den falschen Juden wohneten / so war ihr hertze doch in den wahren Gott gerichtet / vnd eifferten in Blintheit vnd vnuerstant / wie Saulus / bis sich die gnade in Saulo erweckte / das Er sehende wardt / **26** Den Saulus meinte / Er thete dem wahren Gott einen dinst daran / wen Er die Jenigen vertilgete / welche das götliche gesetze wolten in einen andern schein / dehn Er nicht kantte / wandeln / Er eifferte im gesetze Gottes / aus seines hertzen grunde / Gott darmitte zu gefallen / Das thete Er nun nicht aus dem vorsatze gottes zornes / das ihn dehr hette ergriffen / vnd ins leben der fünsternis ver setzt / vnd das ihn gott als einen gantz im tode ver stockten habe aus einem sonderlichen vorsatze sonderlicher wahl angesehen / Nein / Er war auch einer vntter den 7000 / In welchem der Bunt der gnade vom wahren Sahmen Abraham vnd der verheissung im paradeis Inne lag / Aber der weg der selben gnade war ihme noch nicht offenbar / Er eifferte im gesetze der gerechtigkeit / vnd foderte das / das Er selber nicht thun kontte / Aber die verborgene gnade in ihme kontte es thun / welche sich in seinem eiffer offenbartte / vnd zum werckzeuge des zeugnis von der gnade Brauchte.

27 Darumb ist das eine Blintheit vnd vn wissenheit das ein volck saget / wir haben Christj lehr / Gott lesset bey vns Christum predigen / vnd bey Jenem volcke nicht / darumb hat vns Gott aus seinem vorsatze zu kindern der gnaden er wehlet / Vnd ob wir wol im leben nichts besser seint als Jene / So hat Er vns aber in seinem vorsatze Er wehlet / vnd in Christo vnser würckliche / vnd an geerbte Sünden gebüsset / das wir vns dessen nur dörffen trösten / vnd als ein gnaden geschencke an nehmen / Den vnser wercke gelten nichts für Gott / sondern die wahl seines vorsatzes / da Er den gottlosen in seinem vorsatze gerecht macht / da Er mit dem vor

satze seines willens den gotlosen aus der hellen zeucht / vnd selig machet.
28 Höre du Blinde Babilon vntter Christj purpur Mantel bedeckt / als eine hur vntter einem krantze / welche vol lust der hurerey steckt / vnd sich doch Jungfraw Nennet / Was ist die wahl vnd die gnade / dehrer du dich tröstet / vnd den selben Mantel der gnade über deine hurerey vnd laster aller Bosheit über dich deckest / wo stehet das in der schrifft / das eine hur zur Jungfraw durch herren Briffe vnd gnaden geschencke werde / welcher keiser kan eine geschwechte zur Jungfraw machen / wegen seiner gunst vnd wol wollens / Mag das auch sein / wo bleibt die Jungfraw im hertzen / vnd in der keuscheit / Gott fodert den ap grunt des hertzens / vnd saget[16] / es solle nicht eincher tittel seines gesetzes der gerechtigkeit vergehen / bis es alles erfüllet werde. Wo mitte wilstu die gerechtigkeit erfüllen / so du ohne götlich wesen in dir bist / 29 So sprichstu / Christus hat sie ein mahl für mich erfüllet / vnd dem gesetze gnug getahn / Das ist warr. Was gehet aber das dich ahn / der du auser Christo bist / vnd wandelst / bistu nicht in Christo in der würcklichen gnade / so hastu kein theil an ihme / den Er sagte[17] / wer nicht mit mir ist / der ist wider mich / vnd wer nicht mit mir samlet / der zer streuet / 30 Es gildt keine zu gerechnete gnade von aussen zu / sondern eine Ingeborne kintliche aus Christj fleisch vnd Blutt / das den verdinst Christj in sich an zihe / Nicht dehr Mensch vom Mane vnd weibe gebohren / aus der verterbten Natur / Er langt die gnade der kintschaft / das sich der selbe derfte trösten / vnd sagen / Christus hats getahn / Er spricht mich nun von sünden loß / Ich darff es nur gleuben das es geschehen sey Nein / der teuffel weis das auch / so wol der verdampte / welcher sich diser zu gerechneten gnade tröstet / Was hift ihn aber das / do Er doch verdampt wirtt / den nicht alle die da sagen / Herr Herr /

16 Vgl. Mt 5,18.
17 Lk 11,23.

sollen in das reich gottes ein gehen / sondern die den willen thun meines vaters im himel / Saget Christus[18] / 31 Was ist aber der selbe wille / den sie thun mussen / das sie zur kintschaft komen. Da saget Christus[19] / die da umb kehren / vnd werden als die kinder / vnd werden aus wasser vnd Geist / aus Gott gebohren[20] dise seints / Den Christus ist der wille Gottes / vnd die den selben thun wollen / die mussen aus Christo / aus seinem fleische vnd Blutte / aus dem wortte das Mensch wardt / das den tott vnd die Sünde in der Menscheit tilgete vnd in liebe wandelte / gebohren werden / vnd das verdinst Christj in der Seelen an zihen / vnd nach dem Inren ein geleibten gnaden grunde / der lebendige Christus werden / als eine wahre Rebe an seinem weinstocke / 32 Nicht durch trösten eines angenomnen frembden scheines / sondern Essentialiter / selbstendige wesentliche kinder Christj / da der ein gesprochene gnaden bunt mit wesen erfüllet wirtt / da die Seel von Christj fleische vnd Blutte isset vnd lebet / vnd solches nicht von aussen / sondern in ihr selber / da Christus Imerdar zur feurischen Seelen in gottes gerechtigkeit spricht / Nihm vnd iß mein fleisch / vnd trinck mein Blut / so bleibestu in mir / vnd ich in dir. Johan 6.[21] 33 Die feurische Scientz der Seelen nach dem Inren ewigen grunde / der wahren gerechtigkeit Gottes in seinem vorsatze zur Creatur der Seelen / Mus sich in Christj fleische vnd Blutte in wesen ein führen / vnd nicht durch frembden schein / sondern durch dehn / den gott in Adam nach dem valle offenbartte / vnd in Christo mit der Menscheit er füllete / da gott Mensch / vnd Mensch Gott wardt / Also auch nun in seinen gliedern / die aus der selben wurtzel endsprüssen / in dehnen Christus im ein geleibten gnaden Bunde lebendig wirtt / vnd die Seel vnd Menscheit an sich an Nimpt /

18 Vgl. Mt 7,21.
19 Vgl. Mt 18,3.
20 Vgl. Joh 3,5.
21 Vgl. Joh 6,56.

34 So ligt es Nun ietzo nicht alleine am eusern wissen / das ichs weiß / das ich einen gnedigen Gott in Christo habe / der die Sünde in der Menscheit hat getilget / sondern an dehme ligt es / das es auch in mir geschehe / das Christus der vom tode ist auff erstanden / auch in mir auff stehe / vnd über die Sünde in mir hersche / das Er auch die Sünde in mir tötte / als die Natur in ihrem bösen willen das der selbe in Christo gekreutziget vnd getöttet werde / vnd ein Neuer wille aus der Natur in Christj geiste / leben vnd willen in mir auff stehe / welcher gott wil / lebe / vnd gehorsame / welcher das gesetze erfülle / das ist / der sich in gehorsam ins gesetze ein ergibt / vnd das selbe mit dem götlichen liebe willen er füllet / das das gesetze in seiner gerechtigkeit / der liebe begürde vnter tahn werde / vnd sich auch in der liebe mitte er freue / **35** als den sinckt der zorn gottes von der Seelen vnd wirt sie im liebe geiste von pein erlöset / vnd lebet in gott. Darzu gehöret Nun Ernste Busse / in welcher die arme Seel ihren rachen / als den feuer Munt in gottes vorsatz des zornes auff sperret / vnd fasset sich in der ein geleibten gnade / mit der verheissung Christj / das Er wil den heiligen Geist geben / dehnen die ihn darumb Bitten[22] / Dise angebottene gnade mus als ein lebendiges sprechendes wortt in den Inren grunt der Ersten in Adam ein gesprochenen stime ein gefasset werden / durch die Seele / als durch das Centrum der Natur / durch die götliche Scientz des vngrundes / das es ein vor satz zur Busse / vnd zur umb wendung des greuels willens werde / In welchem vorsatze der Geist Christj im Ersten grunde der ein geleibten gnade / da sie von einem auff alle dringt / vermöge der schrifft / ein Neu leben gebühret / in welchem Neuen leben / der wille zur Sünde stirbet vnd vntter gehet / vnd ein wahrer ast aus Christj Baum aus wechset / da die Sünde hernach nur in dem sterblichen fleisch herschet / Der selbe Neue zweig Aber ist in Christo durch den zorn gottes / in dem vorsatze des zornes / durch

22 Vgl. Lk 11,13.

den ewigen tott zum leben der gnade hin durch gedrungen / wie Christus saget[23] / Wer an Mich gleubet / der wirt Nimmermehr sterben / sondern Er ist vom tode zum leben hindurch gedrungen.

36 So ist der glaube nun nicht ein aus wendig ding / das einer sage / bey vns ist die gnaden wahl / den es wirt Christus gelehret vnd bekant / Er hat vns für andern velckern erwehlet / das wir seine stimme hören / ob wir wol böse sint / so hat Er vns aber vnser Sünde in seinem vorsatze vergeben / vnd in Christj ver dinst getöttet / wir dürffen vns dessen nur ahn nehmen vnd trösten / Es wirt vns von aussen zu gerechnet vnd als eine gnade geschenckt. 37 Nein / Nein / es gilt nicht / Christus selber ist die zu gerechnet gnade vnd das geschencke / sampt dem verdinst / Wer dehn in sich hat / vnd der selbe in seinem Inren grunde selber ist / dehr ist ein Christ / vnd ist mit Christo gekreutziget vnd gestorben / vnd lebet in seiner aufferstehung / Dehme ist die gnade in Christj Geiste vnd leben zu gerechnet / den Er darff sich nicht lassen auch ans + hengen / sondern Er zeucht Christum in seinem gantzen verdinste ahn / Er zeucht den gekreutzigten vnd aufferstandenen Christum in sich ahn / vnd nimpt nur sein Joch auff sich /

Aber es heisset nicht nur wissen vnd trösten / den Christus wohnet nicht im leibe der bosheit / 38 sol Christus auff stehen in dir / so mus der wille des todes vnd teuffels in dir sterben / den Christus hat den tott zerbrochen / vnd die helle zer störet / vnd ist ein Herr über tott vnd helle worden / Wo Er in einem Menschen ein zeucht / alda mus tott vnd helle in dem Inren grunde / als in der Seelen alles zerbrechen vnd weichen / Er zer störet dem teuffel sein reich in der Seelen / vnd gebühret sie zu Gottes kinde / vnd zu seinem tempel / vnd gibt ihr seinen willen / vnd töttet den willen der verterbten Natur / das ist / Er Transmutiret ihn / in das wahre Bilde Gottes / den es stehet geschriben[24] / Christus ist

23 Vgl. Joh 5,24.
24 Vgl. 1 Kor 1,30.

vns zur gerechtigkeit gemacht worden / durch sein Blutt. Wil Nun ein Mensch dise gerechtigkeit haben / so mus Er sein Blut trincken / das es ihn rechtferttige / den die rechtferttigung geschihet im Blutte Christj im Menschen in der Seelen selber / Nicht durch euserlichen zu gerechneten frembden schein / **39** Das ist der zu gerechnete frembde schein / der vns im Blutte Christj in der gnaden gegeben wirtt / Da wir in sünden tott seint / so gibt vns gott dises gnaden geschencke in vns / zu einem Neuen leben / welches Neu leben die Sünde vnd den tott töttet / vnd vns als kinder der gnaden für gott stellet / Den Christus er füllet mit seinem liebe Blutte in vns gottes gerechtigkeit im zorne / vnd wandelt dehn in götliche freude.

40 So sich nun ein Mensch nicht in götlichem willen befindet / oder Ja in einer hertzlichen begürde zum wollen das Er gerne wolte Busse thun vnd gott gehorsamen / vnd Christum an zihen / der sage nicht das Er ein wahrer Christ sey / Das Munt geschwetze / da man mit der zungen Christum bekennet für gottes Sohn / vnd sich seiner gnade tröstet / vnd aber die schlange mit ihrem Gifft willen / zu hoffart / Geitz / Neidt vnd bosheit im hertzen nur wollen übels thun / beheldt / hilffet alles nichts / ein solch Mensch kreutziget nur Christum / vnd spottet seines verdinstes / den mit der zungen bekennet Er ihn / vnd mit der schlangen gifft im hertzen / wirffet Er ihn mit steinen vnd kotte / Er thut nichts mehr als die teuffel welche Christum für die krafft gottes bekantten / als Er sie aus trieb aus den besessenen. **41** Den nicht die Christum mit dem Munde alleine bekennen / sint darumb kinder / sondern die den willen seines vaters im himel thun / als in Christo selber / den Christus ist des vaters gutter wille / dehn kan Nimand thun / Er sey den in Christo / vnd thue ihn in Christj Geiste vnd leben. **42** Den nicht alle die von Abraham kommen sint gottes kinder / sondern die kinder des verheissenen Sahmens / aus dem selben sahmen Neu gebohren sint kinder / welche aus dem Blutte Christj Neu gebohren werden / vnd des Ersten Adamischen grundes im Blutte Christj in der gnade vnd liebe gottes er sterben / vnd auffersteehen ein Neuer Mensch / der in gerechtigkeit vnd reinigkeit für gott lebet / dehme nur die sünde im thirischen sterblichen fleische mit einer lust anhangen / über welche der Neue Mensch in Christo herschet / vnd die selbige zehmet / vnd des fleisches willen ver wirffet / Welchr aber nach des fleisches willen lebet vnd thut / vnd im hertzen vnd in der Seelen keinen andern Grunt hatt / der ist lebendig tott / sein munt bekennen hilffet ihn nichts / **43** Den das munt bekenen ohne den Inren wesentlichen grunt Christj / ist der wahre Anti Christ / der Christum bekennet / vnd mit der krafft ver leugnet / vnd sich selber an Christj stelle gesetzt hatt / anders saget Er / anders wil / vnd thut Er /

Dar umb saget der prophet Oseas / das der Herr das seine liebe Nenet / das nicht seine liebe war[25] / als dise / welche Christum im Nahmen vnd wesen nicht kennen / vnd von seiner offenbarung in der Menscheit nichts wissen vnd gehen aber mit der Seelen in ihren Inwendigen grunt da die gnade im paradis mit dem ein sprechen ein geleibet wardt / vnd er greiffen die gnade in gottes erbarmen / Das ist / die das Euangelium nicht hören vnd haben / gleuben aber in den einigen Gott / vnd geben sich in allen krefften in ihn Ein / vnd wollen gerne gott erkennen vnd liben / wüsten sie nur was sie thun solten / eiffern auch mit gantzem hertzen in der gerechtigkeit vnd warheit / Die selben / weil sie Christum nicht in seiner offenbarten stime hören Noch kennen / sint (sie) euserlich nicht gottes liebe / Aber nach dem In vendigen grunde / seint sie in die liebe der gnaden / als in den paradisischen Bunt in das ein geleibte wortt ein gewurtzelt / dise sagte Gott / Er wolte sie herzu führen zu seinem Abentmal / den sie wehren seine liebe / Vnd Eben darumb / das sie bezeugen in der krafft / das des gesetzes werck / vnd die liebe der gnade gottes sey in ihr hertze geschriben / so

25 Vgl. Hos 2,23.

sint sie Inen selber ein gesetze / Röm 2[26] welchs gesetze Christus in seiner gnade ein mahl durch sein Blut erfüllet hatt / welchs von einem auff alle drang / alle die aus der ein geleibten gnade im willen vnd geiste gebohren worden.
44 Den ob wol der text Johan 3[27] saget / wer nicht gleubet an den Nahmen des ein geborn̄en Sohnes gottes / der ist schon gerichtet / So kan man aber nicht sagen / das dise nicht an ihn gleuben / Den der euser Mensch an Inen gleubet vnd bekennet ihn nicht / den sie wissen nicht das Er Mensch worden ist / Aber der selbe Inner ein geleibte grunt des ein gesprochenen worttes der gnaden / dehme sie sich haben mit der Seelen verleibet / das gleubet in ihnen / auff den tag der offenbarung Jesu Christj / da Er sein reich wil offenbaren /
45 Den auch die väter der Juden kenneten ihn nicht im fleische / sondern nur im forbilde / als in der ein geleibten gnade / welche sich mit der figur im Bunde in ihrem gesetze offenbartte / vnd zogen Christum nicht im fleische ahn / bis auff seine offenbarung im fleische / Aber im Ersten ein geleibten Bunde vnd wortte in der krafft zogen sie ihn ahn / Als aber Christus den selben Bunt mit der Menscheit erfüllete / vnd das gesetze des zornes in der sünden mit seinem Blutte erfüllete / vnd die sünde in Inen / welche die Menscheit hatte auff gehalten / töttete / do zohen sie Christum im fleische ahn / alle die an ihn hatten in seinem Bunde gegleubet / Das ist / welche den Bunt in der krafft / als im Geiste hatten angezogen / in dehnen wardt der Bunt mit himlischem wesen er füllet / auch in dehnen welche nach dem eusern leibe wahren lange ver wesen / Welche Seel im bunde der krafft lebete / alle dise zogen Christum in seiner aufferstehung in Ihnen ahn / vnd stunden ihr viel mit ihme / nach seiner aufferstehung vom tode auff / in seinem leibe vnd ihrem leibe / vnd lissen sich zu Jerusalem sehen / zu einer zeugnis / das sie in Christo wehren auff gestanden vnd

26 Vgl. Röm 2,14.
27 Vgl. Joh 3,18.

hetten Christum im fleische angezogen / welcher ihren glauben hette in der Menscheit er füllet.
46 Darumb wirt dirs gesaget / du Blinde Christenheit mit deinem Munt geschwetze / das du ohne Christum im fleische / so weit / vnd viel weiter von Christo bist / als die fromen heiden / türcken vnd velcker / welche Christum im fleische nicht kennen / vnd gehen aber auff den In wendigen Ersten gruntt / 47 Den auser Christo hat der Mensch keinen Gott / den der Gott Jehoua hat die Menschen Christo / als dem Nahmen vnd der krafft Jesu / welche sich hat aus Jehoua offenbaret gegeben. so Nun ein frembling zu dem Gott Jehoua sich Nahet / vnd sich ihme ergibt / dehme gibt der gott Jehoua Christum / den Christus sagte auch / Vater / das ist / Jehoua / Ich habe der keinen verlohren die du mir gegeben hast / Das ist / der gott Jehoua wirt in der Seelen offenbar in dem bekehrten Sünder / diser offenbarung gibt sich der ein geleibte gnaden Bunt / zum eigenthumb / welcher gnaden Bunt mit seiner ein Nehmung der Seelen / sol offenbar werden / wen gott das verborgene der Menscheit offenbaren wirtt / an dem tage der widerkunfft des fleisches / vnd der aufferstehung der totten .
48 Darumb wirt dir du tittel vnd Maul Christenheit gesaget im eiffer Gottes / das du in deinem munt geschwetze ohne Christj Geist / fleisch vnd Blutt in dir / eben so wol heidnisch türckisch vnd für Gott frembde bist / als sie (Sie) / Deine vermeinte wahl sonderlicher an nehmung der kintschaft / auser der Neuen geburth / ist dein strick vnd vahl / Der zorn Gottes macht deinen falschen weg / dehn du gehest zum stricke deiner berückung / vnd führet dich in deinem aus wendigen schmucke in die gruben des todes vnd der hellen / das deine kinder fast eitel Mörder Geitzige hurer / dibe Neidige Boshaftige / Meinedige / treulose / störrige / der warheit wider strebende horffertige / im Sine des teuffels nach macht Ehren vnd gewalt / den Elenden zu vntter tretten / im Hertzen Sint / Aus wendig gleissen sie mit einer Munt heucheley / vnd decken die gnade Christj über disen

schalgk / Deine wahl vnd vorsatz mus ihrer schalckheit deckel sein / da du dir doch nichts als Christum in seinen gliedern so aus ihme gebohren (wirt) sind / Er wehlet hast / vnd nur Christus die gnaden wahl selber ist / Aber deine gerechtigkeit in deinem eiffer O Gott findet sie in deinem grim / darumb gehet es so übel zu.

49 O tiffe gnade gottes Er wecke dich doch noch eines in vns armen ver wirreten Blinden kindern / vnd reis abe des Anti Christes vnd teuffels stuel / dehn Er in gleisnerey hat (auff) auff gebawet / vnd laß vns doch noch Eines sehen dein Antlitz. O Gott die zeit deiner heim suchung ist Ja da / wer kennet aber deinen Arm für der grossen eitelkeit des wider Christes in seinem auff gebaweten reiche / Zerstöre du ihn Herr / vnd reis abe seine macht auff das dein kint Jesus offenbar werde allen zungen vnd velckern / vnd wir von des wider Christs macht hoffard vnd geitze erlöset werden . Haleluia / vom auff gang vnd Mitternacht zischet der Herr mit seiner krafft vnd macht / wer wil das wehren . Haleluia / in alle lande Sihet sein Auge der liebe / vnd seine warheit bleibet ewiglich . Haleluia . wir sint erlöset vom Joche des treibers / das sol Nimand mehr auff Bawen / den der Herr hats beschlossen in seinen wundern.

Das 11 Capittel
Weitere vergleichung vnd erklerung der sprüche von der wahl.

1 S. Paulus zum Röm. 10[1] spricht. Die gerechtigkeit aus dem glauben spricht Also. Sprich nicht in deinem Hertzen / wer wil hin auff gen himel fahren / das ist nicht anders / den Christum herab hohlen / Oder wer wil hinab in die tiffe

1 Röm 10,6 ff.

fahren / das ist nicht anders / den Christum von den totten holen / Aber was saget sie / Das wortt ist dir nahe / als nemlich in deinem Munde / vnd in deinem hertzen. Dis ist das wortt vom glauben / das wir predigen.

Antwortt.

Wer wil vns von einer frembden angenomnen gnade predigen / so das das wortt vom glauben alleine ist / das in vnserm Munde vnd hertzen in krafft schwebet / 2 Wie wil der Gottlose bekehret werden durch frembden schein / einer angenomnen kintschaft / Er nehme den das wortt / das Er in seinem Munde führet / da Er Christum mitte bekenet / in sein hertze / das es die Seel fasse in ihren aller Inresten grunt. Wo ist die angenomne kintschaft / ohne wo das wortt im hertzen der Seelen wurtzelt vnd wohnet. Wo Nimpt Gott die in sünden totten Menschen / in welchen alleine sein zorn lebet / vnd zwinget sie durch eine absonderliche wahl in den vorsatz seiner gnaden / Er lesset das wortt in dem Munde des gotlosen schweben / auch in seinen ohren / so es aber sein hertze in der Seelen nicht fasset / so lesset Er das licht im wortte den gotlosen ohren vnd hertzen verleschen / vnd solches darumb / das der Gotlose im vorsatze seines zornes ergriffen / vnd die Seel das leben der fünsternis mit ihrer angeerbten vnd ein gefürtten eitelkeit erwecket / vnd ahn gezindet hat / das es ein distel vnd schlangen leben ist / dehme sich das wortt gottes der liebe nicht ein eignet.

3 So vns Nun das wortt das in vnserm Munde vnd hertzen schwebet zu kindern des glaubens machet / so mag keine frembde an nehmung gelten / durch sonderlichen von aussen er welten schein / sondern das In geborne / vnd wider aus der selben Ingeburth aus sprechende wortt / da Christus aus seinem grunde mit der Seelen / vnd durch die Seele redet / das ist die kintschaft der an nehmung.

Den so du mit deinem Munde (gleubest Je) bekenest Jesum / das Er der Herr sey / vnd gleubest in deinem hertzen / das ihn gott von totten aufferweckt hat / so wirstu selig.[2] Aber

2 Röm 10,9.

nicht durch einen ap sonderlichen wahn / sondern der Geist Christj mus in dir bekenen / das Jesus Christus in dir von den totten auff erstanden sey. Dein munt bekenen ohne die aufferstehung Christj in dir hilffet dich nichts / den Christus sprach / ohne mich könnet ihr nichts thun. Item / Nimand kan Gott einen herren heissen ohne Christum in ihme / den Er er greiffet das wortt Herr / ohne Christum nicht in der krafft / darumb ist sein Herr heissen ohne leben.
Den es ist kein vntter scheidt vntter Juden vnd grichen / Es ist aller zu mal ein Herr / Reich über alle die ihn anruffen[3]
4 Den wer den Namen des Herren wirtt anruffen / der sol selig werden. Röm 10 / vers 13
Hie Macht S. Paulus keinen vntterscheidt vntter den völckern / sondern wer gottes in seinem hertzen begehret / dehme gebe Er die seligkeit / welhe Er in Christo an beudt.
5 Wo bleibt Nun alhie das Er wehlete volck / das sich rühmet / gott habe es für andern velckern Er wehlet / das es kan von Christj Menscheit sagen / So Er sein reich vntter Juden vnd grichen hatt / vnd das alleine ein Jude vnd ein Christ ist / der es im hertzen der Seelen ist. Wo ist die aus wendige zu gerechnete gnade / ohne die kintschaft der Seelen / Wen hat gott einen teuffel erwehlet / vnd zum kinde gottes gemacht / Wol Nimaln. **6** Also mercket das. Nicht kömpt die gnade aus ver dinst der wercke / sondern aus dem lebens Brun Christo alleine / Aber die wercke bezeugen das die gnade in Christo in der Seelen lebendig sey / den folget das werck nicht / so ist Christus in dir noch nicht auff erstanden aus deinem tode / Den der aus gott ist / der thut götliche wercke / wer aber aus der Sünden ist / der dihnet der Sünden mit seinen wercken / **7** Es sol sich keiner einen Christen Rühmen / Er begehre den götliche wercke in der liebe Christj zu würcken / anders ists ein frembder schein / ohne das leben Christj / **8** Die wahl zur kintschaft gehet alleine über dise / welche in der gnade lebendig sint / vnd in der

3 Röm 10,12.

gnade gutte wercke würcken / Die andern aber / so sich der kintschaft durch eine gnaden an nehmug trösten / vnd in ihrem hertzen nur greuel würcken / die ver stockt der vor satz des zornes. Vnd die Jenigen aber / welche nicht aus der gnade gebohren seint / vnd wollen aber durch ihre wercke vnd ver dinste dar zu komen / welche aus wendig gleissen / vnd In wendig tott / vnd nur zu einem schein also gleissen / Von dehnen saget S. Paulus 9 Röm 11[4] Wie den Nun / das Israel suchet / das Er langet Er nicht / die wahl aber Er langet es / die andern sint ver stockt / wie geschriben stehet / Gott hat Inen gegeben einen ver bitterten Geist / augen das sie nicht sehen / vnd ohren das sie nicht hören / bis auff den heutigen tag / Vnd Dauid spricht / las ihren tisch zu einem stricke werden / vnd zu einer berückung / vnd zum Ergernis / vnd Inen zur ver geltung / verblende ihre augen / das sie nicht sehen / vnd beuge ihren rücken alle zeit . etc.
10 Welche von Israel meinet alhie der Geist im Esaie 6[5] vnd S. Paulus. Die nicht vntter der wahl sint / das sie gott wolle in seinem zorne also verstocken.
Dise meinet Er / welche / wen sie das wortt hören / so Nehmen sie das in ihre ohren / vnd fassen das in eine lernung in die vernunfft / vnd fassens nicht in die Seele Ein / das es in ap grunt wurtzelt / es erreicht nicht die Erste ein geleibte gnade / den die hoffard vnd eigenheit ligt dafür / auch die sorge des Bauches / der geitz ist ein rügel dafür / vnd die hoffard der selbheit eigner fleisches liebe / hat sich an Gottes statt gesetzt. 11 Dise prangen von aus wendig mit der gnade / vnd fassen die selbe in ihrer hende wercke / vnd wollen die gnade durch das wercke verdihnen / wie die falschen Juden theten / welche alleine am wercke hingen / vnd den glauben nicht im grunde der Seelen hatten / Von dehnen sagt S. Paulus / das Israel im wercke suchet / das Er langet Er nicht / die wahl aber Er langet es[6] / Den die wahl ging nur auff dise

4 Vgl. Röm 11,7 ff.
5 Vgl. Jes 6,10.
6 Vgl. Röm 11,7.

Juden / welche im ap grunde der Seelen Juden / vnd aus dem glaubens sahmen gebohren wahren / welche aus dem verheissenen sahmen / als aus dem ein gesprochenen wortte in dem Bunde Abrahams vnd Adams gebohren wahren / welche durch das wortt in ihrem hertzen beschnitten worden /
12 Den nicht die beschneidung der vorhaut am fleische galt für gott / sondern die im hertzen / die im fleische aber war das sigel vnd zeichen des In wendigen grundes / wie die gnade die sünden von der Seelen abe schnitte.

Bey dehnen aber so nur mit dem eusern wercke umb gingen / war es nicht also / den sie wahren vntter Israel / wie vnkrawt vntter weitzen / welchs sich über den weitzen aus (breitet) breitet / vnd gros dahehr flattert / vnd wil gesehen sein / das es ein gros gewechse sey / Aber es treget keine gutte frucht / vnd ist auch sonst nichts nütze / als das mans verbrenne zur Erntten zeit / den es sticht nur umb sich / vnd nimpt den raum Ein /
13 Also Auch der falsche Mensch / setzet sich wol in tempel gottes / vnd Nennet sich einen Christen / treibet auch viel schein wercke / da durch Er wil das ansehen haben / als sey Er der beste Christ / Er lernet kunst / studiret / vnd weis viel von gott zu sagen / Er lehret andere / Aber umb Nutzes vnd Ehren willen / wie die phariseer theten / welche grosse heiligkeit für gaben / vnd grosse seume an den pfaffen Röcken trugen / vnd lange gebette zum schein euserlicher frömigkeit fürwendeten /
14 Aber Christus sagte[7] / sie fressen der witwen heuser / vnd umb zögen land vnd wasser / vnd machten einen Juden genossen / vnd wen sie dehn gemacht hetten / so machten sie ein kint der hellen aus ihme / zwifeltig mehr als sie wehren.

Das seint Nun die Jenigen welche solchen grossen schein für geben / vnd sagen sie sitzen an Christj stette / ihre wortte seint Gottes wortt / Die breitten sich aus / vnd zihen sich selber groß / vnd trachten im hertzen aber nur nach Ehren /

7 Vgl. Mt 23,14 f.

Geitze / vnd hoffardt / was sie sagen / das sol man halten / als ob es gottes stime vom himel sey / Vnd ob gleich die stime aus falschem grunde sich in das geschribene wortt hatt ein gesetzt / vnd flattert vntter dem Buchstaben des worttes wie vnkrawt vnter weitzen / Noch sol es gottes wortt sein / Wer dawider redet / vnd das falsche kint an deutet da schreyet die eigen hoffardt / Er ist ein schwermer / vnd ver acht das ampt / hüttet euch für ihme / ehr ver führet euch / kompt nur zu mir hehr / den alhie ist das rechte ampt das von Gott eingesetzt ist / Vnd ob sie gleich nicht von Gott / sondern durch Menschen gunst sint ein gesetzet / vnd auch nicht gott dihnen / sondern ihrem Bauche / vnd der hoffard vnd eigen liebe / Noch sint sie in ihrem gemütte das schöne kint der gnaden / welche noch so viel gnade vermeinen überley zu haben / das sie es andern mögen aus der gewalt / vermeintter grosser heiligkeit vmbs geld teuer verkauffen / Aber wer das kauffet / der kauffet eine distel für gutten sahmen

15 Die ander partt der falschen Israeliten von Abrahams Naturlichen sahmen sint dise / welche aus der macht der Natur / über Israel zu fürsten vnd Regirern in allen emptern gesetzt werden / wie die einen Nahmen haben / vom grösten zum kleinesten / das sie sollen beschirmer der gerechtigkeit sein / Dise alle geben einen grossen schein vntter der warheit für / vnd zihen sich vntter den Amptern also hoch in eignem dünckel / das sie meinen sie seint eigen mechtige götter / sie thuen was sie wollen so sey es recht / ihr ampt habe dehn gewalt / das man musse alles recht heissen was sie thun / vnd suchen aber darinnen nicht die gerechtigkeit Gottes / in seinem vorsatz der ordnung der Natur / viel weniger die gerechtigkeit in der liebe / welche Er hat durch die gnade Christj offenbaret / sondern setzen ihre eigne er tichte gerechtigkeit / zu ihren eigen Ehren der fleischlichen wollustigen hoffart an die stelle götlicher gerechtigkeit vnd warheit. vnd schweben nur im Munde mit dem gesetze Gottes / das Hertze aber hat sich in das recht einer distel gefasset / welche über das gutte krautt flattert / vnd umb sich sticht /

vnd sich weit aus breitet / vnd treget selber keinen gutten
sahmen.
16 Dise Beide partt / aus genommen die kinder gottes so
noch daruntter sint / die Seint Nun die hur vnd das thier in
der offenbarung Johannes / durch welche der teuffel ein
fürste diser welt vntter den Menschen ist / das der Engel in
ap grunt des schwefel pfuels stürtzet / Vnd seint nicht rechte
Israeliter / aus dem sahmen der verheissung gebohren / vnd
erreichen nicht die kintschaft / sondern die wahl / welche
alleine des glaubens kinder in der gerechtigkeit der gnade
suchet / vnd ahn nimpt / die erreicht es / Die hur sampt dem
thier aber seint in ihren lüsten der hoffardt / Geitzes / Neides /
zornes / vnd der vngerechtigkeit verstocket / vnd seint der
Anti Christ / als der tittel vnd Maul Christ / ein teuffel in
Engels gestalt / wie Lucifer im himel war / welcher aus
geworffen wardt / als ein falscher sahme / also auch dise /
17 Den die wahl des haus vaters aller wesen suchet nur
gutten sahmen / sie wehlet ihr nicht distel sahmen / vnd
macht weitzen korn daraus / wie die vernunfft meinet / Gott
Nehme den gantzen falschen sahmen / vnd mache ein kint
gottes daraus / das Er also seinen Reichtumb der gnaden /
eines sonderlichen vor satzes sehen lasse. Nein / das
geschicht nicht / der gotlose / das ist / welcher aus einem
rechten sahmen entsprüssen ist / vnd hat aber greuel durch
seine an geerbte Constellation der neigligkeit in sich geführet /
thue den Busse / vnd gehe in seinen In wendigen grunt /
vnd werde aus der gnade gebohren / so mag es geschehen /
18 Den gott saget in Mose / Ich wil wol thuen / an dehnen die
mich lieben vnd meine gebott halten / ins 1000 gliedt[8] / Dises
wol thuen ist anders nichts / als ein pflantzung des gnaden
Bundes in ihrem sahmen / wie Abraham / Isaac Jacob vnd
dauid verheissen wardt / das Er ihren sahmen / nach der
verheissenen ein geleibten gnade also sehr segnen vnd meh-
ren wolte / das Er nicht mechte gezehlet werden / 19 Aber

8 Vgl. Ex 20,6.

das reich der Natur in gottes vorsatze der gerechtigkeit stunt auch mitte in disem sahmen / nach der Seelischen eigentschaft / das solte mitte würcken / Aber in vielen wendete sich der Seelen willen von dem reiche des vorsatzes der gnaden Abe / Welcher Seel im reiche der Natur im zorne er griffen / vnd in die distel wuchsen / das war nun nicht gottes schuld / sondern der Scientz des Seelischen grundes / aus dem ewigen grunde zur Natur / als des freyen willens des vngrundes zum Natur grunde der Seelen / 20 Alda ligt der erste grunt der distel kinder / welche die ein geleibte gnade / des ein gesprochenen worttes mit füssen ihrer falschen lust tretten / vnd nicht wollen der gnade kinder sein / dauon Christus / als die portten der gnade / selber sagte[9] / Er wehre wie ein weingertner der da nach lihset / Er habe Israel seine kinder offte wollen ver samlen / als eine klughene ihre keuchlin vntter ihre fligel / Aber sie haben nicht gewolt. 21 So spricht die vernunfft / sie haben nicht gekont / Ja / sie können nicht / Warumb / sie seint distel kinder / Warumb / ists aus gottes vorsatz / Aus dem vor satze götlicher gerechtigkeit / nach der ordnung der schepffung der Natur / als aus der schidligkeit des sprechens im wortte / da sich die Scientz / als die selbheit des vngrundes in ihren Ersten grunt fasset / ist es / Den da selbst fasset sich gottes grimm im Centro der Natur in dem sahmen der Menschen / aus ihren an geerbten sünden / so wol künfftiger würcklicher greuel mitte ein / da gottes zorn offter eine wurtzel in der eltern sünde machet / vnd sich in die Scientz des vngrundes In fasset / daraus hernach im sahmen eine distel wurtzel entstehet / da gott die sünde der Eltern an ihrem sahmen straffet bis ins dritte vnd vierde gliedt / vermöge der schrifft. 22 Dise distel kinder komen als den auch von Israel Aber nicht aus der gnade / das ist / Die gnade so in sie im paradis ein geleibet ist / wechset ihnen / in ihnen zum gerichte / gleich wie der Sonnen hitziger Ens sich wol in die distel gibt / aber nicht nach der

9 Vgl. Mt 23,37.

liebe Tinctur / sondern nach der distel ardt / den die distel kan sie anders nicht ein nehmen / als in ihrer Essentz gleicheit / als eine krotte auch nur gifft aus guttem Ens sauget / **23** Vnd wie der Sonnen hitze endlich die distel aus darret / vnd sie in ihrem leben hin richtet / Also auch sitzt Christus mit seiner ein geleibten gnade in dem gottlosen Menschen auff seinem Richter stuel Er lesset ihn den heiligen Nahmen gottes eine zeit lang zum schwur seiner falscheit in seinem Munde mis brauchen / vnd sich vntter Christj verdinst / in seinem ver meintem ampte / damitte Er meinet gott zu dihnen / vnd die gnade zu er werben / Rühmen / Er sey ein wahrer Christ / Er lesset ihn heucheln vnd gleissen / wie Er wil / lesset ihn auch in Christj Nahmen weissagen / wie Caiuam / welcher Rith / es wehre gutt / das ein Mensch für das gantze volck stürbe / als das es gar vertürbe / Er lesset ihn sich auch in seinem phariseychen ampte wol Mesten / vnd gros zihen / Er gibt ihme auch die beruffene gnade / in seinen testamenten / gleich wie sich die Sonne mit ihrer gutten krafft der distel ein gibt / vnd lesset sich die distel darinen Mesten / vnd groß zihen / bis zur Erntte zeit / so dörret sie die selbe aus / vnd richtet sie zum tode / Den sie hat falschen Sahmen in ihr gebohren / darumb gehtet sie der haus vater aus / vnd wirffet sie ins feuer
24 Dauon saget alhie S Paulus[10] / las ihren tisch zu eine(m)r (stricke) berückung werden / das ist / sie essen von gottes wortt in ihrem Munde / Aber es wirt ihn von ihrem hertzen der Seelen weg gerücket / das das heilige nicht in die distel ein gehe / Vnd der Satan saget Christus / reisset das wortt von ihrem hertzen / das sie nicht gleuben vnd selig werden / den der Satan sitzt in der distel des grundes der Seelen / vnd alhie Nennet ihn Christus einen fürsten diser welt. **25** Vnd der zorn gottes hat Inen gegeben einen verbitterten Geist / Augen das sie den grunt der gnade nicht sehen / vnd ohren / das sie Christj lebendige stime in Inen nicht hören / Darumb

10 Vgl. Röm 10,9 und Ps 69,23.

sagte Christus zu den phariseern / ihr seit von vntten hehr / von dem vater diser welt / Item / von dem vater des teuffels[11] / vnd höret meine wortte nicht / den ihr seit nicht von Gott / Wer von gott gebohren ist / der höret gottes wortt / darumb höret ihr nicht / den ihr seit nicht von gott.[12]

26 Also auch die ietzigen streitter / zencker / vnd verechter der kinder gottes / seint nicht von gott / sondern nur aus dem Munt geschwetze / aus der phariseischen wurtzel / vnd hören nicht Christum in Ihnen lehren / sie wollen auch nicht / sondern stossen ihn vorsetzlich von Inen / vnd setzen sich an seine stelle / sie seint nicht Apostel Christj / als ihre nach folger / sondern dihnen ihrem ap gott Mausin / der in ihrem Munde schwebet / als eine distel über den weitzen / sie lauffen / vnd Nimand hat sie gesant / als nur ihres hertzen getichte zur wollust Menschlicher Ehren / vnd dihnen dem ampt Mausin / des AntiChristes / welchen sie haben zu Christj statt halter gesetzt. Christus Nennet sie reissende wolffe[13] / welche die einfeltige herde mit ihren lestern fressen / vnd mit giffte der spötterey Christj tötten / vnd thun nichts / als das sie Christum in seinen gliedern tötten / vnd sich als disteln vntter dem weitzen empor schwingen / vnd in Menschliche Ehren setzen / vnd verwirren die welt / vnd vrsachen / das die distel kinder krieg vnd ver wüstung lant vnd leute an richten / darzu sie getreulich in ihrem gifftigen verbitterten geiste helffen ein rahten vnd dihnen / Darumb seint sie die Jenigen / dauon alhie S. Paulus Rom 11[14] saget / vnd zeucht den propheten dauid ahn / Psalm 69.[15] las ihren tisch zu einem stricke werden / vnd zu einer berückung / vnd zum Ergernis / vnd Ihnen zur vergeltung / verblende ihre augen / das sie nicht sehen / vnd Beuge ihren rücken alle zeit etc. Das ist / das sie Inen vnttereinan-

11 Vgl. Joh 8,44.
12 Vgl. Joh 8,47.
13 Vgl. Joh 10,12.
14 Röm 11,9 f.
15 Vgl. Ps 69,23.

der selber vergelten in ihrer blindheit / in dehme sie in Christj ampt nur nach macht vnd wollust trachten / das sie einander ver folgen / schmehen / verachten / vnd Christj Nahmen in Ihnen dem teuffel zu schreiben / auff ihrem lager nur dahin trachten / wie sie einader wollen mit listen begegnen / vnd ihre sache mit der schrifft beschönen / als theten sie das aus götlichem eiffer der warheit gott zu gefallen / vnd ihren Brüdern darmitte zu dihnen.

27 Dise lauffen als die rasenden wolffe vnd bösen vnsinigen thier / im grime des ent zintten zorne gottes / vnd fressen den Nahmen Christj aus der leyen Munde / vnd schutten ihre hertzen vnd munt vol lesterey ihres hertzens falschen getichte / das ein Mensch das ander umb Christj Nahmes umb ihrer getichten meinung halben / verachtet / lestert / ver ketzert / vnd für vntichtig heldt / vnd fressen sich doch also nur selber / das eine partey die ander aus Rottet / vnd ver gelten einander ihre bosheit / vnd falscheit / wie alhie dauid saget. 28 Dise seints Nun / dauon Christus sagte[16] / die in den schulen oben ahn sitzen / vnd auff dem Marckte sich gerne grüssen lassen / welche vernunftigen schein für geben / Aber ihre hertzen seint vol bitter galle / vnd ihre wege seint schedlich / ottern gifft ist vntter ihren lippen / vnd dihnen mir vergeblich / sagt der prophet.

Dise alle seint nicht vntter der wahl der kinder gottes / sondern nur dise / dauon Christus sagte[17] / liebet einander / darbey wirt man erkennen / das ihr meine Jünger seit / Item / so ihr an meiner rede bleibet / selig seit ihr so ihrs thutt.[18] Item wer nicht verlesset / heuser / gelt / gutt / weib / kinder / vnd verleugnet sich selber / vnd folget mir nach / der ist nicht mein dihner[19] / Alles mus das hertze über geben / vnd nichts für eigen achten / sondern dencken / das es nur ein dihner gottes vnd seiner Brüder in seinem stande sey / vnd mit

16 Vgl. Mt 23,6 f.
17 Vgl. Joh 13,34 f.
18 Joh 13,17.
19 Vgl. Lk 14,26 und 53.

dehme das er zu ver walten hatt / solle also thun / wie es gott von ihme fodert vnd haben wil / vnd nicht den Mantel Christj mit seinem verdinste über sich decken / vnd daruntter ein Geitzer / horffertiger / Neidiger zürner bleibe.

29 Dise alle / so viel dehrer seint / so lange sie solche seint / seint dise / dauon Paulus vnd dauid alhie sagen / vnd seint wol beruffen / aber nicht vntter der wahl der gnaden / sie kehren den in zeit der gnaden umb / vnd ver lassen alles in ihrem hertzen / vnd folgen Christo nach / 30 Keine von aussen zu gerechnete gnade / nimpt sie ahn / sie werden den kinder der gnaden / als dene Nimpt sie die zu gerechnete gnade / welche ist Christus / in sich Ein / ausser Christo / seint lauter phariseus vnd heuchler / sie gleissen mit der zu gerechneten gnade wie sie wollen / so seints wolffe für dehnen vns Christus / vns hiß hütten / ob sie gleich sagen hie kirche Christj / so ists alles nichts / an ihren wercken solt ihr sie er kenen / saget Christus[20] / folgen sie nicht Christo nach so seint sie dibe vnd Mörder saget Christus / ob sie gleich das ein werffen / das das ampt Menschen zu hohen pristern Mache / welche schwacheitten haben / vnd sich darmitte wollen decken / es gilt alles nichts / das hertze mus in Christo sein vnd wandeln / Vnd ob gleich dem fleische wie S Paulus sagt die lust anhanget / vnd die sünde im eusern fleische wohnet Röm 7[21] / so sihet man doch wol / welche die lust begehren zu tötten / vnd Christo nach zu folgen / Wo geitz vnd hoffart Ine ist / da ist ein phariseus zur herberge / entschuldige dich als du wilst / so hastu ihn am halse.

31 S Paulus redet Röm 11[22] klar vnd saget. Den so ihr verlust der welt ver sönung ist / was wehre das anders / als das leben von den totten Nehmen. Ist der anbruch heilig / So ist auch der gantze teig heilig / vnd so die wurtzel heilig ist / so seint auch die zweige heilig.

20 Vgl. Mt 7,16.
21 Vgl. Röm 7,17 f.
22 Vgl. Röm 11,15 f.

Diser einige text wirfft alle meinungen / das gott dem gottlosen die gnade zu rechne / zu boden / vnd setzt es auff den grunt der wurtzel / vnd deutet ahn / das nicht gott aus seinem willen edliche verstocke / das Er durch die selben wolle beweisen was seine gnade sey / den saget S. Paulus / was wehre das anders / als das leben von den totten Nehmen / Er setzt die verstockung auff die wurtzel / das ein Böser baum böse früchte trage ein heiliger Baum / heilige zweige / vnd der zorn gottes / kinder des zornes gebehre . vnd solches aus der Menschen Sünde vnd eitelkeit / welchs doch den heiligen zum lichte dihnen mus . wie Er zum Röm 8[23] saget / Dehnen die gott lieben / mussen alle ding zum besten dihnen / welche aus dem vorsatz der gnaden beruffen / vnd gebohren sint /

32 Die ver gebung der Sünden / da die schrifft saget / Er ver gibt ihnen die sünde / vnd rechnet Inen die gnade zu / zu einer recht ferttigung / gehet alleine über dise / In welcher In wendigen grunde Christus lebet / vnd die sünde Inen im fleische / wie dauid vnd andern mehr anhanget / das sie offte fallen / dehnen hilffet die gnade In Ihnen wider auff / vnd tilget die Sünde / vnd übertrettung. 33 Die ver stockten ohne Busse vnd gantzer umbwendung / gehet es nichts ahn. sie dörffen nicht darauff Sündigen / das gott werde eine vrsache an ihrer verdamung Nehmen / in dehme sie in ihrem willen in sünden tott ligen / sich an Inen mit einem sonderlichem Ruff vnd zwang sie zu bekehren / seine gnade sehen zu lassen / als der aus einem teuffel einen Engel Mache / aus sonderlichem vorsatze / sonst hette das Lucifer mit den seinen auch zu hoffen / sondern Er lesset Ihnen seine gnaden Sonne den gantzen tag ihres lebens in Irem munde vnd ohren scheinen / vnd ruffet sie / vnd saget / ver stockt euer hertze nicht mit der würcklichen sünde / das das wortt möge in eure hertzen schallen / vnd wurtzeln. 34 Den es ist wol müglich / das ein armer tott sünder bekehret werde / so Er

23 Vgl. Röm 8,28.

wil von den Bilden stille stehen / vnd einen augen blick hören / was der Herr in ihme redet / aber der verstockte verbitterte geist / wil nicht des herren stimme in Ihme selber hören reden / sondern saget nur / Buchstabe / Buchstabe / das geschribene wortt sey es alleine / das zeucht Er hin vnd hehr / vnd rühmet sich des selben / Aber das lebendige wortt / das den Buchstaben hat aus gesprochen / das wil Er nicht in ihme dulden noch hören / sol Er aber zur erkentnis komen / so mus Er sich lassen den Buchstaben vorhin tötten / als dene macht ihn der geist im Buchstaben erst recht lebendig. Das ist / Er mus allen Buchstaben abe sterben / vnd sich so vn würdig halten / das Er des Buchstabischen worttes nicht wert sey wie der arme zolner im tempel / vnd das Er keine gerechtigkeit mehr am buchstabischen wortte habe / als der alles verlohren habe / vnd nicht werth sey / das Er die augen zu gott auff hebe / vnd das ihn die Erde trage / vnd Er vntter die zahl der kinder gottes solle gerechnet werden / so hat Er alles verlohren / vnd hat ihn der buchstabe getöttet / den Er Er gibt sich also in gottes gerichte Ein / hierbey mus Er nur auff die lauter Barmhertzigkeit gottes / ohne alle seine würdigkeit hoffen / vnd sich in die selbe Ersencken / als ein totter / der kein leben in Ihme hatt / was die mit ihme Imer thu / vnd mus an allen seinen wercken ver zagen / vnd blos mit der hoffnung in die aller Inreste lauterste gnade gottes sich er sencken / **35** Das mus die Seele thun / vnd so sie das thut / vnd also einen augenblick mag darinen verharren / so ergreiffet sie der Erste ein geleibte bunt / als die geschenckte gnade / vnd gibt sich der Seelen Ein / ietzt / so balde als das geschihet / so stehet der Geist Christj / als das sprechende lebendige wortt in der Seelen auff / vnd hebet an gottes wortt zu sprechen / vnd gehet zur stunde der heilige Geist alda vom vater vnd Sohne aus / vnd vertritt die Seel in gottes gerechtigkeit / mit vnaussprechlichem seuftzen / im gebette / wie geschriben stehet.[24] **36** wir / das ist / die arme Seel weis

24 Vgl. Röm 8,26.

nicht was sie betten sol / sondern der geist gottes vertritt sie mit vn aus sprechlichem seufftzen / wie es gott gefellet / Vnd alda / macht der buchstabe die Seel welcher sie im gesetze gottes gerechtigkeit hat getöttet / wider lebendig / vnd setzt sie ein zum lehrer seines worttes / beides in der krafft des lebendigen worttes / vnd im Buchstabischen wortte / Den dise gehen hernach Erst zur thür in schaff stal Christj Ein / vnd die schaffe hören ihre stimme / wie Christus saget /
37 Die andern aber alle mit einander / wes Nahmens die seint / welche nicht durch die thür des lebendigen worttes durch das buchstabische wortt ein gehen / die steigen anders wo hin ein / vnd seint dibe vnd Mörder / wie Christus sagete[25] / vnd die schaffe hören nicht ihre stime / 38 Den alleine Christus ist die thur / verstehet / der lebendige Christus / in seinem sprechen vnd leben / aus / vnd in der Seelen / der gehet durch sein buchstabisches wortt in die hertzen der Menschen / wie durch Petrj predigt am pfingstage. Wer sich anders zu einem lehrer des Buchstabischen worttes auff würfft / der ist nicht von gott gesant / vnd kompt nur / das Er stelen wil / also Christo wil Er seine Ehre stehlen / vnd ihme Nehmen.
39 Vnd also mag der arme in gottes zorne getöttete Mensch wider lebendig werden / vnd ob Er gleich schone tott wehre / den Christus ist komen die sünder zur busse zu ruffen / vnd nicht die gerechten / Vnd so ein solcher im zorne gottes verschlossener armer sünder kompt / so ist freude im himel für gottes Engeln / über 99 gerechten[26] / die in der wahl sint ergriffen / vnd sint zwei ge der heiligen / vnd dürffen solchs grundes nicht Erst / sondern der grunt ligt vorhin in ihnen . bey disem aber wirtt der grunt in gottes zorne offenbar / vnd alhie beweiset gott an dehnen / wie das leben aus dem tode ent sprüsse / vnd wie Christus dem teuffel sein reich zerstöre / vnd die helle zerbreche.

25 Vgl. Joh 10,1 ff.
26 Vgl. Lk 15,7.

40 Darumb ist das vnser wahrer schluß / das über keinen Menschen ein vor setzlicher schlus zur verdamnis sey gemacht / das es nicht müglich sey / das Er köne bekehret werden / ob Er sich wol nicht kan selber bekehren / so hat aber seine Seele macht / von ihrem vrstande aus der ewigen Scientz des vngrundes hehr / sich in ap grunt zu schwingen / in dehn grunt / darinnen Gott sein wortt gebühret vnd spricht . in welchem ap grunde der Creatur / das gnaden geschencke in allen Menschen Ine liget / vnd sich sehrer kegen der Seelen neiget / als die Seel kegen diser tiffen gnade / alda mag die Seel in gottes gnaden wol ergriffen werden / do sie Christum in seine armen also ein feldt / welcher ihr das können vnd vermögen viel lieber gibt / als sie das begehret / 41 Das aber einer wolte sagen / sie köne sich nicht in ap grunt schwingen / der redet / als einer der noch lange nichts vom geheimnis gottes verstehet / was die Seel vnd was ein Engel ist / vnd wil den zweig vom Baumen abe brechen / darinen der zweig stehet . 42 Die Seel ist aus dem ap grunde in eine Creatur gesprochen worden / wer wil der ewigkeit ihr recht brechen / das (sich) der ewige wille der Seelen / der aus dem einigen ewigen willen ist in eine Creatur gegangen / sich mit dem selben willen der Creatur / nicht dörfte wider in seine Mutter ein schwingen / daraus Er gegangen ist / 43 In das licht kan Er sich nicht in eignem ver mögen ein schwingen / welchs Ime Er loschen ist / Aber in die vrsache zum lichte kan Er sich schwingen / da weder böses noch guttes Inne ist / den Er ist selber der selbe grunt / So Er sich nur aus seiner einbildligkeit in sich selber auff den ap grunt ersencket / so ist Er schone da. Vnd in disem ap grunde ligt sein perlen / vnd stehet alda Christus vom tode auff / vnd sitzt alda zur rechten der krafft gottes im himel / im Menschen . ob wir doch eines sehen wolten / wo Christus zur rechten gottes sitzet /

44 O ihr Menschen seit doch nicht also blint / wie thut euch gott seine gnaden thür so weidt auff / ver nehmets doch /

sehet doch die zeit ahn / Euer heim suchung ist gebohren / trettet doch das gnaden geschencke götlicher gnaden offenbarung nicht mit füssen euer tauben vernunfft /
45 Weil der Mensch lebet / so hat Er eine offne gnaden portten kegen ihme / es ist kein schlus aus götlichem willen über ihn zum tode / den der vater hat den schlus seiner gerechtigkeit / in die gnade Christj / als seinem Sohne gegeben Euer ver stockung kompt aus euch selber / Gottes zorn ver stockt euch in euren an geerbten vnd würcklichen sünden vnd kein frembder ein fahrender wille . als nur des teuffels.

Das 12 Capittel

Kurtzer bericht Edlicher fragen / welche die vernunfft irren / darinnen sie meinet / gott ver stocke den Menschen / aus einem sonderlichen vor gesetzten willen . wie die selben zu ver stehen sint.

1 In der Apostel geschichte[1] stehet / Es würden gleubig / soviel ihr zum ewigen leben versehen wahren .
Das ist der vernunfft an stoß / vnd verstehet es nicht. 2 Wen hat die ver sehung angefangen / sprichstu von ewigkeit für der Creatur. Ja / ich sage auch also / aber nicht in der Creatur von ewigkeit / den sie wahr nicht / 3 Gott sahe von ewigkeit in liebe vnd zorn / was werden würde so Er die ewige Natur in Creatur Infassete / den Er sahe in sich wol / so sich die Temperatur würde in eine schidligkeit (ein) aus führen / vnd sich die schidligkeit würde in Creaturlichen willen ein fassen / das es würde ein Contrarium sein / vnd ist auch eben der grunt götlicher offenbarung / Die schrifft saget aber nicht / das gott die willen in der schiedligkeit habe von ewigkeit / zu ewigem bösen wollen / vnd zu ewigem

1 Vgl. Apg 13,48.

gutten wollen (habe) ver ordnet / das sie / ein Jedes wo zu ers vn vermeidlich geordnet / also wollen mussen / den das beweisset Lucifers vnd Adams verenderung ihres wollens / das sie frey wahren im wollen / Aber im valle ver lohr Adam das wol wollen / **4** Nun hies es ietzt alhie nach dem valle / die aus dem ewigen wollen hie zu auff dismal versehen wahren / den der text lautet / Vnd der Herr taht hin zu / so viel ihr ver sehen / oder im gnaden lichte er sehen wahren / Dehnen das götliche auge offen war / die wahren dis mahl aus / vnd in dem ewigen grunde ersehen / vnd versehen / wie in Actis am 2[2] klerer stehet / Der Herr thete hin zu täglich / die da selig worden / Nicht die da von ewig seelig wahren / sondern die da selig worden saget der text / Die da aus der ewigen wahl in Christo Jesu selig worden / die tatt Er täglich zu der gemeine / **5** Warumb nicht auff ein mahl . sie wahren noch nicht selig worden / sie wahren wol in der ver sehung / oder sehung gottes / das sie würden selig werden / Aber die ver ordnung kam Erst mit dem zu thun zu der gemeine / wen sie selig worden . **6** Warumb bekehrten sich am pfingstage nur 3000 Seelen vnd doch hernach Imer mehr / sie wahren noch nicht in Inen ver sehen / das ist / ver sehen an disem ortte / Wen sich die gnade erhebet / vnd durch das v e r / als durch den zorn bricht / wen sich das AzoT aus wickelt so gehet das Creaturliche versehen aus dem ewigen gnaden sehen / oder ein sehen ahn / Den wie mag ein ding von ewigkeit ver ordnet werden / das nicht von ewigkeit gewesen ist / **7** Wie mag die Seel von ewigkeit / als sie ein Ens vnd spiel in götlicher weisheit war / verordnet sein worden / das sie solle ein teuffel werden / welchs greulich zu reden wehre / vnd doch keinen andern verstant leiden würde / so man auff eine von ewigkeit verordnunge gehen wolte / so wehre alle lehre umb sonst / was darff die gnade dehnen predigen / die nicht irren noch fallen mögen / die in einer vn widersprechlicher predestination stehen.

2 Vgl. Apg 2,47.

8 Dises von ewigkeit ver sehen / verstehet man in Christo / das / welche gleubig worden / die wahren von ewigkeit in der weisheit ver sehen / das wen sich würde gott eines bewegen / vnd die Natur in schidligkeit zur Creaturlichen offenbarung ein führen / das der Nahme Jesus als die höchste liebe Gottes / sich wolte in die Scientz des feurischen willens in der schidligkeit sich ein ergeben / vnd in der feurischen Scientz sich in die freudenreich ein führen vnd den grim in ein liebe feuer in der Seelen des menschen / welche aus der feurischen Scientz muste vrstenden / wandelen / da sich die gnade in dem Nahmen Jesu / wolte zu einem panir in den Seelischen grunt ein vermehlen / wie den im paradis nach dem valle geschach . Das selbe panir ward in des einigen weibes sahmen gesteckt / da die ver sehung Inne lag / aus welcher alle Menschen hehr komen / Aber die schidligkeit in der feurischen Scientz die wehret also lange / als seelen gebohren werden / 9 es ist keine gewisse ver ordnung von ewigkeit über Jede Seel / die da solte gebohren werden / sondern nur eine al gemeine gnaden ver sehung / Die ver ordnung gehet mit der zeit des Baumes ahn / auch ist das sehen noch im sahmen / ehe er eine Creatur wirtt / so kennet gott den gruntt / was werden wirtt . Aber das gerichte gehöret der Erntte zeit / wie Christus in allen gleichnussen also redet

Von der Purpur kremerin Lidia .

10 Da stehet geschriben[3] / der Herr thete
ihr das hertze auff
das sie ver nahm / was paulus redet / vnd
gleubig wardt an den Nahmen Jesu.

Das ists eben mit der lidia wie mit allen frembden velckern / welche den Nahmen Jesu nicht kenen / vnd gehen aber auff den Inwendigen grunt auser aller Bildligkeit / vnd begehren den einigen gott zu er kennen / vnd sich ihme zu ergeben / Die werden von der ein geleibten gnade des ein gesproche-

3 Vgl. Apg 16,14.

nen worttes ergriffen / vnd ohne der vernunfft wissen / zu kindern der gnade Er wehlet vnd gebohren / Als den auch von diser Lidia zu dencken ist / ob sie wol anfenglich paulum für einen frembden lehrer mochte gehalten haben / als sie Aber hörete / das Er das gesetze der gerechtigkeit predigte / wie das das gesetze der sünden / welchs den Menschen gefangen heldt / sey in einer solchen gnade erfüllet worden / so bewegte sich in ihr / in ihrem hunger nach der recht fertigung / der Inner grunt in der ein geleibten gnade / vnd wardt Christus in ihr lebendig das sie Christj stime in den wortten Pauly ver nahm / was Christus in ihr lehrete / den Christus ward in ihr hörende. 11 Dehnen andern heiden aber war es nicht also / den sie stunden nur in der Bildligkeit / ihr hertze war nicht zu dem einigen gotte gerichtet dehn zu erkennen / den sie hatten ihre heidnische ap götter dehnen sie dihneten / vnd wolten nur edwas Neues von paulo hören / Nichts desto weniger ging das wortt in ihr ohr hin ein / vnd drenget sich in dise ein / welche eines gutten grundes wahren / welche sich hernach noch haben bekehret / als sie mehr höreten von Christo predigen / als ihr den der selben orte hernach viel tausent bekehret worden / da sie das wortt noch mehr er greiff / also auch seint ihr noch viel von dehnen hernach bekehret worden / welche petrum am pfingstage höreten vnd doch den selben tag ver spotten / als ihnen aber das wortt mehr ein schallete / so kam die stunde ihres In wendigen hörens . gleich wie Longino / der Christum in die seite stach / dehme kam auch Erst hernach die stunde seiner bekehrung / als Er hörete von vielen sagen / Christus wehre gottes sohn / vnd ward ein Mertirer umb Christj willen / wie die historien Melden.

12 Vnd sol man alhie nicht sagen / Lidia sey für andern von ewigkeit hie zu verordnet worden / das sie paulum alleine hören solte / sie war dis mal in götlicher bereittung / vnd wolte gerne den wahren grunt von gott verstehen / ihr hertze sehnet sich dar nach / darumb thet ihr gott das hertze auff / Die andern aber waren dis mal noch nicht bereittet / sondern

fasseten es nur in die ohren / da der heilige geist begontte ans
hertze an zu klopffen / bis sie ihme auff theten / vnd dachten
dehme nach / vnd forscheten in der schrifft / ob sichs also ver
hilte / wie paulus sagte[4] / als von den (Ephesern) Barbaren
gesagt wirt . Als sie aber das wortt mehr höreten so hatten
sie schone eine hungrige thür des hertzens offen da Christus
mit seinem wortte raum hatte / **13** als es den mit allen heiden
also Er gangen ist / vnd auch mit den Juden / welche Erstlich
Christum spotten als Er am + hing . Als sie aber sahen was
alda geschach / schlugen ihr viel an ihr hertze / vnd wendeten
umb / vnd sagten / warlich diser ist ein fromer Mensch
gewesen / vnd Gottes Sohn[5] / **14** Dises geschach dehnen
Juden / welcher In wendiger grunt dis mal offen stunt
dehnen taht gott die ein geleibte gnade im Geiste Christj
auff. Als man den in historien viel findet / das mancher
Mensch in seiner eingemodelten heidnischen Bildligkeit /
eine lange zeit Christum ver spottet / vnd doch entlich wen
Er ist in Ernsten grunt seiner selber gegangen / vnd wollen
eigentlich ver nehmen / was doch für fabeln / wie sie das
hissen / von Christo gesaget würden / ist bekehret worden /
15 Den so balde das hertze von der Bildligkeit stille heldt vnd
sich in grunt seiner selber schwinget / so dringet die stime
Christj im wortte hin ein / vnd klopffet in der Essentz der
Seelen ahn. **16** Die einbildligkeit des irdischen wesens
verhindert das hertze / das es nicht mag gott stille stehen /
vnd in seinen Inwendigen grunt kommen / da Gott lehret /
vnd höret / Den ist doch gott selber an allen ortten / durch
alles / kegen werttig / wie geschreben stehet / bin nicht Ichs /
der es alles erfüllet[6] / Was darff sich den die Seel anders
wohin schwingen / Gott zu hören / als nur eben in ihren ap
grunt / Da ist / vnd wohnet gott von ewigkeit zu ewigkeit /
Er darff nur in der Creatur offenbar werden. Darzu stehet
Er in dem Geiste Christj im selben Inren grunde vnd klopf-

4 Vgl. Apg 17,11.
5 Vgl. Lk 23,47.
6 Vgl. Jer 23,24.

fet an die Seel ahn / so sich nur die Seel kegen ihme wendet / so macht ihr Christus selber die gnaden thür auff / vnd zeucht bey ihr Ein / vnd isset das Abentmal mit ihr / vnd sie mit ihme.[7]

Item. Matej[8] stehet.

> 17 Euch ist gegeben das Reich gottes zu verstehen / dehnen andern aber in gleichnis / das sie es hören vnd nicht verstehen / Item Er legete den Jüngern die gleichnisse aus / vnd den andern nicht.

18 Alhie nun ligt die vernunft also tott / das sie nichts sihet ohne götlich licht / vnd meinet anders nicht / Christus habe es den andern nicht gönnen wollen / sie wehren dessen nicht werdt gewesen / vnangesehen / das ihme das volck nach zoch / vnd mit hungriger begürde ihn hörete lehren . Aber es hat alhie ein ander A b c . vnd ver stant.
Christus sagete zu seinen Jüngern / Mein vater wil euch einen andern tröster senden / den geist der warheit / der vom vater aus gehet / Wen der kommen wirtt / der wirt es euch alles ver Inren / dessen was ich euch gesaget habe / den von dem meinen wirt ers Nehmen / vnd euch verkindigen .[9]
19 Nicht des vaters stime in Christo in gottes gerechtigkeit solte in der leyen vnd zu hörer hertzen vnd ohren also ein gehen / aus genomen edlichen / durch welche der vater wunder würcken wolte / Sondern dise stime solte in sie ein gehen / welche der heilige Geist aus Christj leiden tott vnd aufferstehen mitte brachte / als die stime der offenen gnaden thür / 20 Den für Christj leiden / war die stime des heiligen Geistes in Christo / noch in gottes gerechtigkeit / als im gesetze / Aber in Christo tode ward das gesetze der gerechtigkeit gottes er füllet / so ging hernach der heilige geist durch die erfüllung / durch Christj wunden / Blut vnd tott in der grösten erbärmbde im geiste Christj aus. Dise solten die armen sünder hören / welche ihme mit begürde nach zogen.

7 Vgl. Offb 3,20.
8 Vgl. Mt 13,11 und Lk 8,10.
9 Vgl. Joh 16,13 f.

Den Jüngern Aber ward des vaters stime in gottes gerechtigkeit gegeben / das sie die aus Christo solten hören Den sie solten Erstlich mit der selben feurischen gerechtigkeit an getahn werden / in welcher des vaters almacht stunt / als der Seelische grunt / hernach ward Ihnen am pfingstage der heilige Geist aus der gnaden liebe / aus Christj erfüllung der gerechtigkeit gegeben / in die feurische des vaters / **21** Da das geschach / so worden In Inen die zungen / als des vaters gerechtigkeit zertheilet / vnd ging der geist Christj durch die zertheilung gottes gerechtigkeit mit der liebe flame aus . Vnd das geschach Inen darumb für andern . das sie im geiste des gesetzes / vnd Euangelj von der gnaden im Geiste gegründet würden / den sie solten wunder thun / so kompt aber die krafft der wunder aus des vaters almacht vnd eigentschaft / aus dem feurischen AzoT vnd nicht durch die eigentschaft der liebe vnd demut / welche nur leiden sol / vnd sich in gottes gesetze vnd gerechtigkeit im zorne einergeben . vnd den zorn mit lieben / vnd leiden er füllen / vnd auch in liebe der erbarmbde wandeln.

Wie wir solches klar an Christj persohn sehen / **22** Wen Er wolte wunder thun / so betete Er erst zu seinem vater / als in die feurische almacht in die gerechtigkeit / Als Er aber hatte des vaters gerechtigkeit mit seiner liebe vnd demut in seinem Blutte der liebe Tinctur des Nahmens Jesu er füllet / so ward des vaters gerechtigkeit im zorne der liebe Christj vntterthan / Vnd aus der selben vntterthenigkeit solten die andern Menschen auser den Jüngern nach Christj himmel fardt den heiligen Geist hören reden / vnd die gleichnisse Christj verstehen / Als es den auch also geschach / das sie hernach alle gleichnisse wol ver stunden / Den der geist Christy aus seiner erfillung / aus seiner aufferstehung / thete Inen das ver stentnis auff / wie den auch den beiden Jüngern ken Emaus / vnd dem grossen volcke / das den Geist Christj aus der Apostel munde nach seiner aufferstehung / durch den rechten sender aus Christj leiden vnd tode höreten / die gleichnis ohne sprichwortt reden.

23 Darumb lehrete Christus / als Er auff erden für seinem leiden wandelte / in eitel gleichnissen / das sie den selben Christj Geist nicht solten fahen / als in des vaters gerechtigkeit / Den es wahr noch nicht der grunt / dehn Er Inen wolte aus seiner gnade schencken / sonder der war es / der am pfingstage / aus seinem ver dinste / da Er die Sünde hatte getilget / vnd in gottes gerechtigkeit zu gesigelt / offenbar ward **24** sie solten nicht alle in wunder vnd thaten ein hehr gehen / wie die Jünger / welche darzu verordnet wahren / aus des vaters geben / da Christus sagte[10] / Vater / Ich habe der keinen verlohren / die du mihr aus deiner gerechtigkeit hast gegeben / als nur das verlorne kint / das vorhin verlohren war / das die schrifft er füllet würde. Da mitte meintte Christus die Jenigen / welche ihm sein vater hatte zur ordnung vnd zum ampte seines Einladenen reiches gegeben. Die andern aber solten durch den geist der demut aus Christj liebe / aus dem proces des leidens vnd todes Christj gebohren werden / vnd ihme in seinem proces vntter der + fahne in gedult nach fahren / vnd sich auch gottes gerechtigkeit mit ihrer demut im Geiste Christj ein ergeben / vnd auff opffern / aus welchem das morden der Juden vnd heiden an ging / **25** Den durch der Christen Blut ward gottes gerechtigkeit im zorne / in die grosse liebe erbarmbde gebracht / das in gottes gerechtigkeit solche wunder vnd tahten / in der demut Christj bey den Christen geschahen . Welchs itzo eine zeitlang wol gefehlet hat / da man den Geist Christj im Menschen hat wollen auff weiche küssen vnd fette beuche / in macht / pracht vnd herligkeit setzen / welcher nur doch darumb ist Er schinen / vnd offenbar worden / das Er wil leiden / vnd gottes zorn in seiner gerechtigkeit mit ein ergeben seines leidens er füllen.

26 Darumb schawe dich du genantte Christenheit / ob deine gerechtigkeit in der gedult des leidens Christj ietzo stehet / ob du auch was mehres in deinem Christen Nahmen su-

10 Vgl. Joh 17,12.

chest / als das Christus mit seiner liebe in seinem leiden vnd tode in dir offenbar werde / das du alleine begehrest seinem Bilde / darmitte Er hat gottes gerechtigkeit er füllet / Enlich zu werden. **27** Beschaw dich doch nur / suchestu nicht eitel aus flüchte / vnd deckest das leiden Christj über dein heidnisch ap göttisch Bilde. Was thustu / du vermeinte Christenheit / mit disputiren vnd forschen wilstu ein Christ sein / frembde sprachen sollen dich zum Apostel Machen / streitten greinen vnd zancken ist dein apostolische hertze / daruntter nichts als deine eigne Ehre stecket / vol sucht des schwartzen teuffels / Wo hastu das leiden vnd die gedult Christj in seinem gehorsam hin getahn / du Böse / Sihe / es kompt ein Botte aus gottes gerechtigkeit / vnd fodert das von deinem an gehengten Christen Nahmen / mit feuer vnd schwertt. dich als treulose zu vertilgen / vnd seine wahre kinder des gehorsams in seiner liebe zu offenbaren . Das wirstu Nahe er fahren . reden wir / als wir sollen . Amen .

28 Item . Es werden auch die wortte Christj am +e mitte ein geworffen / da Christus sagte . Vater / vergib Inen / sie wissen nicht was sie thun .[11]

Antwortt .

Wie oben gemeldet worden. Den Juden wahren die geheimnis vom reiche Christj / vnd von der wahren Recht fertigung des armen sünders für gott / Eher nicht offenbar / bis die rechtferttigung im Blutte Christj geschehen war / so solten die Jenigen / welche der vater hatte zum werckzeuge er kohren des processes Christj / nicht zu vorhin wissen was sie theten / Aber nach dehme sie es getahn hatten / so thete Inen gott das verstentnis zur bekehrung auff / darumb Badt Christus des vaters gerechtigkeit / welcher dise Mörder vnd Blut richter wolte im zorne ver schlingen / das ihnen gottes gerechtigkeit wolte in Christj Blutte ver geben . **29** Nimand kantte den heiland der welt recht / auch die apostel selber

11 Vgl. Lk 23,34.

nicht / bis auff die offenbarung aus seinem tode. Vnd sol man mit nichten sagen / gott habe dise Menner in sonderheit darzu verstockt / das sie haben Christum nicht kenen mögen / Nein / es kantte ihn wol keiner recht / was sein ampt war / bis nach seiner er fillung / dessen / darumb er komen war.

30 Dise Menner / welche Christum vrtheileten vnd tötten / die sassen im ampte des gesetzes gottes gerechtigkeit / Das gesetze / als gottes gerechtigkeit töttet Christum / sie aber meinten / sie theten gott einen dinst daran / vnd eifferten im gesetze gottes gerechtigkeit / welchs gesetze sie auch hatte zum werckzeuge des gesetzes Erfüllung in Christo / als des gesetzes amptleute er kohren / 31 Wie den auch Saulum also / das Er im gesetze der gerechtigkeit gottes eifferte / mit wahrem götlichem eiffer / wie es das gesetze erfoderte / bis ihn des gesetzes er füllung im eiffer seines vorhabens ergreiff / vnd ihme an deutete / das diser eiffer im gesetze sey mit Blutte erfüllet worden / Er solte hinfordt nicht mehr im gesetze der gerechtigkeit des vaters im feuer Eiffern / sondern im gesetze der erfülung in der liebe Christj.

32 Den das seint nicht die grösten sünder / die Christum gekreutziget haben / den sie solten es thun / vermöges des Amptes im gesetze / das sie trugen . Das seint viel mehr die grösten sünder / welche nach des gesetzes erfüllung Christum spotten vnd in seinen gliedern tötteten / vnd in sünden tott bliben / nach dehme ihnen schone die gnade in des gesetzes erfüllung war in geistes krafft / mit wunder vnd tahten an gebotten / welche ihre ohren zu stopten / vnd nur dawider lesterten / Dise lesterten den heiligen Geist im verdinste Christj / in seiner herlichen offenbarung / vnd angebottenen gnade.

33 Darumb sollen wir die schrifft recht an sehen / vnd nicht von einer sonderlichen verstockung sagen / In dehme Christus saget / sie wissens nicht was sie thun / es wuste es keiner / wer Christus wehre . bis in seinen tott / da erkanten sie ihn .

34 ob nun einer wolte hirnach / nach den wortten Christj

sagen / Ich thue das vnd dis / Ich weis nicht was ich thue / gott hat mich also verstockt / ich mus es thun / Item / ich mus stelen vnd lügen / auch wuchern Geitzen vnd zürnen / vnd da mitte hoffardt treiben / Der sehe sich wol ahn / was Er ist / ob Er nicht ein kint des teuffels sey / welcher ihn mit solcher einbildung verstockt habe / So ihn gott hat also verstockt / das er es thun mus / so ist das gesetze seiner gerechtigkeit von ihme abe / vnd auch die lehre des Euangelij den Er thut was Er thun sol vnd mus / vnd kan vn uermeidlich anders nicht sein / Welchs alles wider das gesetze der gerechtigkeit des vaters / vnd wider das gesetze des Sohnes in seinem Euangelium lauffet . vnd Er dessen keinen beweis hat / darmitte er sich entschuldige / wen ihn gottes warheit als einen lüger in die helle wirfft / dehrer kint Er im er griffenen zorne gottes auch ist / als aus dem vater der ligen gebohren / wie Christus vom Satan sagete.[12]

35 Item Mehr würfft die vernunfft ein.
Christus Badt für petro / das sein glauben nicht auff
höre[13] / warumb nicht auch für andere / das dehrer
glauben nicht auff höre / sagt die vernunfft
so mus Ja ein vorsatz sein.

36 Wie oben gemeldet worden . petrus vnd die andern Apostel empfingen den grunt des glaubens aus Christj stime für der er füllung des gesetzes / ihr glaube ruhete noch im gesetze des vaters / als im geiste gottes gerechtigkeit / Darumb sagte Christus zu Inen / Er wolte Inen einen andern tröster senden / als den geist der warheit / der den glauben würde aus Christj erfüllung vnd tode / aus seiner aufferstehung vnd widerbringung Nehmen / der würde bey Ihnen bleiben / vnd sie in alle warheit leiten / vnd es von dem seinigen Nehmen / vnd Inen in Inen verkündigen.

37 Der Erste glauben ward Inen aus dem vater gegeben / da Er sie Christo zu seinen Jüngern gab. Darinen lag noch

12 Vgl. Joh 8,44.
13 Vgl. Lk 22,32.

gottes gerechtigkeit im zorne / disen glauben begertte der Satan zu sichten / vnd zu durch dringen / ob Er dehr sey / der ihme solle vnd wolle sein reich Nehmen im Menschen / vnd die helle zer stören. Welcher glaube im zorne gottes auff dem rechten Teste der brobirung im feuer noch nicht bestehen kontte / Darumb Badt der Nahme Jesus für sie / das doch diser grunt / darinen sie hernach in dem glauben der liebe vnd demut solten wunder thun / nicht in Inen auff höre / sonst würden die wunder nicht also feurisch sein er folget / über leben vnd tott / als über gottes gerechtigkeit / welche die liebe im Blutte Christj über wandt.

38 Dehnen andern Aber / war diser glauben noch nicht gegeben / den sie wahren nicht Apostel / sondern musten wartten auff die verheissung / Da ward Inen der gnaden glauben gegeben / vnd in dem selben gnaden glauben bittet Christus auch für sie / wie für petrum / das ihr glaube nicht auff höre / wie geschriben stehet / Er sitzt zur rechten gottes vnd ver tritt vns / vnd bittet ohne auff hören gottes gerechtigkeit mit vnaussprechlichen seuffzen für vns / in vns selber. so wir doch die schrifft wolten ein mahl lernen sehen / vnd ver stehen / vnd von dem vn nützen geschwetze aus gehen in den grunt der warheit . es ist ein würckende bitten .

39 So sol Nun Nimand sagen / Christus Bitte nicht für alle Menschen wie Er für petro Badt / das ihr glaube nicht auff höre / den Er ist das würckliche bitten / als das gebette in vns selber. Was gaugeln wir den lange mit solchen ein würffen . welche wir auff begehren / haben sollen erkleren . vnd meinen es treulich .

Da Christus sagte / Vater vergib Ihnen / sie wissen nicht was sie thun / da badt Er für alle die ihn noch nicht kennen / vnd aber noch würden kenen lernen.

40 Das Aber eingeworffen wirt / Judam lis Er ver zagen / da sihe die schrifft ahn / was sie von Juda saget. Christus saget[14] / Ich habe der keinen verlohren die du mir gege-

14 Vgl. Joh 17,12.

ben hast / ohne das ver lohrne kint / das die schrifft er füllet
würde / die da saget / der mein Brott isset / der tritt mich
mit füssen .[15]

Sihestu nicht / das ihn Christus ein ver lohren kint hiß /
welcher schone vorhin eine wahre distel wahr / den der zorn
in gottes gerechtigkeit in sich hatte gebohren zu seinem
leben / **41** so muste diser Judas zu einer figur / vnd zum
verrähter Christj ein Apostel genant sein / An zu deuten /
was für leute vntter Christj lehrern künftig sein würden / als
sie würden das Brott des kelchs Christj essen / vntter einem
scheine grosser heiligkeit / vnd würden doch nur Christum
in seinen gliedern verrahten / vnd zum tode helffen vrtheilen /
vnd nur ihrem Bauche dinen mit Judas Beutel wie solches
eine lange zeit die dihner der Anti Christischen kirchen in
den Secten getahn haben / vnd noch auff heute thun / welche
die wahre Christen nur verrahten / vnd sie verleumbden /
vnd Christum helffen Creutzigen vnd tötten. **42** So sagete
Christus / das da durch die schrifft müsse er füllet werden /
welche von Christo deutet / das Er solle stets in seinen
gliedern also verrahten vnd getöttet werden / auff das gottes
gerechtigkeit / auch stets in Christj gliedern / bis an der welt
Ende er füllet werde / so müssen dise Judas ein werckzeug
gottes gerechtigkeit im zorne darzu sein / vnd mussen mitte
vntter die Apostel gezehlet werden / das man ihn glaubet /
sie seint apostel / **43** sie müssen Apostolischen beruff von
Menschen haben / vnd an Christj stelle sitzen / vnd das Brott
Christj essen / auff das Ja Christus in seinem processe in
seinen gliedern Imerdar verrahten werde . vnd der proces
Christj nicht auff höre / bis Er wider kome / vnd seine Braut
heim hohle . Den dise Judas dihnen auch gott in seiner
strengen gerechtigkeit / auff das die selbe stets im Blutte
Christj in seinen gliedern er füllet werde / den der gotlose ist
gott ein gutter geruch zum tode / vnd der heilige zum leben.
44 Weil den gott ein zorniger / vnd auch ein lieber gott ist /

15 Vgl. Ps 41,10.

so muste / vnd mus noch alle zeit die figur in Christj ampte Neben einanderstehen / auff das eine die ander treibe / vnd in einander offenbar werden / zum lobe der herligkeit Gottes / am tage seiner erscheinung.

45 Vnd kan nimand mit grunde sagen / das gott Judam aus sonderlichem willen vnd vorsatze verstockt habe / das Er sich nicht hette können bekehren / sondern die gerechtigkeit gottes im zorne hatte ihn ergriffen vnd in eine distel formiret vnd gebohren / Ehe Er ein Apostel war / auch noch im Sahmen / Ehe die Seel gebohren ward / als aus an geerbter Sünde / da gott bis ins dritte vnd vierde gliedt straffet / 46 So stelte gottes gerechtigkeit mit Juda seine figur dar / wie der Mensch zum verdamnis des todes in gottes gerechtigkeit sey er griffen worden / vnd wie dise gerechtigkeit / solte Christum zum tode offenbaren / das Er solle in der gerechtigkeit für das volck der Sünden sterben / vnd der gerechtigkeit gnug thun. so stellete der zorn seine eigne figur mit dem Juda Neben Christum in sein ampt / das man er kenen solte / es wehre gottes wille / das sein zorn im Menschen solle getilget werden / vnd bleib doch des zornes eigner wille in gottes gerechtigkeit in sich selber wohnende / als ein Centrum zur offenbarung Gottes . wie forne vom Centro aus geführet worden.

47 Das Aber einer sagen wolle / was mag das ein kint in mutterleibe / das es eine distel wirtt / dehme wirtt gesaget / das es der wurtzel dessen die distel selber ist / schuldt ist. wie Christus sagete[16] / Ein arger Baum kan nicht gutte fruchte tragen . Der zorn gottes wil auch Creaturlich sein / Aber solches nicht aus gottes vor satz / sondern aus des grimes der ewigen Natur selber. welcher nicht gott / sondern grim / als eine vrsache des feuers ist / daraus das licht offenbar wirtt. wie gottes liebe im sterben Christj im zorne offenbar ward Sihestu alhie nichts vnd verstehest nicht den AzoT / so rahte dir gott.

16 Vgl. Mt 7,18.

48 Das man aber wolte sagen / Judam sey sein verbrechen leidt gewesen / das ist wol war / ist es doch dem teuffel auch leidt / das Er nicht ein gutter Engel vnd auch ein teuffel sein kan / vnd das Er solches nicht sein kan / so ver zaget Er an der gnade gottes / das ist sein ewige helle. 49 Also auch Judas / Ihme war leidt / das Er von gottes gnaden verstossen war / Aber der gnaden begehrete Er nicht / den der quel zum gnaden begehren war nicht in ihme / Er war nicht aus dem glauben gebohren / als aus dem verheissenen sahmen / Vnd ob Er wol aus der selben Natur hehr kam / da der glaube Inne lag / vnd auch das ein geleibte wortt im ap grunde der Seelen hatte / so hatte aber seine Seel schone eine figür der fünsternis / welche in der gnaden gantz tott / vnd gar vntichtig zum leben war / den ob gleich eine distel in honig gesetzt würde so wüchse doch nur eine fette distel auß. Disen gehöret nicht die gnade / den Christus sagte zu seinen Jüngern Nehmet hin / vnd trincket mein Blutt / das für euch / vnd für viele vergossen wirtt / im Blutte war die Tinctur / Die sone gibt ihre heilige Tinctur nicht der distel / welche distel ein falsch leben kegen der Tinctur hatt. sie gibt ihr wol Ens vnd wesen / aber des kleinots ist die distel nicht fehig / sie fehet nur aus der Sonen eine eigentschaft nach ihr / wie sie ihr dihnet. Also auch alda zu verstehen. S Paulus saget[17] / darumb das ihr nicht vntterscheidet den leib des herrn / empfehet ihn der gotlose zum gerichte / wie die distel die Sone. also auch mit Juda zu verstehen.

50 Item . Es wirt mehr in die vernunfft eingeworffen Von dem Blinden / da die Jünger Christum fragten / wer hat gesündiget / diser / oder seine Eltern. Dehnen gab Christus zur Antwortt / es haben weder seine Eltern noch diser gesindiget / sondern das die wercke gottes offenbar werden.[18]

17 Vgl. 1 Kor 11,29.
18 Vgl. Joh 9,2 f.

53 Antwortt.

Gott hat das reich diser welt / in zeit / ziel masse vnd gewichte eingeschlossen[19] / vnd stehen die wercke gottes in einer würckenden figür / Wen die figur sol offenbar werden so stehet auch das selbe da / darinen / vnd darmitte es sol offenbar werden / 52 Da Christus in disem glaubigen Blintgebornen solte offenbar werden für seinem leiden vnd er fülung des gesetzes der Natur / so muste ihn das gesetze mit den augen der Natur von Ehe tötten / auff das ihme Christus die augen des glaubens möge auff thun / welche glaubens augen auch hernach der Natur ihre augen durch die gnade auff thun / Vnd war eine figur / wie wir in Adam wahren an gott Blindt worden / vnd wie wir in Christo wider sehende würden / Den disem Blinden kam nicht seine Blintheit aus sonderlicher an geerbter sünde / den Er war ein glaubens sahmen / in welchem Christus mit seiner an nehmung der menscheit war rege worden / darinen Er auch an ihn glaubete / Aber dises Innerliches glaubens sehen aus Christo golte noch nicht / Er solte Erst durch Christy Menschliche stime sehende werden / 53 Den als (Christus) Jesus mensch wardt / da war das Menschliche in gott sehen gebohren / Aber das gesetze gottes hild dis sehen in den armen sündern noch gefangen / bis vnser augen aus seinem tode / aus des gesetzes erfillung sahen. Darumb / da diser im glaubens sahmen war in Mutter leibe durch Christj ein gehung / vnd offenbarung in der Menscheit sehende worden / so töttet die Natur sein sehen / das er nicht muste mit dem glauben durch das licht der Natur sehen / den es war gottes gerechtigkeit im gesetze der Natur noch nicht gnug geschehen / 54 so Muste diser blint gebohren werden / auff das das götliche auge im glauben ihn sehend machte / durch das einsprechen des heiligen Nahmens Jesu / das die herligkeit gottes offenbar würde.

Vnd sol man nicht sagen / das diser Blinde sey durch einen

19 Vgl. Weish 11,21.

sonderlichen vorsatz Blint gebohren worden / sondern Er war einer aus der wurtzel des glaubens sahmen / welchen glauben der Nahme Jesus / als gottes licht in der liebe / solte sehende machen . Er wahr einer im vhr werck Christj / zu seinem proces von gott dem vater / Christo gegeben / gleich wie die phariseer / im vhr werck des gesetzes gottes gerechtigkeit / auch mitte zum proces Christj kahmen.

55 Item. Es wirtt auch der spruch Mattej 24[20]

ein geworffen in die vernunfft / dar mitte sie wil Erhalten Gott wolle das die Menschen ver führet / vnd verdampt würden Da Christus spricht / es werden falsche Christj / vnd falsche propheten auff stehen / das in dem Irtumb / so es müglich wehre / auch die aus erwelten verführet würden.

56 Antwortt.

Diser text saget / sie werden auff stehen / Er saget aber nicht / das sie von Gott gesant sind / viel weniger aus Christo / dehme alle gewalt geben war / im himel vnd auff Erden / 57 so solten dise falsche propheten aus dem vor satza gottes zornes / als aus dem eiffer der gerechtigkeit entstehen / vnd der falschen maul Christen hertze sichten / welche sich Christen Nennen / Diese solten durch disen verbitterten geist gottes zornes aus dem processe Christj gesichtet werden / das sie glaubten den geistern der lügen / die weil sie sich Christen Nennen / vnd Christus ist aber nicht in Inen / sondern sie seint kinder des zornes / so solten sie ihre Bilde der greuel vnd falschen deuteley dar stellen / Auff das Inen die kinder des falschen Nahmens Christj / Mit Christj purpurmantel bedeckt anhingen / vnd sich die wahren Christen von Inen ab sondertten / auff das Erkant würde / wer Christus sey / vnd auch durch die falschen propheten der proces Christj mit ver rahten / tötten / vnd leiden / offenbar / vnd Imerdar Christus von den pharisern vnd heiden / umb ihres falschen

20 Vgl. Mt 24,24.

gottes dinstes willen getöttet würde / **58** Den gottes gerechtigkeit fodert die kirche Christj im Blutte / vnd stellet Imerdar eine vrsache mit falschen propheten vnd Christen dar / welche falsche prophten mit den heiden / als tihrannen ohne vntterlas Christum in seinen gliedern tötten / vnd der gerechtigkeit gottes auff opffern / dadurch gottes zorn in den wahren Christen getöttet wirtt.

59 Wen man die selben falschen propheten ietzo wil kenen / wer die seint / so sehe man nur dise ahn / welche Ihnen haben meinungen aus dem Buchstaben zu sammen gefasset / vnd edwan statliche postillen vol schmekarrten / vnd knittel des zornes gottes gesetzt / da eine Secte die ander mitte in die augen schleget vnd für falsch aus schreyet / vnd leben doch die selben schreyer einer wie der ander / vnd schreiben nur zu ihren Ehren / das sie wollen für hoch gelertte leute gesehen sein / auff welche alle welt sehen sol / das sie Christus seint / vnd seint aber nur der tittel vnd maul Christus / ohne die gnade / leben auch gantz auser Christj proces / in eitel gelüsten des fleisches / vnd tichten teglich mehr / wie sie mogen rencken erdencken / Neues ordens vnd gottes dinstes / daruntter sie einen gleissenden schein bekomen / vnd man sie desto bas Ehret / vnd mit reichtumb zur bauch fülle ihres gottes Mausims des Bauches begabet.

60 Dise haben nicht Christj Geist in Inen / seint auch nicht apostel Christj / Sondern alle miteinander nur falsche propheten / welche aus dem Buchstaben ohne wissen deuten / den das sie sagen das wissen vnd glauben sie selber nicht. Vnd seint eben die reissende wolffe von dehnen Christus sagte / sie haben nicht Christj wissen in Ihnen / vnd weissagen auch.

61 Aber von dehnen / welche in Christo sint / saget Er / Es sey nicht müglich das sie mögen ver führet werden / Das seint dise / In welchen Christus ist Mensch worden / die seint nach dem Inren grunde in Christo im himel / in gott / vnd hören Christum in Ihnen reden / den sie hören gottes wortt / vnd nicht die falschen propheten /

Wen Man die selben falschen propheten ietzo in den Secten solte aus Jehten / so würde die Apostolsche schar klein werden / welche sich apostel Nennen.
62 So sol man mit Nichten sagen / das gott (ver henge) darumb verhenge / das solche falsche propheten komen / das Er den Menschen / welche sonst mechten zur seligkeit komen die seligkeit nicht wolle gönnen / wie die vernunfft also Irret / das ihme gott habe einen hauffen zur seligkeit geordnet / vnd den andern zur verdamnis / Vnd das wolle Gott haben / darumb sende Er Inen krefftigen Irtumb / das sie nur fallen sollen / das Er möge seinen zorn an Ihnen beweisen.
63 Ir lieben Brüder / die ihr mit solchem wahn besturtzt seit / wir rahten euch das / lehret nicht wahn / seit dessen von Ehe in Christj Geiste in euch aus dem grunde ver sichert / ihr werdet sonst in gottes gerechtigkeit mitte in der falschen propheten zahl er griffen / habet ihr nicht die thür Christj in Euer Seelen offen / das ihr möget im geiste Christj aus vnd ein gehen / vnd wahre gewisse weide für die schaffe Christj finden / das ihr sie möget in Christj grase weiden / so lassets bleiben. 64 Euer schulen kunst / da ihr einander mit wortten der vernunft schlaget / vnd über windet / vnd hernach solche vernunft über windung für Christj warheit schreibet vnd lehret / das gilt euch nicht für Gott / Den Christus hies dise dibe vnd Mörder / welche auser seinem Geiste vnd wissen / zu einer andern thür / als durch vernunftschlisse ohne Christj wissen vnd willen Ein steigen / Seit ihr nicht mit Christj Geiste gewabnet / so zihet nicht in krig / wider einen solchen mechtigen feint den teuffel / vnd wider gottes gerechtigkeit im zorne / ihr werdet mit Euren vernunft schlissen / ohne das Blut Christj in euch / alda nichts Erhalten / sondern ihr werdet nur in gottes strenger gerechtigkeit in Euren vernunft schlissen gefangen / vnd zu falschen propheten im zorne gottes er wehlet / 65 Den keiner ist ein prophet / Er sey den in dem grossen vhrwercke götlicher ordnung im aus gesprochnen wortte im ziel der selben zeit

aus gottes gerechtigkeit gebohren / da der heilige Geist gottes / durch das selbe zihl in götlicher ordnung redet / Er mus ein ziel sein / in dem vhrwercke in Misterij magnj / durch welchs der Geist gottes auff ein ander ziehl der offenbarung / deutet / Wie den die propheten solche wahren / vnd noch heute sind / welche im zihl des grossen vhrwercks in der gnaden ver sehung in Christo Jesu stehen / da vns gott hat in Christo Jesu für der welt grunde versehen / als gesehen / Er mus in gottes gerechtigkeit mit seinem prophetischen Geiste Inne stehen / vnd eben in dehm ziel / da gott hat den Nahmen seiner liebe in die gerechtigkeit Ein versehen / auff das Er aus dem grunde des gesetzes der gerechtigkeit gottes vorsatzes / vnd den auch aus dem grun der für gesetzten gnade gebohren sey / das Er möge gesetze als gottes gerechtigkeit / vnd auch Euangelium / als gottes liebe vnd des gesetzes er füllüng lehren.

66 Diser ist ein rechter prophet / vnd kein ander / den Er ist das ziel eines reiches (auff) in Misterio magno / da durch / vnd daraus die ordnung der reiche auff Erden vrstenden / Er ist des selben reiches Munt.

Weil Er aber lehren mus / wie das gottes gerechtigkeit im zorne / sol mit der gnaden getöttet werden / vnd das sich die gnade müsse von Ehe dem zorne gantz ein ergeben / in die töttung der gerechtigkeit / So wirt Er auch im processe Christj der selben gottes gerechtigkeit / von den falschen propheten vnd phariseern mitte geopffert / Den das sol vnd mus sein / auff das sein ziel auch im Blutte Christj der liebe hin durch / durch den zorn geführet werde. vnd das ziel der gerechtigkeit in die gnade gesetzt werde / Darumb mussen die propheten Mertirer Christj werden.

67 Dises Mercket wol / alle die ihr wollet lehren / vnd meinet / ihr seit dar zu beruffen / sehet euren ruff in euch wol ahn / ob ihr auch von gott in seinem vhrwerck in Christo beruffen seit / ob euch Christus in euch mit seiner stime hat beruffen / Wo nicht / so seit ihr anders nichts / als nur

falsche propheten / die da vngesant lauffen / vnd gehen nicht zur thür Christj in schaff stall Ein.
68 Das ihr euch auff Menschen Ruff steuret / der gilt wol für Menschen / vnd gott lesset ihme das auch gefallen / was Menschen thun / wen es in seiner ordnung geschicht / wen ihr euch aus Menschen Ruff in gottes ruff ein er gebet / vnd auch dencket / wie ihr wollet des götlichen ruffes in eurem Menschen ruffe fehig werden / Wo das nicht ist / vnd ihr nur in Menschen ruffe in eignem wollen bleibet / so sitzt ihr auff dem stuel der pestilentze / vnd seit phariseus vnd falsche propheten / Vnd wen Euer viel hundert tausent wehren / So macht euch das ampt nicht zu propheten vnd Christj hürtten / ihr gehet den durch Christj lebendige thür Ein.
Ob dises wol dem phariseus nicht schmecken wirtt / so ist doch die zeit gebohren / vnd das ziel verhanden / das es sol offenbar werden / vnd dafür hilffet mehr keine Menschen list / Wehe dem volcke / das es ver achtet / das wirt in gottes gerechtigkeit im eiffer gefressen werden.

> 69 Item. Die vernunft wirffet auch den propheten Jona Ein / zu ihrem beweis / das gott die Menschen zu Bösem vnd guttem / als zu seinem vorsatze zwinge / wie Er Jona zwang das Er muste gen Niniue gehen.[21]

70 Höre liebe vernunft / irre dich nicht / gottes geist lesset sich nicht von der vernunft richten.
Jonas war ein prophet gebohren / aus dem ziel des Bundes vnd stunt in Christj figur / wie Christus solte dem zorne gottes in rachen des grossen wahlfisches götlicher gerechtigkeit / die selbe zu er füllen / Ein geworffen werden / wie Er solte in das meer des todes ein gehen / vnd wie ihn der zorn gottes welchen Er in dem selben fische des todes über want / solte ledig vnd lebendig wider aus sich lassen aus gehen / wie Jonas aus dem Bauche des walfisches ging / 71 Er war eine figur Christj / vnd aus dem ziel des grossen vhrwerckes / aus

21 Jona 3,1 ff.

Misterj magny / aus Beiden vorsetzen Gottes / als aus seiner gnade / vnd aus seiner gerechtigkeit / gebohren / vnd zur figur / als zu einem spiel des Geistes Gottes dargestellet / da der Geist in diser figur auff Christum sahe / vnd deutet / wie die Menscheit Christj / als vnser angenomne Menscheit sich würde für Niniue / als für der gefahr des lebens entsetzen / wie den Christus sagte / Als ietzt die zeit war / da Er solte gen Niniue / als in gottes zorn ein gehen / Vater / ists müglich / so gehe diser kelch von mihr[22] / Item / Er verbarg sich offtter für den pharisern / als Niniuitten wie Jonas für Niniue /

72 Auch deutet dise figur ahn / das wen wir armen Jonitten / sollen dem volcke gottes straffe vnd gerichte an sagen / vnd vnser leben vntter sie wagen / vmb der warheit willen / wie man aus flichte suchet / vnd sich auff das Meer der welt begibt / vntter fette tage / vnd fleucht von gottes befehl / schweiget stille / aus furcht für den Niniuitten / Als den so kompt der walfisch gottes zornes / vnd schlinget die propheten in seinen Munt

73 Das Aber Jonas mit gewalt hin zu getriben wardt / deutet ahn / das der vorsatz gottes des vaters in Christo solte / vnd muste bestehen / das (Chr) ob sich gleich Adam von gottes gehorsam abe wantte in die Bildligkeit diser welt / da durch der Mensch dem grossen wahlfische dem tode gegeben wardt / noch solte gottes vorsatz bestehen / vnd (Chr) Adam in Christo / aus dem Bauche des todes auff stehen.

74 Das ist die figur mit Jona lieben Brüder / vnd nicht euer vorsatz vnd zwang zu bösem vnd gutten / es ist Christj figur / lasset abe von solchen schlissen / vnd lestert nicht den heiligen Geist in seinen wundern / in Christj figur / mit an deuten Irriger meinung / oder ihr werdet mit Euren schlissen in das Meer gottes zornes geworffen werden / sollen / vnd wollen wir euch in liebe / Brüderlich warnen.

22 Vgl. Lk 22,42.

Das 13 Capittel
Summarischer schluß / aller diser fragen.

1 Die vernunft führet auch entlich den spruch Christj ein. Da Christus saget[1] / Ich habe deinen Namen offenbaret den Menschen / die du mir von der welt hehr gegeben hast / vater. Darmitte sie beweisen wil / das Christus seinen Nahmen Nimant offenbare der vater gebe ihme den ihn zu vorhin / aus seinem vor satze / ob er wolle / oder nicht.

2 O du gar Jemmerlich verblente vernunft / wie bistu so blint / weistu / was des vaters geben ist / Es ist das Centrum in der Seel / als des vaters wille in der Scientz der ewigen gerechtigkeit / da die Scientz entweder mit götlicher liebe der gnaden / oder mit begürde des greuels beladen wirtt / dahin gibt sie das sprehende wortt in gottes gerechtigkeit / entweder in eine wurtzel einer distel oder in eine wurtzel des glaubens sahmens / Der wurtzel im glaubens sahme wirtt Christus offenbar / den es ist Christj wurtzel / daraus ein Christ in Christo gebohren wirtt Dehnen Christen Menschen hat Christus sich von der welt hehr Imerdar offenbaret / vnd Inen gottes Nahmen gegeben / den Er selber ist gottes Nahmen.

3 Diser text ist nicht zu verstehen / als wen gott hette fürm anfange der welt einen schlus gemacht / vnd den schlus in eine gewisse ordnung vnd zwang gesatzt / wie viel / Er ihme geben wolte / vnd welche / darüber nicht köntte geschritten werden / wie es die gefangne vernunfft also verstehet / Nein / Nein / der Baum Christj ist vn meslich / gottes gnade / vnd auch seine gerechtigkeit im feuer / seint beide vn meslich / Den hette gott ein ziel gesatzt in liebe vnd zorn / so stinde das selbe in einer mesligkeit / in einem anfange / so muste man auch dencken / das es ein Ende würde Nehmen / Nein / Nein / der Baum des erkentnis guttes vnd Böses / stehet in

1 Joh 17,6.

dem ewigen grunde / da keine zeit noch ziel Ine ist / Gottes gnade in Christo ist vn meslich / vnd von ewigkeit / also auch das reich der Natur in Misterio magno daraus sich die feurische Scientz aus dem willen des vngrundes hat offenbaret. Wie Christus hat den Menschen Gottes Nahmen vom anfange der welt offenbaret / als der wurtzel des glaubens sahmens / Also auch bis ans Ende der welt / den also sagte Er auch zu seinen Jüngern / als sie ihn vom Ende der welt fragten / Wie der plitz auff gehet / vnd scheinet bis zum Nidergang. Also sol auch sein die zukunft des Menschen Sohnes[2] / Wie sich die Sone den gantzen tag allen dingen ein gibt / vnd auff sie scheinet / vnd sich in alle dinge ein drenget / es sey Böse oder gutt / also auch die götliche Sonne Christus / als das wahre licht der welt / Johan 8
4 Christus entzeucht sich Nimand mit seinem lichte der gnaden / Er ruffet sie alle / vnd scheinet mit seiner stime in sie / gar keinen aus genomen / Aber sie hören vnd sehen ihn nicht alle / den sie seint nicht von Gott / Die Scientz des vngrintlichen willens des vaters / in der Seelischen Creatur / hat sich in frembde Bildligkeit zu einer distel der schlangen ein geführet / dise Sihet vnd höret nihts wen gottes gerechtigkeit in ihr spricht / thue recht / oder ich wil dich tötten / dis vnd das ist Sünde / thue es nicht / oder du wirst von gott verstossen.

5 Wen dises die Seel in ihr höret / so kömpt der teuffel mit seinem schlangen Bilde vnd spricht in die Scientz / harre noch im fleische / in diser vnd Jener lust / als in geitze / hoffart Neide / zorne / hurerey / völlerey / in spötterey / es ist noch wol zeit / das du busse an deinem Ende thuest / samle dir von Ehe einen grossen schatz / das du der welt nicht mehr darffest / als dene trit in ein fromes leben / so kanstu ein sam leben / ohne der welt spott / vnd darffest ihrer nicht / **6** Also wirt ein tag vnd Jahr auff das ander gesetzt / bis an die stunde des todes / Den wil man auch ein

2 Vgl. Mt 24,27.

gnaden kint vnd selig sein / da man doch ist die gantze zeit in der schlangen gestackt / da sol den der prister mit gottes leichnam komen / vnd die Neue Engels geburth mitte Bringen / do sie mancher selber nicht hat / und eben auch an dehm orte zu gaste ist.
7 Dise / weil sie in der schlangen stecken / seint nicht Christo gegeben / sondern dem zorne gottes / der zorn gottes lesset sie nicht loß / die Scientz der Seelen wende sich den in ihr zu der gnaden / Vnd so das geschicht / so ist es das geben / den die götliche Sone scheinet als Balde in die stille stehende Scientz vnd zindet sie ahn / vnd das ahn zinden ist nun der Nahme gottes / welchen Christus der Seelen gibt / dauon sie an hebet in Christo zu schepffen / vnd Busse der vergebung zu würcken / als wen sie an hebet von der einbildung der falscheit stille zu stehen / 8 Den man spricht / Nimmer thun / ist die gröste Busse / das geschihet / wen der grunt der Seelen an hebet stille zu sein von der einbildung / vnd gehet in ihren ap grunt / welchs sie macht zu thun hat / sie sey den schone eine distel / so lauffet vnd wechset sie ans Ende der zeit / Je doch ist kein gerichte von aussen über sie / als nur ihr eigen gerichte / weil sie in disem leben der welt ist / bis zur Erntte zeit. Aber schwer ist es / so der Iner vnd auch euser grunt der eusern Constellation falsch ist / die lauffen gemeine bis ans Ende also. Als den kompt nur Judas Busse / vnd hilffet sie das kitzeln mit dem leiden Christj wenig / wen nicht Ens des glaubens alda ist / 9 Der pracht mit den herlichen begrebnissen des totten thiers ist nur des teuffels spott / das Er sie mitte spottet. Den die zu gerechnete gnade / gilt nicht von aussen / das wir mit aus wendigem gnaden wortten los gesprochen würden / wie ein Herr oder fürste einem mörder das leben aus gnaden schencket / Nein / Nein / es mus die zu gerechnete gnade Christj in vns / in dem In wendigen grunde der Seelen offenbar / vnd vnser leben werden / 10 Man sol die Busse nicht ans Ende sparen / den ein alter baum wurtzelt übel / ist Christus nicht in der Seelen / so ist keine gnade / oder vergebung der Sünden / Den

Christus selber ist die vergebung / welcher die ein gefürtten greuel in gottes zorne in der Seelen mit seinem Blutte in vns Transmutiret / vnd in das götliche feuer ver wandelt / wie Er zu den phariseern sagte / bey dem gichtbrüchigen Menschen / als Er sagte / deine sünde sint dir ver geben / Das geschach da Er Christj stime in seiner Seelen fing / da ver gab ihme das lebendige wortt in ihme die sünde / das ist es über waltigte die Sünde / vnd tratt der schlangen eingefürtten greuel mit dem feuer der liebe auff den kopff ihres willens.

11 So kan nun Nimand sünde ver geben / als Christus im Menschen / wo Christus im Menschen lebet / da ist die Absolution / Den da Christus Johan 20 saget / Nehmet hin den heiligen Geist / welchem ihr die sünde erlasset / dehnen seint sie erlassen / vnd welchem ihr sie behaltet / dehnen sint sie behalten / das gehet auff die wahren Apostel vnd ihre rechte nach folger / welche den heiligen Geist aus Christo Haben genommen / welche selber in Christo leben vnd sint / vnd Christy stimme in sich haben / Dise haben macht in die hungrige Seel ein zu sprechen / das lebendige wortt Christj / das in Ihnen wohnet / vnd der andern keiner nicht / sie heissen vnd gleissen wie sie wollen / so mussen sie Christj apostel sein / wollen sie sein ampt ver walten / sonst seint sie nur phariseer vnd wolffe.

12 Auch so mus die Seel ihren hungrigen Munt kegen dem ein sprechen auff thun / sonst gehet das wortt nicht in sie ein / als es den nicht in alle ein ging / wen Christus selber predigte vnd lehrete / sondern nur in die hungrigen vnd dürstigen Seelen / von welchen Christus sagte / Selig sint die da hungert vnd dürstet nach der gerechtigkeit / den sie sollen Sadt werden / verstehet / mit der fülle seines worttes. 13 Den nicht bey Menschen stehet das sünde vergeben / sondern im gewalt des worttes Christj / das im Menschen wohnet / Nicht des Menschen sprechen vergibt sünde / sondern gottes sprechen im Menschen wortte / Das gehet nun nicht in die falsche distel / sondern in die Seel / wo der glaubens sahme im schal der bewegnis liget / wo die seel von der bildung der

schlangen begürde stille stehet. **14** Darumb verlasset euch nicht auff Menschen / sie können euch nicht sünde vergeben / vnd die gnade geben / ihr hungert vnd dürstet den nach der gerechtigkeit. Ans Ende sparen / ist Judas Busse / Es gilt nicht nur trösten / sondern Neugebohren werden.
15 Also ihr lieben Brüder / habe ich auff angeregte puncte kürtzlich aus dem grunde wollen Antwortten / vnd ist dis meine meinung / das der schrifft sprüche alle wahr seint / Aber die eigne vernunfft irret / vnd verstehet dise nicht auser Christo / Der Apostel saget[3] / wir haben nicht Abermal einen knechtischen Geist empfangen / das wir vns fürchten dürften / (Nicht) sondern einen kintlichen Geist / der da schreiet Ap pa lieber vater / Nicht der welt / oder des fleisches Sin haben wir empfangen in der ver heisnen gnade / Sondern den kintlichen Sin Christj / der vns frey gemacht hat von dem gesetze der sünden . Also sol ein Jeder gesinnet sein / wie Jesus Christus / der einige Mensch in gnaden / saget der Apostel.[4]
Vnd wer disen Sin nicht hat / der vernimpt nichts was des Geistes ist / es ist ihme eine torheit / vnd begreiffets nicht.[5]
16 ob wir in diser sehr scharffen aus führung manchem mechten stum sein / vnd ihme ein anstoß der ergernis sein / in dehme Er sagen wolte / wir brauchten frembde vn gewenliche reden / in vnserm grunde / So sagen wir mit warheit für gottes Augen / das wirs anders zu geben / als es vns ist in Christj Sin gegeben worden / nicht haben. Wer aus Christo ist / der wirt es wol ver stehen / dehnen andern spöttern vnd klüglingen / so die vernunfft zum meister haben / dehnen haben wir nichts geschriben. **17** Wir ver mahnen Aber vnsere liebe Brüder in Christo / solchen Tractat mit gedult zu durch lehsen / den sein Nahme heisset / Je lenger Je lieber / Je mehr gesucht / Je mehr gefunden / Weil vns Christus selber heisset suchen / an klopffen vnd Bitten / vnd vns die

3 Vgl. Röm 8,15.
4 Vgl. Phil 2,5.
5 Vgl. 1 Kor 2,14.

verheissung getahn / das wir sollen empfahen vnd finden / so sollen wir nicht in sünden wollen stille stehen / vnd auff das wartten / bis vns die gnade Gottes über falle vnd zwinge / Auch gar nicht dencken / das Gottes geist wolle aus bösem guttes machen / als den armen sünder / welcher noch nicht gar eine distel ist / über feldt Er freylich manch mal in seinen sünden / vnd zeucht ihn dauon abe / lesset Er sich zihen / so ists gutt / wil Er aber gar nicht / sondern tritt wider in die schlange / vnd Creutziget Cristum auffs Neue / der lestert den heiligen Geist / von dehme die schrifft saget / Er hat keine vergebung ewiglich.[6] 18 Es ist kein Mensch / welcher sagen darff / Er sey nicht edwan edliche mahl sonderlich in gedancken gezogen worden / auch der gotlose also. Christus erscheinet allen velckern / Einem in seinem offenbaren Nahmen / dem andern volcke in einem Nahmen des einigen Gottes / Er zeucht sie alle / vnd wegen seines zugs / vnd der wisne / welche in ihre hertzen geschriben sint / das sie wissen / das ein gott sey / dehn Sie Ehren sollen / vnd sie das nicht thun / werden sie gerichtet werden. 19 Wie viel mehr aber wir / die wir vns Christen Nennen / vnd das wahre wissen haben / halten aber die warheit auff / vnd wandeln sie in lügen / umb einer gefasten meinung willen / die wir vns haben ein mahl ein gebildet / vnd bey der welt damitte bekant gemacht / Vnd ob wir hernach gleich ans licht geführet werden / so gönnen wir vns mehr der Ehren / als Gott / vnd wollen das licht mit frembder deuteley ver bergen beschmudeln vnd zu decken / auff das der Menschen wahn / als ein apgott in Christj stelle sitze / wie es den viel mahl also gehet / vnd Babel gantz darinen stehet / das Mancher nicht nach lesset / seine ein mahl bekantte meinung zu verteidigen / vnd solte Er die gantz schrifft bein haren herzu zihen.

20 Lieben Herren vnd Brüder / lasset vns Christo die Ehre geben vnd vns vntterender freundlich mit zichtiger vntter weisung begegnen / thue einer dem andern seine gabe in

6 Vgl. Hebr 6,4 ff.

Bruderlichem willen dar / den es seint mancherley erkentnis vnd aus legung / so sie nur aus dem Sine Christj gehen / so stehen sie alle in einem grunde / **21** Wir sollen vns wegen der vngleichen gaben nicht ver folgen / Sondern viel mehr in der liebe vnttereinander er freuen / das gottes weisheit so vn aus schepfflich ist / vnd dencken auff das zu künfftige / wie vns so wol geschen sol / wen alle dise wisne wirt aus einer / vnd in einer Seelen offenbar werden / das wir werden alle gottes gaben er kennen / vnd vnser freude an einander haben / vnd sich Jeder des andern gabe erfreuen wirt / wie die schönen Blümen in ihren vntterschidlichen farben vnd tugenden auff der erden sich Neben einander in einer Mutter er freuen. Also auch ist vnser auffer stehung vnd widerkunfft / **22** was wollen wir den alhie zancken / umb eine wisne der gabe / In Christo ligen alle schetze der weisheit / wen wir dehn haben so haben wir alles / ver lihren wir aber dehn / so haben wir alles ver lohren / vnd auch vns selber.

23 Der einge grunt vnser religion ist / das wir Christum in vns lieben / vnd vns vnttereinander lieben / wie vns Christus geliebet hat / das Er hat sein leben für vns in tott gegeben / Welche liebe in vns nicht offenbar wirt / Es werde den Christus in vns Mensch gebohren / vnd offenbar / dehr gibt vns seine liebe / das wir vns in ihme lieben / wie Er vns liebet. Den Er gibt vnser Seelen / sein fleisch vnd Blutt / Immerdar zu essen vnd zu trincken / vnd welche Seele dises nicht isset vnd trincket / die hat kein götlich leben in ihr. Johan 6.[7]

24 Darumb ver mahne ich den liebhabenden lehser / ob ihme edwas in disem tractat zu scharff sinig sey / Er wolte Gott die Ehre geben / vnd Beten vnd ihn recht lehsen / es ligt alles alles was die Sone bescheinet vnd der himel begreiffet / so wol die helle vnd alle tiffen in dem Menschen / Er ist ein vnausschepfflich quelbrun Er mag disen hohen grunt / dehn vns Gott / als einem ein feltigen Menschen gegeben hatt / mit

7 Vgl. Joh 6,54.

der weil gentzlich vnd gar wol ergreiffen vnd begreiffen.
25 Alleine für schmehen wollen wir ihn / als lieb ihm Seel vnd ewigkeit ist / gewarnet haben / den Er wirt vns nicht rühren / sondern den grümen zorn gottes in ihme selber.
Mich aber / der ich der ich zu disem werck gewesen bin / kan Er wol rühren / den ich stehe ohne sein rühren in Christj Banden.
Ich wil ihn aber in liebe vermahnet haben / sich als einen Bruder in Christo zu er zeigen / vnd wo Ers in götlichen gaben ver mag / eine noch hellere erklerung zu machen / so ich als dene die selbe sehen werde / so wil ich mich in seiner gabe er freuen / vnd dem höchsten dancken / der vns allerley gaben so reichlich vntter einander gibt. Amen. geben den 8 february 1623

Editorische Notiz

Der Text der vorliegenden Ausgabe folgt dem im Auftrage der Akademie der Wissenschaften zu Göttingen von Werner Buddecke herausgegebenen Originaltext der *Gnadenwahl*: Jacob Böhme, *Die Urschriften*, Bd. 2, Stuttgart: Friedrich Frommann (Günther Holzboog), 1966, S. 9–166. Die Verweise auf Bibelstellen wurden vom Herausgeber der vorliegenden Edition ergänzt.
Das Frontispiz Seite 2 zeigt den Titelkupfer zur *Gnadenwahl* aus der ersten, von Johann Georg Gichtel bearbeiteten deutschen Gesamtausgabe der Werke Jakob Böhmes, Amsterdam 1682. Die Abbildung wurde freundlicherweise von Herrn J. R. Ritman, Bibliotheca Philosophica Hermetica, Amsterdam, zur Verfügung gestellt.
Hingewiesen sei auf den einzigen Kommentar zu diesem Werk: Franz von Baader, »Erläuternde Anmerkungen zu Jacob Böhme's Abhandlung über die Gnadenwahl«, in: F. v. B., *Sämtliche Werke*, hrsg. von Franz Hoffmann [u. a.], Bd. 13, hrsg. von Julius Hamberger, Leipzig 1855 (Neudr. Aalen 1963), S. 237–330.

Glossar

Arcanum Geheimnis
astralisch ist alles, was von den Sternen kommt und wirkt.
Azoth bezeichnet das Licht, aus dem alles hervorgeht. Das Wort ist aus den ersten und letzten Buchstaben des lateinischen, griechischen und hebräischen Alphabets zusammengesetzt.
Centrum ist die Mitte. *Centrum Naturae* bedeutet einerseits den Anfang zum Feuer, andrerseits den Anfang zum Licht.
Chaos bedeutet kein Durcheinander, sondern jene Einheit, welche die bloße Möglichkeit zur Vielheit in sich enthält.
Compaction bedeutet die mit Hilfe der ersten Naturgestalt mögliche Zusammenziehung oder Zusammenfassung einer Wesenheit, wodurch diese hart wird.
Concordanz Eintracht, Übereinstimmen, Harmonie
concordiren einträchtig sein, übereinstimmen, harmonieren
Conjunction Vereinigung
Constellation Stand der Sterne und Planeten
Contrarium Gegensatz
corporalisch leiblich, körperlich (von ›corpus‹)
Creation Schöpfung
Distelkinder heißen alle jene, deren Gemüter durch Eigenwillen verkehrt sind.
Ens bedeutet nicht das Wesen, sondern das aus der Verborgenheit des Samens wirkende Leben oder die Lebendigkeit des Wesens.
entalisch wesentlich
Essenz bezeichnet den lebendigen Grund der Substanz.
Fiat Es werde! Das Wort, mit dem Gott die Schöpfung begann. Böhme verwendet das Fiat auch, um die Setzung der ersten Naturgestalt zu bezeichnen.
Fixheit bezeichnet alles, was im Feuer bleibt und nicht von ihm verzehrt wird.
Fürsatz heißt die ausgesprochene Ordnung des göttlichen Wortes.
grimm heißt das Walten der drei ersten Naturgestalten in den Kreaturen.
Imagination bezeichnet einen Vorgang, bei dem und durch den etwas hineingebildet oder eingebildet wird.
Impression bedeutet Zusammenziehung mit Hilfe der finsteren Begierde der Natur oder ihrer Gestalt.

Incantation Beschwerung, Bezauberung oder Zauberei
Jehova heißt der einige und dreieinige Gott.
Jungfrau Himmlische oder ewige Jungfrau ist bei Böhme ein Ausdruck und Sinnbild für ewige Weisheit.
Limbus bezeichnet die zeugende feurige Kraft.
Limus ist der Auszug materialer Kräfte und das reinste Wesen der Erde.
Linea heißt die Linie oder Reihe, in welcher der Grund zum Samen der menschlichen Natur Christi weitergegeben wurde, um sich in Maria zu vollenden.
Magia bedeutet den Übergang vom möglichen zum wirklichen Dasein in materialer Hinsicht.
magisch ist alles, was in und durch die Magia gewirkt wird.
Majestät Die Majestät Gottes bedeutet die Offenbarung der göttlichen Herrlichkeit in der ewigen Natur.
Matrix bezeichnet die Gebärerin des Lebens unter dem Anblick der empfangenden Kraft, ihr Gegensatz ist der Limus.
Mausin Name eines Götzen
Mens Geist oder Gemüt
mentalisch ist das, was mit dem Geist oder Gemüt erfaßt wird.
Mercurius (Quecksilber) ist die zweite Naturgestalt und Grund der Bewegung und des Lebens.
modeln bilden
Mysterium Magnum heißt das Chaos, aus dem Gott alle Dinge geschaffen hat.
Oel bezeichnet das Wesen, worin sich die Tinctur offenbart.
Particul Stück oder Teil
particular stückweise oder das, was stückweise wirkt
Phantasie bezeichnet die eitle Scheinwelt, die von Luzifer gestiftet worden ist.
Praeservatio Vorsorge
Principium bedeutet bei Böhme einen hervorgebrachten Lebensgrund.
Proba Prüfung
Proceß Führung der Seele durch das Feuer der Läuterung
Qual, Quaal, Quall ist die Bewegung der Eigenschaften oder Qualitäten, die im Licht sanft und in der Finsternis peinvoll vor sich geht.
qualificiren quallen, aufquellen
Qualitäten heißen die sieben Naturgestalten

Quinta essentia heißt das fünfte Element und ist der Inbegriff des Reinsten und Vollkommensten, das aus einem Ding oder einer Sache hervorgebracht werden kann.

rügen erregen

Sal (Salz) ist die erste Naturgestalt, welche die Grundlage für alle Festigkeit und Begreiflichkeit enthält.

Sal nitri, Salniter, Salitter bezeichnet die paradiesische Erde, die im Feuer-Schrack entsteht und aus der die himmlischen Früchte grünen. In der äußeren Natur ist die Wurzel aller Salze oder Kräfte, aus der viele andere erwachsen und werden.

schiedlich unterschiedlich

schrack Schreck

sensualisch nennt Böhme die Sprache eines Menschen, dessen Vorstellungen kräftig und lebendig sind.

Sensus Sinn

siderisch heißt alles, was von den Gestirnen abhängig ist oder beeinflußt wird.

Sophia Weisheit

Species naturae Gestalt der Natur

spiritualisch geistlich, geistig

Spiritus mundi Welt-Geist oder Welt-Seele

Sulphur (Schwefel) heißt die dritte Naturgestalt oder die irdische Wesenheit.

Szientz Böhme leitet diesen Ausdruck von ›ziehen‹ ab und bezeichnet damit das An-ziehen oder Ein-ziehen oder die Sucht oder Suche eines Wesens nach seiner vollen Ausgestaltung und Vervollkommnung.

Temperatur bezeichnet den Zustand, in dem sich die Prinzipien ausgewogen und harmonisch zueinander verhalten.

Ternarius sanctus bezeichnet das Spiegelbild, worin sich die heilige Dreieinigkeit spiegelt, somit die ewige Weisheit.

Tinctur heißt das geistige Bild zwischen möglichem und wirklichem Sein in formaler Hinsicht. So gibt es eine himmlische, höllische und irdische Tinctur.

tingiren bedeutet, die Lebenskraft eines Wesens durch Eröffnung der in ihr verborgenen Tinctur in eine andere Daseinsweise einzuführen.

transmutiren verwandeln, verändern

Turba bezeichnet das Durcheinander und die Verwirrung der Kräfte eines Wesens, wenn sich die Feuersmacht in ihm erhebt.

Venus bezeichnet die fünfte Eigenschaft der Natur und die Sanftmut in ihr.
Verbum fiat ist das Wort der Schöpfung.
Wassergeist ist ein Name für die sanfte Liebe oder die fünfte Naturgestalt.

Zeittafel

1546 Tod Martin Luthers.
1575 Jakob Böhme wird als viertes Kind einer begüterten Bauersfamilie in Alt-Seidenberg bei Görlitz geboren. Nach abgeschlossenem Schulbesuch wird er wegen schwächlicher Gesundheit zu einem Schuster in die Lehre gegeben.
1576 Rudolf II. wird römisch-deutscher Kaiser.
1580–89 Lehr- und Wanderjahre als Schustergeselle. In diesen Jahren hat Böhme erste mystische Erlebnisse.
1595 Henricus Khunrath: *Amphitheatrum Sapientiae*. Spätblüte der Alchimie.
1596 René Descartes geboren.
1599 Böhme wird Bürger der Stadt Görlitz, kauft eine Schusterwerkstatt auf dem Untermarkt und wird als Meister in die Schusterzunft aufgenommen. Heiratet im selben Jahr die Fleischhauerstochter Katharina Kuntzschmann. Erwirbt ein Haus vor dem Neißetor auf dem Töpferberg. Pest-Epidemie in Görlitz.
1600 Böhme erlebt beim Anblick eines zinnernen Gefäßes im Zeitraum einer Viertelstunde die entscheidende Erleuchtung und den Durchbruch bis in die innerste Geburt der Gottheit.
1601–11 In diesem Zeitraum werden dem Ehepaar Böhme vier Söhne geboren.
1610 Böhme zieht vom Töpferberg in ein Haus an der Neißebrücke in der Görlitzer Altstadt. Verkehrt mit Karl Ender von Sercha und lernt die Schriften und Gedanken von Paracelsus (1493–1541), Kaspar von Schwenckfeld (1489–1561), Sebastian Franck (1499–1543) und Valentin Weigel (1533 bis 1588) kennen. In Rom wird Giordano Bruno (geb. 1548) als Ketzer verbrannt. Galileo Galilei (1564–1642) entdeckt die Trägheits- und Fallgesetze.
Johannes Kepler (1571–1630): *Astronomia nova*.
1612 Böhme schreibt sein erstes Buch: *Aurora oder Morgenröte im Aufgang*.
Matthias, der Bruder Rudolfs II., wird nach dessen Tod römisch deutscher Kaiser.
1613 Durch Abschriften Karl Enders von Sercha wird die *Aurora* schnell verbreitet und gelangt auch in die Hände des Görlit-

zer Oberpfarrers Richter, der öffentlich von der Kanzel gegen Böhme hetzt und bei den Behörden vorstellig wird. Die *Aurora* wird beschlagnahmt und Böhme erhält Schreibverbot. Er verkauft sein Schuhgeschäft.

1614 Johann Valentin Andreae (1586–1654): *Fama Fraternitatis oder Brüderschaft des hochlöblichen Ordens des R. C. (Rosenkreuz)*; *An die Häupter, Stände und Gelehrten Europae.*

1614–17 Nähere Bekanntschaft mit dem Arzt Tobias Kober, dem Zolleinnehmer Christian Bernhard und Dr. Balthasar Walter, von dem er »Philosophus Teutonicus« genannt wird.

1615 J. V. Andreae: *Confessio Fraternitatis.*

1616 J. V. Andreae: *Chymische Hochzeit Christiani Rosencreutz. Anno 1459.*

1618 Auf Drängen seiner Freunde hält sich Böhme nicht mehr an das Schreibverbot.

Prager Fenstersturz. Beginn des Dreißigjährigen Krieges.

1619 Böhme schreibt sein zweites Buch: *De tribus principiis, oder Beschreibung der Drei Prinzipien göttliches Wesens.* Er betreibt mit seiner Frau einen Garnhandel und macht viele Geschäftsreisen.

Ferdinand II., König von Böhmen und Ungarn, wird nach dem Tod von Matthias römisch-deutscher Kaiser. Kurfürst Friedrich V. von der Pfalz, Führer der protestantischen Union, wird in Böhmen zum König gewählt. Am 4. November zieht er in Prag ein und wird gekrönt. Böhme ist Zeuge dieses Einzuges.

J. V. Andreae: *Christianopolis.*

1620 Böhme besucht seinen Schüler und Freund Abraham von Sommerfeld auf Wartha bei Bunzlau. Krankheit und Erschöpfung. Zugleich entstehen neue Schriften, die von Freunden abgeschrieben und weitergereicht werden: *De triplici vita hominis, oder Vom Dreifachen Leben des Menschen*; *Vom irdischen und himmlischen Mysterium*; *Sex puncta mystica, oder Kurze Erklärung sechs mystischer Punkte*; *Psychologia vera, oder Vierzig Fragen von der Seelen*; *De incarnatione verbi, oder Von der Menschwerdung Jesu Christi*; *Informatorium Novissimorum, oder Unterricht von den Letzten Zeiten* (= 8. und 11. Sendbrief an Paul Kaym).

Schlacht am Weißen Berg bei Prag. Kurfürst Friedrich V. (»Winterkönig«) wird geschlagen und geächtet.
Tommaso Campanella (1568–1639): *Civitas solis.*

1621 Reise nach Striegau und zahlreiche Gespräche und Disputationen. Weitere Schriften entstehen: *Sex puncta theosophica, oder Von sechs theosophischen Punkten*; *Erste Schutzschrift gegen Tilken*; *Trostschrift*; *Von vier Complexionen*; *Antistiefelius, oder Bedenken über Esaiä Stiefels Büchlein*; *Zweite Schutzschrift gegen Balthasar Tilken.*
Die protestantische Union löst sich auf. Beginn der katholischen Restauration. In Böhmen werden die Protestanten unterdrückt und verfolgt.

1622 Reise nach Weichau zu Rudolf von Gersdorff, nach Glogau und Breslau. Trifft sich mit den Ärzten Freudenhammer und Göller. In Schlesien entsteht ein Freundes- und Schülerkreis um Böhme, zu dem vor allem Adelige und Ärzte gehören: Hans Siegismund von Schweinichen, Caspar von Fürstenau, Karl Ender von Sercha, Dr. Rothe, Dr. Koschwitz. Um die Weihnachtszeit erneut Reise nach Striegau, wo eine Disputation über die Prädestination oder Gnadenwahl stattfindet. In diesem Jahr entstehen folgende Werke: *De signatura rerum, oder Von der Geburt und Bezeichnung aller Wesen*; *Apologia betreffend die Vollkommenheit des Menschen*; *Vom Irrtum der Sekten Esaiae Stiefels und Ezechiel Meths*; *Von wahrer Buße*; *Von der neuen Wiedergeburt*; *Von der wahren Gelassenheit*; *Vom übersinnlichen Leben*; *Von göttlicher Beschaulichkeit*; *Mysterium Magnum, oder Erklärung über das Erste Buch Mosis* (Tl. 1).

1623 Reise nach Glogau und Breslau. Hans Siegismund von Schweinichen faßt einige Schriften Böhmes unter dem Titel *Weg zu Christo* zusammen. Schriften: *Mysterium magnum ...* (2. Tl.); *Von der Gnadenwahl*; *De Poenitentia. Eine kurze Andeutung von dem Schlüssel zum Verstande göttlicher Geheimnisse*; *Von Christi Testamenten* (1. Fassung); *Tafel der drei Prinzipien* (ältere Fassung).

1624 Letzte Schriften: *Kurzer Extrakt der hochsinnlichen Betrachtung des Mysterii Magni*; *Tafel der drei Prinzipien* (jüngere Fassung); *Gespräch einer erleuchteten und unerleuchteten Seele*; *Schlüssel der vornehmsten Punkte (Clavis)*; *Von Christi Testamenten* (2. Fassung); *Gebetbüchlein auf alle Tage in der Wochen*; *Quaestiones theosophicae, oder Betrachtung Göttlicher Offenbarung* (= 177 Theosophische Fragen). Schmähgedichte des Oberpfarrers Richter gegen Böhme, welcher der Görlitzer Ratsversammlung antwortet: *Verantwortung an den Rat zu Görlitz* und *Schutzrede gegen Gregor Richter*. Auf Einladung des kursächsischen Hofes reist Böhme nach Dresden und besucht im Herbst zum letzten Male die Freunde in Schlesien. Schwerkrank nach Görlitz zurückgekehrt, stirbt Jakob Böhme am 16. November. Ausschreitungen und Schmähungen beim Begräbnis. Schändung des Grabes durch den Pöbel.

Martin Opitz (1597–1639): *Buch von der Deutschen Poeterey*.

Angelus Silesius (Johannes Scheffler) geboren.

Nachwort

Äußerer Anlaß für Jakob Böhme, sein Buch *Von der Gnadenwahl* zu schreiben, war eine Zusammenkunft in den Weihnachtstagen des Jahres 1622. Böhme war nach Striegau in Schlesien gereist, wo er einigen gelehrten und hochgestellten Persönlichkeiten die ersten Kapitel seines Hauptwerks *Mysterium Magnum* vorlegen wollte. Im Verlaufe dieser Begegnung wurde auch über die Prädestinationslehre gesprochen, der im Reformationszeitalter eine entscheidende Bedeutung in den theologischen Auseinandersetzungen zukam. Prädestination bedeutet im allgemeinen Vorherbestimmung und Erwählung durch Gott aus reiner Gnade. Seitdem Luther Röm 11,5 mit »Wahl der Gnaden« übersetzt hat, wird Prädestination im Deutschen oft mit »Gnadenwahl« wiedergegeben. In reformatorischer Zuspitzung bedeutet Prädestination auch, daß Gott in seinem ewigen Ratschluß einen Teil der Menschen zur Seligkeit, den anderen zur Verdammnis vorherbestimmt hat, um an den Verdammten seinen Zorn und an den Auserwählten seine Gnade zu offenbaren. In diesem Zusammenhang vermochte Böhme auf die theologisch spitzfindigen Fragen, die ein gewisser Dr. Staritius an ihn richtete, keine rechte Antwort zu geben. In einem Brief an seinen späteren Freund und Schüler Abraham von Franckenberg, der bei dem Treffen auch zugegen gewesen war, legt er ausführlich die Gründe für die Unzulänglichkeit seiner Antworten dar: »weil ich mich dazumal wegen dieses Articuls [Prädestination] in Göttlicher Beschaulichkeit des innern Grundes, durch den äussern Grund, auf ihre Schulen-Art, nicht geübet hatte, und auch das Convivium mit solchem Geträncke, so bey mir ungewöhnlich, den subtilen Verstand verdecket Ich auch wegen ihrer Lateinischen Zungen an seinem Grunde, denselben zu infassen, verhindert ward, also daß er [Dr. Staritius] mit seiner ingefasseten Meinung, mit welcher er sich auf die

Schrift gründete, darmit triumphirete, aber ohne genugsamen Verstand der angezogenen Sprüche der Schrift, auch ohne genugsamen Grund der Vernunft-Schlüsse der Logica, in welcher er zwar treflich wol geübet ist auf ihre Schulen-Art.«[1] Dann aber schreibt er weiter, daß er sich nach dem Gespräch sogleich »in Göttlicher Gnade in den inwendigen Grund Göttlicher Beschaulichkeit eingewandt«[2] Gott um wahre Einsicht und Erkenntnis gebeten und daraus sein Buch *Von der Gnadenwahl* geschrieben habe. Mit inwendigem Grund göttlicher Beschaulichkeit meint Böhme den Spiegel der göttlichen Weisheit, in welchem sich Gott ewig selbst erkennt und schaut. Das Wissen um diese göttliche Selbsterkenntnis wurde Böhme in einer geistigen Schau zuteil, die nicht nur alles Vernunftdenken, sondern darüber hinaus auch die Ebene des Glaubens im gewöhnlichen Sinne des Wortes weit überstieg. Diese geistige Schau als unmittelbare Teilhabe an der höchsten und letzten Wirklichkeit Gottes ist zugleich der mystisch-metaphysische Ausgangspunkt für Jakob Böhmes gesamte Gottes- und Weltanschauung. Mystik bedeutet in diesem Zusammenhang das unmittelbare subjektive Erleben der höchsten und letzten Wirklichkeit Gottes, die alle menschliche Subjektivität durchbricht und übersteigt, während Metaphysik dieselbe Wirklichkeit Gottes an sich und zugleich alle ihre Kundgebungen objektiv darzustellen bemüht ist. Mystik und Metaphysik bilden auf diese Weise zwei Anblicke ein und derselben höchsten Wirklichkeit Gottes. Von diesem mystisch-metaphysischen Standpunkt, d. h. vom Standpunkt der höchsten göttlichen Wirklichkeit aus, richtet Böhme seinen Blick auf die theologische Lehre von der Prädestination oder Gnadenwahl und stellt sie damit seiner Metaphysik gegenüber. Der Unterschied zwischen Theologie und Metaphysik besteht

1 Jakob Böhme, *Sämtliche Schriften*, Faksimile-Neudruck der Ausgabe von 1730, neu hrsg. von Will-Erich Peuckert, 11 Bde., Stuttgart 1955–61, Bd. 9, *Theosophischer Sendbrief* 41,2.

2 Ebd., 41,3.

vor allem darin, daß sich die Theologie gläubig auf die Aussagen der Heiligen Schrift stützt und mit Hilfe von gedanklichen Überlegungen daraus bestimmte Folgerungen zieht, während die Metaphysik sich unmittelbar auf die übergedankliche und unbedingte Wirklichkeit Gottes an und für sich bezieht. Diese Unterscheidung zwischen Theologie und Metaphysik, die im Hinblick auf die Frage nach der Prädestination den Unterschied zwischen einer gedanklich bedingten Vorstellung von Gottes ewigem Ratschluß und der unbedingten Wirklichkeit Gottes selbst deutlich macht, ist für Böhme aber kein Grund, auf die verschiedenen theologischen Lehrmeinungen verächtlich herabzublicken. Im Gegenteil, er will zeigen, »was des streittes vrsprung sey / vnd woraus meinungen vnd spaltungen Naturlich vrstenden / Auch an deuten / was der wahre grunt der Einigen religion sey / daraus so viel meinungen vnd spaltungen endstanden sint / vnd wohehr das Contrarium von der welt hehr sey endstanden / zu mehrem verstant des götlichen willens nach liebe vnd zorn / wie das alles Grüntlich zu verstehen sey«.[3] Der Beantwortung des metaphysischen Hintergrundes dieser Fragen widmet Böhme den größten Teil der *Gnadenwahl*, die er unter seinen Schriften selbst als eine der »klärsten«[4] bezeichnet hat. In der Tat ist die *Gnadenwahl* die beste Zusammenfassung seiner gesamten metaphysischen Gottes- und Weltanschauung, deren Grundlinien im folgenden kurz aufgezeigt werden sollen.

Die Metaphysik Jakob Böhmes hat ihren Ursprung und Ausgangspunkt in einem geistigen Durchbruchserlebnis, das ihm im Jahre 1600 im kurzen Zeitraum einer Viertelstunde zuteil wurde. Im 19. Kapitel seines ersten Buches *Aurora oder Morgenröte im Aufgang* schildert er diese entscheidende Viertelstunde seines Lebens. Zunächst spricht er von der Schwermut und Traurigkeit, die ihn angesichts der

3 Jakob Böhme, *Von der Gnadenwahl* [im folgenden zit. als: Gw.], Vorrede 6.
4 Böhme, *Sämtliche Schriften*, Bd. 9, *Clavis* 147.

Ungerechtigkeit und Übermacht des Bösen in dieser Welt bedrückt. Dann schreibt er weiter: »Als Ich aber in solcher Tribsal / Meinen Geist / den Ich wenig und nichtes verstund was er waß / Ernstlich in Gott er Hub / als mit einem Grossen sturm / und mein gantz Hertze und gemütte / Sampt allen andern gedancken und willen sich alles darein schluß / ohne nach lassen / mit der liebe und Barmhertzigkeit Gottes zu ringen / und nicht nach zu lassen er segned mich den / das ist / er erleuchte mich den mit seinem Heiligen Geiste / da mitte Ich seinen willen mechte ver stehen / und meiner Trawrigkeit loß werden / So Brach der Geist durch / Als Ich aber in meinem ahn gesetzten eiffer / also Harte wider Gott und aller Hellen Porten stürmete / als weren meiner kreffte noch mehr ver Handen / In willens das leben daran zu setzen / welches freilich nicht mein vermögen were gewesen / ohne des Geistes Gottes bey stantt / Als Balde nach edlichen Harten stürmen / ist mein Geist durch der Hellen Porten durch gebrochen / Biß in die Inreste geburtt der Gottheit / und alda mit liebe umbfangen worden / wie ein Breutigam seine liebe Brautt / Was aber für ein triumpffiren in dem Geiste gewesen sey / kahn Ich nicht schreiben / oder Reden / Es lest sich auch mit nichtes ver gleichen / Als nur mit deme / wo mitten im Tode daß leben geboren wird / und ver gleicht sich der auff erstehung von den Totten / In Diesem lichte hatt mein Geist als Balde durch alles gesehen / und ahn allen Creaturen / So wol ahn krautt und Gras Gott er kend / wer der sey / und wie der Sey / und was sein willen sey.«[5] Böhme meint hier mit »innerster Geburt der Gottheit« offensichtlich den Vorgang der ewigen göttlichen Selbsterkenntnis oder Selbstoffenbarung, und dieser Ausdruck ist ohne Zweifel ein erster metaphysischer Versuch, das mystisch Erlebte und Erkannte zu fassen. Für Böhme war es am Anfang gar nicht leicht gewesen, den richtigen Ausdruck für den meta-

5 Jakob Böhme, *Morgenröte im Aufgang* 19,10 ff., in: J. B., *Die Urschriften*, Bd. 1, Stuttgart 1963.

physisch übergedanklichen Gehalt seiner geistigen Schau zu finden. Einundzwanzig Jahre nach der entscheidenden Viertelstunde seines Lebens schreibt er an seinen Freund und Schüler Caspar Lindner: »Wiewol ich es in meinem äussern Menschen gar schwer ergreiffen, und in die Feder bringen konte; ich muste gleich anfangen in dieser sehr grossen Geheimniß zu arbeiten, als ein Kind das zur Schule gehet. Im Inneren sahe ich es wol, als in einer grossen Tieffe, dann ich sahe hindurch als in ein Chaos, da alles inne lieget, aber seine Auswickelung war mir unmöglich.«[6] Ein Blick auf sein Gesamtwerk zeigt, daß ihm die metaphysische Auswicklung oder Entfaltung seiner inneren mystischen Erkenntnis und Schau in immer neuen Ansätzen und Schriften auf großartige Weise gelungen ist. Was Klarheit und Überblick betrifft, so kann, wie bereits angedeutet, die *Gnadenwahl* in der Tat als Böhmes Meisterwerk gelten. In dieser Schrift entfaltet der Philosophicus Teutonicus seine Metaphysik unmittelbar aus der unbedingten Mitte des göttlichen Wesens, aus der sich Gott selbst ausgebärt und offenbart. Sehr genau beschreibt Böhme den ewigen göttlichen Selbstoffenbarungsvorgang, die sieben Naturgestalten oder Qualitäten und die ewige Natur in Gott und den Hervorgang der drei göttlichen Prinzipien, ohne die das Sein der Welt und des Menschen in ihr nicht verstanden werden kann. Außerdem findet sich in der *Gnadenwahl* eine ausführliche Schilderung vom Fall des Menschen und seine Erlösung durch Jesus Christus. Die letzten Kapitel beschäftigen sich dann ausdrücklich mit dem Problem der Gnadenwahl unter dem Anblick der vorher entfalteten metaphysischen, kosmologischen und anthropologischen Lehren, die im folgenden kurz und knapp dargestellt werden sollen.

Ausgangspunkt und Inbegriff für Jakob Böhmes metaphysische Ausführungen und Darlegungen ist die unendliche und allumfassende Wirklichkeit des Absoluten, die er kurz

6 Böhme, *Sämtliche Schriften*, Bd. 9, *Theosophischer Sendbrief* 12,9.

»Ungrund« nennt. Die vollkommene Wirklichkeit des Ungrundes als solche kann sich aber nicht kundgeben, denn jede Kundgebung setzt den Unterschied zwischen dem Inhalt und der Kundgebung dieses Inhalts voraus. Eine solche Unterscheidung innerhalb des absolut Unbedingten würde die unbedingte Freiheit aufheben und eine erste Bedingung schaffen. So kann der Ungrund in seiner reinen und unbedingten Absolutheit nur in sich selbst absolut frei bleiben. Im Ungrund an und für sich gibt es also keine Unterscheidung, denn er ist wie »ein ewig nichts / es ist keine qual in ihme / noch edwas das sich zu ihme / oder von ihme köntte Neigen / Er ist das einige wesen / vnd ist nichts vor ihme / oder nach ihme / daran / oder darine Er ihme köntte einichen willen schepffen oder fassen / Er hat auch nichts das ihn gebühret oder gibt. Er ist das Nichts / vnd das alles.«[7] Im Ungrund gibt es weder Böses noch Gutes, und deshalb ist es auch nicht möglich, daß »edwas Böses in ihn / so viel Er das selbige einige gutte ist / könne ein dringen / den Er ist allen dingen was nach ihme ist / Ein Nichtes«.[8] Folglich gibt es in Gott auch keinen Ratschluß, einen Teil der Menschen zur Seligkeit und den andern zur Verdammnis vorherzubestimmen. Den Übergang von der reinen Wirklichkeit des göttlichen Ungrundes zur Wirklichkeit, die sich kundgibt und damit eine innere Unterscheidung zwischen Inhalt und Kundgebung dieses Inhalts voraussetzt, hat Böhme als einen Vorgang in mehreren Phasen oder Stufen beschrieben, wobei er ausdrücklich feststellt, daß die ewige göttliche Selbstgebärung oder Selbstoffenbarung kein zeitliches Nacheinander kennt, sondern ein gleichewiger Vorgang ist. Der Philosophus Teutonicus erklärt den Übergang vom Ungrund zur Selbstbegründung des Grundes mit Hilfe des göttlichen Willens, wobei die Grenze zwischen Ungrund und ungründlichem Willen gedankenmäßig nicht genau zu

7 Gw. 1,3.
8 Gw. 1,20.

bestimmen ist. Der Ungrund als ungründlicher Wille ist nicht der Ungrund an und für sich, sondern jener Anblick der ungründlichen Wirklichkeit, der sich nach innen und außen kundgeben will: Der ungründliche Wille, der sich als solcher aber nicht unmittelbar kundzugeben vermag, vermittelt sich durch eine Selbstbegründung oder Selbstfassung in und durch sich selbst. So gebärt der erste unanfängliche und ungründliche Wille »in sich das Einige ewige gutte / als einen faslichen willen / welcher des vngrüntlichen willens Sohn ist / vnd doch in dem vnanfenglichen willen gleiche ewig / vnd derselbe ander wille ist des Ersten willens ewige empfindligkeit vnd findligkeit / da sich das nichts in sich selber in edwas findet / vnd das vnfintliche / als der vngrüntliche wille / gehet durch sein ewig gefundenes aus / vnd führet sich in eine ewige beschauligkeit / seiner selber«.[9] Den Vorgang der Selbstfassung oder -findung des ewigen göttlichen Willens verdeutlicht Böhme mit Hilfe der göttlichen Dreiheit: Der ungründliche unfaßliche Wille heißt Vater, der faßliche oder gefaßte Wille, der mit dem unfaßlichen Willen des Vaters gleich-ewig ist, heißt Sohn und der Ausgang des unfaßlichen Willens durch den faßlichen Willen oder Grund heißt Geist. »Dises dreyfeltige wesen in seiner geburth in seiner selbst beschawligkeit der weisheit ist von ewigkeit Je gewesen / vnd besitzt in sich selber keinen andern grunt noch stette / als Nur sich selber / Es ist ein einig leben / vnd ein einiger wille ohne begürde / vnd ist weder dickes noch dinnes / weder hoch noch tieff / es ist kein raum / zeit noch stette / besitzt auch in sich weder dickes noch dinnes / weder höhe noch tieffe / weder raum oder zeit / sondern ist durch alles / in allem / vnd dem allem doch als ein vnfaslich nichts.«[10] In dieser ersten Phase der ewigen göttlichen Selbstgebärung oder Selbstoffenbarung, die Böhme als klare Gottheit, ewige Dreiheit oder Dreizahl,

9 Gw. 1,5.
10 Gw. 1,7.

ewigen Verstand oder freie Lust bezeichnet, herrscht einzig und allein der »Einige wille / als der Einige Gott / welcher sich in Eine dreyheit selber Einführet / als in eine fasligkeit seiner selber / welche fasligkeit das Centrum / als das ewige gefaste Eine ist / vnd wirt das Hertze / oder der Sitz des ewigen willens Gottes geheissen / da sich der vngrunt in einem Grunde besitzt / welches die Einige stette Gottes ist / vnd doch in keiner theiligkeit / oder schiedligkeit / auch gantz vn meslich / ohne Einige form / oder Gleicheit / den es ist nichts dafür / damitte es möchte gegleichet werden«.[11] Diese erste Phase der klaren Gottheit oder freien Lust, da sich Gott aus seiner absoluten Unbedingtheit in die Selbstbedingtheit seines inneren Grundes oder Herzens vermittelt, ist frei von aller Gegensätzlichkeit, denn die Fülle aller Eigenschaften und Kräfte liegt noch still und ungeschieden in der einen Kraft des ungründlichen Willens. Durch die Selbstfassung, d. h. durch die Ein- und Ausgangsbewegung des ungründlichen Willens, entsteht aber die Lust, die innere verborgene Fülle von Eigenschaften und Kräften kundzugeben und auszusprechen. Die Lust dazu weckt die Begierde, die darin besteht, daß sich der Wille »in eine Szientz seiner selber«[12] faßt, d. h., der Wille zieht sich in sich selbst ein oder zusammen, damit die ungeschiedenen verborgenen Kräfte Form und Gestalt gewinnen und sich als solche kundgeben können. Dieser Vorgang ist nur möglich, wenn sich Lust und Begierde zum Centrum oder zur Mitte der ewigen Natur in Gott vereinen, denn erst durch diese Mitte kann der verborgene Gott sich selbst offenbar werden, wobei die ewige Natur in Gott nicht mit der äußeren irdischen Natur verwechselt werden darf. Böhme unterscheidet sich damit klar und deutlich von jener naturphilosophischen Auffassung, die zwar vom inneren Wesen Gottes spricht, aber keine innergöttliche Selbstoffenbarung oder

11 Gw. 1,9.
12 Gw. 2,10.

Selbstvermittlung kennt, sondern ohne jede Vermittlung sogleich in der Schöpfung und in den Geschöpfen eine Offenbarung des innergöttlichen Wesens zu sehen glaubt. Mit der strengen Unterscheidung zwischen Gottheit und ewiger Natur in Gott anerkennt Böhme ausdrücklich den Vorgang einer göttlichen Selbstoffenbarung. Von Schöpfung kann in diesem Zusammenhang nicht die Rede sein. Nach wie vor handelt es sich um innergöttliche Offenbarungsvorgänge. »Verstehet / die kreffte zum wortte seint Gott / vnd die Szientz als das magnetische zihen ist der anfang der ⟨ewigen⟩ Natur / Nun mechten die kreffte nicht offenbar werden / ohne dise begürde des zihens / Gottes magestet in würcklicher krafft zur freude vnd herligkeit würde nicht offenbar ohne das an zihen der begürde / Vnd wehre auch kein licht in götlicher krafft / wen sich nicht die begürde ein zöhe / vnd überschattete / darinen der grunt der fünsternis verstanden wirt / welcher sich den führet bis zu des feuers anzindung / alda sich Gott einen zornigen Gott / vnd ein ver zehrend feuer Nennet«.[13] Das Ein- und Zusammenziehen der Begierde ereignet sich im Bereich der klaren Gottheit, damit sich aus der unermeßlichen überlichten Fülle erste Urformen, d. h. erste Begrenzungen und Unterschiede, herausbilden können. Ein anderes Bild für die einziehende Begierde oder Szientz ist die Selbstbeschattung oder Überschattung, hinter der sich das unermeßliche göttliche Urlicht verbirgt und zugleich auch dadurch kundgibt, »den wen in dem ewigen Einen keine Natur endstünde / so wehre alles stille / Aber die Natur führet sich in peinligkeit / empfintligkeit vnd fintligkeit Ein / auff das die ewige stille beweglich werde / vnd die kreffte zum wortte lautbar werden / Nicht das darumb das ewige (eine) peinlich werde / so wenig als das licht vom feuer peinlich wirt / sondern das die feurente eigentschaft in der peinligkeit die stille lust bewege / Die Natur ist der stillen ewigkeit werckzeug / damitte sie for-

13 Gw. 2,14.

mire / Mache vnd scheide / vnd sich selber darinen in eine freudenreich fasse / den der ewige wille offenbaret sein wortt durch die Natur / Das wortt nimpt in der Szientz Natur an sich / Aber das ewige Eine / als der Gott J e h o u a Nimpt keine Natur an sich / sondern wohnet durch die Natur / gleich wie die Sonne in den Elementten / oder wie das Nichts im lichte des feuers / den des feuers glantz macht das Nichts scheinlich / vnd man doch nicht sagen sol / ein nichts / den das nichts ist gott / vnd alles.«[14] Das Nichts als Ausdruck des göttlichen Ungrundes ist keine Verneinung schlechthin, sondern im Hinblick auf das reine und unbedingte Ja der ungründlichen und überförmlichen Wirklichkeit Gottes lediglich die Verneinung aller bedingten und verhältnismäßigen Wirklichkeit.

Was aber nicht bedingt oder verhältnismäßig ist, das erscheint dem menschlichen Denken wie Nichts. Die Offenbarung dieser überseienden Wirklichkeit Gottes durch die ewige Natur erklärt Böhme mit seiner Lehre von den sieben Naturgestalten und den drei Prinzipien. Die unermeßliche Fülle von Möglichkeiten, die im Spiegel der göttlichen Weisheit aufscheinen, können durch die ewige Natur in Gott wirklich hervorgebracht werden. Die ewige Natur wird deshalb auch als Mysterium Magnum oder Chaos bezeichnet, d. h. als das große Geheimnis, das unendlich viele Möglichkeiten in sich enthält und zugleich auszugebären vermag. Dieser Vorgang ist noch nicht die Schöpfung als solche, sondern die Offenbarung des unoffenbaren Gottes durch seine ewige Natur in sich selbst. Die Lehre von der ewigen Natur und den sieben Naturgestalten will deutlich machen, daß Gott die äußere Welt nicht unmittelbar aus sich selbst schafft, sondern daß er in und durch seine ewige Natur Urformen hervorbringt, aus denen dann im Schöpfungsakt die gesamte Wirklichkeit in ihren vielen Schichten und Stufen gewoben wird. Die erste Naturgestalt oder die

14 Gw. 2,16 f.

erste Species Naturae, die durch die Einziehung und Infassung des Willens in der Begierde entsteht, ist die Herbe oder Herbigkeit, welche die Ursache für weitere Uranblicke der Wirklichkeit ist, nämlich die Finsternis, die durch die Überschattung des freien Willens in der Szientz entsteht, »Zum andern ist es die vrsache der herttigkeit / den das angezogne ist hartte vnd raw / vnd sol doch im ewigen nur Geist verstanden werden. Zum dritten ists eine vrsache der scherffe / Zum 4ten eine vrsache der kelte / als der kalt feurinden eigentschafft / Zum 5ten eine vrsache aller wesenheit / oder begreiffligkeit«.[15] Mit dieser ersten Naturgestalt und ihren Eigenschaften entsteht mit dem Stachel der Empfindlichkeit sogleich die zweite Naturgestalt, denn »Je mehr sich die herbigkeit impressert / Je grosser wirt diser stachel. als ein witter tober vnd zerbrecher / seine aus theilung in gesteltnis seint dise / als Bitter / wehe / pein / rügen / anfang des widerwillens in der Temperatur / eine vrsache des geistlebens / auch eine vr sache des quallens.«[16] Aus dem Widerstreit dieser beiden ersten Naturgestalten entsteht mit der Angst die dritte Naturgestalt als »wurtzel / da Gott vnd Natur vntterschiden wirt«.[17] Diese drei ersten Naturgestalten, Herbe, Bitterstachel und Angst, sind in eine derartige furchtbare Spannung geraten, daß sich darin das Feuer entzündet, und diese Anzündung des Feuers bildet die vierte Naturgestalt. Böhme erklärt sehr genau, wie es zum Feuerblitz und Schrack kommt. In der Angst oder in der dritten Gestalt der Natur faßt sich der ungründliche Wille »wider in sich mit der lust der freyheit von der angst frey zu sein / das ist / Er fasset den vngrunt / als die Temperatur der götlichen lust vnd weisheit in sich / welche also lieblich sanfte vnd stille ist«.[18] Vor dieser Sanftmut und Stille des ungründlichen Willens erschrickt die Angst, und aus diesem Feuer-

15 Gw. 3,3.
16 Gw. 3,4.
17 Gw. 3,5.
18 Gw. 3,14.

schrack gehen zwei Prinzipien oder Offenbarungsweisen hervor. Es mag befremdlich erscheinen, daß Böhme die Offenbarung Gottes in und zur ewigen Natur mit Ausdrükken wie Herbe, Bitterstachel und Angst beschreibt. Im Unterschied zum überlichten Meer der eigenschaftslosen Gottheit stellen die ersten drei Urformen oder Eigenschaften der ewigen Natur in der Tat eine Einschränkung und Verengung dar, die nicht drastisch genug geschildert werden kann. Die drei ersten Naturgestalten, in denen das Feuer ohne Licht brennt, bilden die Finsterwelt oder das erste Prinzip, während das Licht, das aus dem Feuer aufscheint, die Lichtwelt oder das zweite Prinzip begründet. Im Lichtreich scheint dann das wahre Liebe-Feuer als die fünfte Naturgestalt, die noch still ist. Die sechste Naturgestalt ist der Schall, in dem sich die göttliche Kraft laut ausspricht, und mit der siebenten Naturgestalt als dem Wesen aller Kräfte vollendet sich der Reigen der sieben Naturgestalten zur ganzen und einen ewigen Natur in Gott. Aus der Ganzheit der sieben Naturgestalten und den beiden ersten Prinzipien, »da sich Gott nach dem Ersten einen zornigen Eiferigen Gott vnd ein verzehrent feuer Nennet / vnd nach dem andern einen lieben Barmhertzigen Gott / der nicht das böse wil / oder wollen kann«,[19] entsteht der ewige ungeschaffene Himmel »als die stette Gottes / oder das Reich Gottes / Item paradis / Rein Element / götlicher Ens / oder wie mans nach seiner eigentschafft edwan Nennen Mechte«.[20] Den ungeschaffenen Himmel nennt Böhme hier auch drittes Prinzip; in anderem Zusammenhang versteht er unter drittem Prinzip aber vor allem diese äußere geschaffene Welt.

Warum Gott die Welt geschaffen hat, bleibt indessen ein unerforschliches Geheimnis. Die Schöpfung der äußeren Welt erfolgt, allgemein gesprochen, dadurch, daß Gott seine ewige Natur nach außen hin offenbart. Was vorher nur im

19 Gw. 4,9.
20 Gw. 4,10.

Geiste gegenwärtig war, wurde dadurch aus der Ewigkeit in die Zeit gesetzt. »Das ist die euser welt mit ihren heeren / vnd allem dehme was darinen webet vnd lebet / das ist geschlossen in eine zeit eines vrwercks / das lauffet von seinem anfange Immerdar wider zum Ende / als wider in das Erste / daraus es ist gegangen / vnd das ist zu dem Ende also offenbar worden / auff das das ewige wortt in seiner würcklichen / krafft Creaturlich vnd Bildtlich sey / das gleich wie sichs hat von ewigkeit in der weisheit geformiret vnd gebildet / das also auch in einem particularischen leben gebildet sey / zur herligkeit vnd freude des heiligen Geistes im wortte des lebens in Ihme selber / vnd darumb hatt gott in der ewigen Szientz des ewigen vngrintlichen willens Engel geschaffen / aus Beiden feuern / als aus dem feuer der Natur / vnd aus dem feuer der liebe / wie wol das liebe feuer keine Creatur geben mag / sondern wohnet in der Creatur / vnd erfüllet sie / wie die Sonne die welt / oder die Natur in der zeit der welt / auff das der heilige Geist also ein freudenspiel in sich selber habe.«[21] Die Engel sind entsprechend den sieben Naturgestalten und der Dreizahl in sieben Regimentern und drei Hierarchien geschaffen und geordnet. Diese drei Hierarchien versteht Böhme nach den drei Prinzipien, wobei die erste Hierarchie im Wesen der Eigenschaft des ewigen Vaters steht »Nach dem feuer der stercke / als in der feuers Tinctur im wesen der Natur«.[22] Tinctur bezeichnet einen Zustand zwischen geistigem und leiblichem Dasein; Voraussetzung für jede Tinctur ist immer die Magia, die eine materiale oder elementare Möglichkeit der Selbstoffenbarung Gottes meint. Die zweite Hierarchie steht in der Licht-Feuer-Tinctur »nach des Sones eigentschafft in der ewigen Natur / vnd die ist die heiligste«.[23] Die dritte Hierarchie steht in der Selbheit der Natur, d. h., die Natur steht für sich selbst und die einzelnen Eigenschaften richten sich gegenein-

21 Gw. 4,19 f.
22 Gw. 4,27.
23 Gw. 4,27.

ander. Diese dritte Hierarchie und ihr Fürst Luzifer fallen aufgrund ihrer abgetrennten Selbheit, mit der sie sich über die anderen Hierarchien erheben wollten, aus dem Himmelreich in das Reich des höllischen Wahns und der höllischen Phantasterei. Dadurch entsteht die grobstoffliche Materie als eine Grundlage der äußeren Welt oder des dritten Prinzips. Gott erneuert den durch Luzifer zerstörten Ort und schafft an dieser Stelle das Firmament, die Sterne, die Erde und alle Lebewesen der Erde und setzt den Menschen hier als Herrscher über die Natur ein. Der Mensch ist also nach dem Fall Luzifers an dessen Stätte geschaffen und eingesetzt worden. »Der Mensch ist ein Bilde der gantzen Creation aller dreyen principien / Nicht alleine im Ens der eusern Natur der sternen vnd 4 Elemente / als der geschaffenen welt / sondern auch aus der Innern Geistlichen welt Ens / aus götlicher wesenheit.«[24] Dieser erste androgyne Urmensch war »mit der grösten herlickeit bekleidet / als mit dem paradeiß / ein gantz schön helle Christallinisch Bilde / kein man / kein weib / Sondern Beides / als eine Menliche Jungfraw mit Beiden Tincturen in der Temperatur«.[25] Diese Vollkommenheit verliert Adam aber in jenem Augenblick, als er nicht mehr auf Gottes Mitte blickt, sondern sich versieht und die trügerische Phantasie der Unwirklichkeit an Gottes Stelle setzt. Dadurch zerbricht seine ursprüngliche Gottesebenbildlichkeit und er sinkt geschwächt in einen tiefen Schlaf, und in diesem Zustand geht Eva aus ihm hervor. Mit dieser Spaltung des androgynen Urmenschen in Mann und Weib verliert der Mensch auch seine ursprüngliche himmlische Gestalt und Herrlichkeit und tritt als Adam und Eva in die äußere Welt ein und wird sterblich. Der Fall vollendet sich, als der Teufel in Gestalt einer Schlange Eva zuredet, sie solle vom Baum der Erkenntnis von Gut und Böse essen, denn dann würde sie wissen, »was in allen eigentschaften

24 Gw. 5,29.
25 Gw. 5,35.

wehre / was für ein Ens vnd schmack / wie alle kreffte in ihren eigentschaften schmeckten / vnd was alle thier in ihren eigentschafften wehren / Welchs wol alles war was / Aber ihre Nackete gestalt / vnd wie hetze kelte in sie dringen würde / das sagte der teuffel nicht«.[26] Sobald Adam und Eva von den Früchten des Baumes essen, da werden in und an ihnen alle Eigenschaften im Gegensatz von Gut und Böse offenbar, und das erste Menschenpaar wird in das Reich der Natur versetzt und »nach dem eusern leibe ein thier aller thier / als das tirische Bilde gottes«.[27] Zugleich hat sich in diesem Augenblick im Menschen die höllische Pforte der finsteren Welt in Gottes Zorn geöffnet. Der Fall des Menschen bedeutet also nicht nur den zeitlichen Tod, »das der Mensch stirbet vnd ver weset / das ist nur der tirische tott / vnd nicht der ewige tott. Auch mussen wir nicht also blint sein / vnd sagen die Seel sey gestorben / in ihrer Creatur / Nein das mochte nicht sein / was aus dem ewigen ist / das nimpt keinen tott ahn / sondern das eben Bildnis gottes / das sich in die Creaturliche Seel hatte eingebildet / als der götliche Ens / dehr verbleich / als der feuer grim auff wachte«.[28] Adam und Eva waren der Seele und dem Leibe nach in eine Finsternis gefallen, und sie hatten keine Möglichkeit, von sich aus etwas Gutes zu tun. »Aber die Szientz des vngrundes / aus des vaters eigentschaft / in welcher eine Seel in dem feurischen wortte formiret wardt / die war vngebunden / weder böse noch gutt / Den sie ist der einige wille / in welchem einigen ewigen willen Gott der vater seinen Sohn gebühret / vnd heisset aber auser der gebärung des Sohnes / als auser der götlichen krafft / Nicht vater / auch nicht Gott / sondern der ewige vngrintliche wille zum edwas / in welchem willen die geburth der heiligen drey heit / so wol der vrstant der Natur vnd aller wesen anfenge verstanden werden. Der selbe wille ist der ewige anfang zu

26 Gw. 6,49.
27 Gw. 7,6.
28 Gw. 7,9.

götlicher weisheit / als zur beschawligkeit des vngrundes / vnd ist auch der anfang zum wortte / als zum aus sprechen des feuers vnd lichtes. Das sprechen aber geschihet nicht im willen des vngrundes / sondern in der fassung der Szientz / da sich der selbe wille in die stette gottes / als in die dreyheit der gebärung Einfasset / Alda spricht sich das wortt der krafft in die vntterschidligkeit der Szientz / Vnd in der selben vntterschidligkeit der aus sprechenden Szientz / ist das Bilde gottes / als der Mensch in götlicher krafft vnd weisheit / in magischer form ohne Creatur / von ewig gesehen worden / vnd in disem gesehenen Bilde / hat sich Gottes Geist in der höchsten liebe / welche der Nahme Jesus ist / selber geliebet / den es ist eine figur seiner gleicheit nach der krafft vnd geburtt gewesen.«[29] Gottes Liebe hatte sich somit schon vor der Erschaffung der Welt mit dem Namen Jesus in das Urbild des Menschen eingeleibt. Als in der Seele des gefallenen Menschen das Licht der Gottesebenbildlichkeit verlosch, da wurde der Name Jesus in das verblichene Ebenbild eingesprochen. »Vnd das ists / das sich gottes stime bey der Eua in des weibes samen ein sprach / Den das rechte weib von der himlischen welt wesen / da es noch in Adam war / verstehet nach des lichtes Tinctur / war Jungfraw Sophia / als die ewige Jungfrawschaft / oder die liebe des Mannes / die war in Jehoua in Adam offenbar / vnd ietzt wart sie in der stime des einsprechens im Nahmen Jesu offenbar / welcher sich hatt aus Jehoua aus gewickelt / mit solchem Bunde / das der Nahme Jesus wolte in Erfillung der zeit / das heilige wesen der Sophien / als das himlische heilige wesen aus der liebe / damitte die liebe umb schlossen ist / oder wie mans setzen mechte / darinen die feurische liebe ein wesen ist / in das ver blichene wesen aus Jehoua / Ein führen.«[30] Somit ist der Mensch im gegenwärtigen Zustand vor die Entschei-

29 Gw. 7,27f.
30 Gw. 7,33.

dung gestellt, entweder das Gnaden-Geschenk des heiligen Namens Jesus oder die Phantasie der Hölle in sich wirken zu lassen. Gott ist im Menschen, aber erst wenn der Mensch Gottes Wort wirklich in sich aufnimmt, wird die feurige Eigenschaft des Menschen in Licht verwandelt. »Den alda stehet Christus in der gestorbenen Seelischen eigentschaft vom tode auff / vnd wirt die Seel ein Gliedt an Christj leibe / vnd zeucht Christum an sich / Ja sie wirt nach der liebe eigentschaft gantz in Christo ein gepflantzet. Darumb sagte Christus / wer mein fleisch isset / vnd trincket mein Blutt / der bleibet in mir / vnd ich in ihm / Also geschihet das / Item Er saget / wir wollen zu euch komen vnd wohnung in euch machen / das ist / der gantze gott wirt in diser Neuen geburtt in Christo in der Seelen offenbar / vnd würcket gutte götliche früchte.«[31] In dieser Wiedergeburt wird die Seele in sich selbst »zum gnaden kinde Er wehlet / wen sie aus Christo gebohren wirtt aus götlichem Ente / welcher der einige vorsatz götlicher gnaden ist daraus gottes gnade in der Seelen offenbar wirtt. Vnd in ihr selber wirtt sie zum verdamnis Er wehlet / aus dem grunde ihres eignen wesens / das ein falscher Ens ist / darinen kein licht mag gebohren werden / Gottes vorsatz zur verstockung ist in ihrem eignen wesen / als der vngrintliche wille zur Natur / Der offenbaret in iedem wesen / wie des wesens eigentschaft ist«.[32] Dieser ungründliche Wille, der sich im Himmel und in der Hölle offenbart, der ist in seinem innersten Grunde jenseits von aller Offenbarung und Unterschiedlichkeit ein einiger Wille, und Himmel und Hölle sind ineinander wie Tag und Nacht, »vnd die helle ist ein grunt des himels / den gottes zorn feuer ist ein grunt seiner liebe / als des lichtes«.[33] Von diesem Standpunkt aus wird der Gedanke, daß Gott in seinem ewigen Ratschluß einen Teil der Menschen zur Seligkeit, den anderen zur Verdammnis vorherbestimmt habe, nichtig,

31 Gw. 8,91.
32 Gw. 8,102 f.
33 Gw. 8,103.

und Böhme stellt in diesem Zusammenhang klar und deutlich fest: »wir seint selber gottes willen zu bösem vnd gutten / welcher in vns offenbar wirt das seint wir / end weder die helle / oder der himel / Vnser eigen helle in vns verstockt vns / als die selbe eigentschaft / vnd macht vns auch vnser eigen himel in vns / so Er mag offenbar werden / selig / Es ist alles ein tant / darumb man bis hehr lange zeit gezancket hat.«[34] Aus eigener Kraft vermag der Mensch seinen Willen nicht in das göttliche Licht zurückzuschwingen, »Aber in die vrsache zum lichte kan Er sich schwingen / da weder böses noch guttes Inne ist / den Er ist selber der selbe grunt / So Er sich nur aus seiner einbildligkeit in sich selber auff den ap grunt ersencket / so ist Er schone da. Vnd in disem ap grunde ligt sein perlen / vnd stehet alda Christus vom tode auff / vnd sitzt alda zur rechten der krafft gottes im himel / im Menschen.«[35] Das Einschwingen in den göttlichen Ungrund jenseits von Gut und Böse setzt aber den Verzicht auf jeglichen Eigenwillen voraus, und nur in dieser Gelassenheit findet der Mensch seinen wahren Grund und Ungrund und erkennt, daß er in seinem tiefsten Wesen schon immer mit der göttlichen Wirklichkeit eins ist.

34 Gw. 8,104.
35 Gw. 11,43.

Inhalt

Philosophie des 16. bis 18. Jahrhunderts

IN RECLAMS UNIVERSAL-BIBLIOTHEK

Francis Bacon, Essays oder praktische und moralische Ratschläge. Übers. von E. Schücking. Hrsg. von L. L. Schücking. 8358 [3]

Jean Bodin, Über den Staat. Ausw., Übers. und Nachw. von G. Niedhart. 9812 [2]

Giordano Bruno, Über die Ursache, das Prinzip und das Eine. Übers. von Ph. Rippel. Nachw. von A. Schmidt. 5113 [2]

René Descartes, Abhandlung über die Methode des richtigen Vernunftgebrauchs und der wissenschaftlichen Wahrheitsforschung. Übertr. von K. Fischer. Ern. und mit einem Nachw. vers. von H. Glockner. 3767 – Meditationes de Prima Philosophia / Meditationen über die Erste Philosophie. Lat. / Dt. Übers. und hrsg. von G. Schmidt. 2888 [3]

Friedrich der Große, Das Politische Testament von 1752. Aus dem Frz. übertr. von F. v. Oppeln-Bronikowski. Mit einem Nachw. von E. Most. 9723 [3]

Friedrich der Große und die Philosophie. Texte und Dokumente. Mit einem einleitenden Essay hrsg. von B. Taureck. 3772 [2]

Balthasar Gracian, Handorakel und Kunst der Weltklugheit. Übers. von A. Schopenhauer. Mit einem Nachw. von A. Hübscher. 2771 [2]

Thomas Hobbes, Leviathan. Erster und zweiter Teil. Übers. von J. P. Mayer. Nachw. von M. Diesselhorst. 8348 [4]

David Hume, Dialoge über natürliche Religion. Übers. und hrsg. von N. Hoerster. 7692 [2] – Eine Untersuchung über den menschlichen Verstand. Übers. und hrsg. von H. Herring. 5489 [3] – Eine Untersuchung über die Prinzipien der Moral. Übers. und hrsg. von G. Streminger. 8231 [4]

Francis Hutcheson, Erläuterungen zum moralischen Sinn. Übers. und hrsg. von J. Buhl. 8024 [2]

Immanuel Kant, Anthropologie in pragmatischer Hinsicht. Hrsg. und eingel. von W. Becker. Mit einem Nachw. von Hans Ebeling. 7541 [4] – Grundlegung zur Metaphysik der Sitten. Hrsg. von Th. Valentiner. Mit einer Einl. hrsg. von H. Ebeling. 4507 [2]

– Kritik der praktischen Vernunft. Hrsg. von J. Kopper. 1111 [3] – Kritik der reinen Vernunft. Hrsg. von I. Heidemann. 6461 [9] – Kritik der Urteilskraft. Hrsg. von G. Lehmann. 1026 [7] – Die Religion innerhalb der Grenzen der bloßen Vernunft. Hrsg. von R. Malter. 1231 [4] – Schriften zur Geschichtsphilosophie. Mit einer Einl. hrsg. von M. Riedel. 9694 [3] – Träume eines Geistersehers, erläutert durch Träume der Metaphysik. Textkrit. hrsg. von R. Malter. 1320 [2] – Zum ewigen Frieden. Ein philosophischer Entwurf. Hrsg. von R. Malter. 1501

Kant, Erhard, Hamann, Herder, Lessing, Mendelssohn, Riem, Schiller, Wieland, Was ist Aufklärung? Thesen und Definitionen. Hrsg. von E. Bahr. 9714

Gottfried Wilhelm Leibniz, Fünf Schriften zur Logik und Metaphysik. Übers. und hrsg. von H. Herring. 1898 – Monadologie. Übers., eingel. und erl. von H. Glockner. 7853

John Locke, Gedanken über Erziehung. Übers., Anm. und Nachw. von H. Wohlers. 6147 [4] – Über die Regierung. Übers. von D. Tidow. Mit einem Nachw. hrsg. von P. C. Mayer-Tasch. 9691 [3]

Michel de Montaigne, Die Essais. Ausgew., übertr. und eingel. von A. Franz. 8308 [5]

Montesquieu, Vom Geist der Gesetze. Eingel., ausgew. und übers. von K. Weigand. 8953 [6]

Thomas Morus, Utopia. Übertr. von G. Ritter. Mit einem Nachw. von E. Jäckel. 513 [2]

Blaise Pascal, Gedanken. Ausw. Übers., hrsg. und eingel. von E. Wasmuth. 1621 [2]

Jean-Jacques Rousseau, Emile oder Über die Erziehung. Hrsg., eingel. und mit Anm. vers. von M. Rang. 901 [10] – Vom Gesellschaftsvertrag oder Grundsätze des Staatsrechts. In Zsarb. mit E. Pietzcker neu übers. und hrsg. von H. Brockard. 1769 [3]

Spinoza, Die Ethik. Lat./Dt. Rev. Übers. von J. Stern. Nachw. von B. Lakebrink. 851 [9]

Philipp Reclam jun. Stuttgart